La raison puérile

Illustration de couverture : © Groupe Labor.

140 C chaussée de Philippeville
6280 Loverval

Courrier électronique : labor@labor.be

ISBN : 2-8040-2376-1
D/2006/258/217

Gilles Geneviève

La raison puérile

Philosopher avec des enfants ?

ÉDITIONS
LABOR

Université
up
caen
Populaire

À Christian (1950-1986),
mon grand frère

Préface

de Michel Onfray

Apprendre à dénuder les rois

Ce que je sais et dis sur le naturel philosophique des enfants, je le dois à Gilles Geneviève qui m'en fit un jour la démonstration dans l'un de ses ateliers. J'hésite à parler de cours ou de séances, les termes me semblent trop scolaires ; en revanche, l'atelier me va bien, il renvoie à la tradition de l'artisan qui, un jour, peut devenir artiste, bien sûr, mais non sans avoir au préalable appris le métier, ses gestes, ses façons.

Dans l'atelier de philosophie pour enfants, on parfait l'usage des outils que sont l'étonnement, l'enthousiasme, la discussion, la raison, le bon sens, l'échange, l'écoute, le silence, la parole, l'attention, le langage, l'introspection, et autres ressources *naturellement* présentes dans l'âme de l'enfant. C'est *culturellement* que tout ce matériau à même de produire des effets magnifiques disparaît heure après heure, jour après jour, sous les coups de boutoir de l'institution scolaire et de la trop fréquente indigence familiale – à quoi s'ajoute la décérébration médiatique à haute dose.

Car la machine scolaire œuvre à d'autres desseins qu'à ceux qu'elle proclame. Elle prétend former l'individu, la personne, le citoyen, l'homme et la femme ; de fait, elle produit des singes savants, des consommateurs, des sujets dociles, des abrutis rompus aux ruses utiles pour obtenir une place dans la société et s'y maintenir. D'où sa passion pour les têtes bien pleines : or rien n'est plus vide qu'une tête bien pleine.

Je tiens donc pour un *naturel philosophique des enfants* et j'ai coutume de dire que « nous naissons tous philosophes », à quoi j'ajoute : « seuls quelques-uns le demeurent ». Cris du professeur, de l'agrégé, de l'inspecteur, de l'universitaire qui confondent le philosophe avec le charognard excité une vie durant sur une poignée de textes morts, de préférence choisis dans la seule œuvre d'un unique auteur. Dès qu'ils entendent parler du naturel philosophe des enfants, ils s'étranglent : un enfant ne peut lire Heidegger, *donc* il n'est pas philosophe. Sous entendu, moi qui le lis, je le suis... Grandeur minuscule du professeur ! Misère de l'officiel de la philosophie ! Pauvreté mentale de la corporation à la tête si vide d'être tant pleine !

La philosophie n'est pas lecture des textes canoniques mais construction de soi à partir d'une saisie droite de la nature du réel, du monde, des autres, de soi bien sûr, et des relations entretenues par toutes ces instances. Elle n'exclut pas le recours aux textes, évidemment, mais comme moyen, non comme fin. Un philosophe est d'autant plus juste et vrai qu'il offre une réelle utilité existentielle. La tête bien faite donc... Car rien n'est plus plein qu'une tête bien faite.

L'atelier de philosophie fabrique des mécanismes mentaux, des rouages de matière grise, des poulies cérébrales, des engrenages intellectuels, nécessaires au fonctionnement de la pensée qui est une mécanique. Il part du réel des enfants et entretient ces potentialités qu'en temps normal l'école, les institutions, la famille, la vie s'évertuent à détruire patiemment mais sûrement.

Les questions que la parole socratique de Gilles Geneviève fait surgir dans un atelier m'ont toujours donné l'impression d'avoir été préparées à mon intention, en douce, par un Gilles dont l'humour n'est pas la moindre qualité ! Souvent je me suis dit : il a prélevé chez tel ou tel philosophe du corpus classique cette prétendue question d'un enfant… Exemples : « Pourquoi peut-on dire que ça n'est pas fini et affirmer ensuite que c'est la fin ? » ; ou bien : « Pourquoi est-on parfois gêné par une question alors qu'on finit par y répondre simplement ? » ; ou encore : « Comment peut-on savoir ce qu'on va rêver ? ». L'ensemble ne procède pas de la *Métaphysique* d'Aristote ou du Freud de la *Psychopathologie de la vie quotidienne*, mais de l'âme d'enfants sollicités par la parole d'un Socrate à leur service.

Quand avec une poignée d'amis chers, dont Gilles Geneviève, j'ai lancé l'Université populaire de Caen en 2002, j'ai souhaité que s'y trouve un Atelier de philosophie pour enfants. Car, sur le fond, l'UP se propose soit d'enseigner de manière alternative des contenus classiques, soit d'enseigner des pratiques, des techniques ou des savoirs alternatifs. L'atelier entre parfaitement dans ce cadre.

Gilles Geneviève m'a tout appris de l'activité. Mon étonnement n'a cessé de grandir au fur et à mesure de ce que je découvrais. Par curiosité personnelle je lui ai dit mon intérêt pour un journal de bord de ses cours auxquels je ne peux assister – ils se déroulent en même temps que mon séminaire. D'abord à mon usage, pour mon information, mais aussi pour combler une lacune : car il n'existe rien dans la bibliographie française sur ce sujet et je tiens pour l'une des missions de l'UP de partager la philosophie avec le plus grand nombre sans sacrifier les contenus et leur qualité.

On ne s'étonnera pas que l'institution n'aime pas les ateliers de philosophie pour enfants. La société des agrégés, le corps professoral des classes terminales, la machinerie administrative, le rouleau compresseur de l'éducation nationale, tous ces rouages de la machine sociale voient, *dans l'ensemble,* d'un mauvais œil cette façon alternative de philosopher. On taira les brimades et autres vexations subies par Gilles Geneviève de la part de sa hiérarchie qui *punit* là son désir de « rendre la philosophie populaire » selon l'expression fameuse de Diderot.

Tant de gens ont intérêt à garder cette discipline obscure et élitiste afin de jouir des faveurs aristocratiques qu'elle permet – la moindre n'étant pas, via l'intimidation, le pouvoir sur autrui que permettent les sophismes d'initiés, les logorrhées farcies de néologismes, les envolées lyriques vides et creuses – alors que bien souvent le roi est nu…

La pratique de la philosophie chez les enfants ne contraint pas idéologiquement : Gilles Geneviève n'enseigne pas contenus, vérités toutes faites ou certitudes catéchétiques, il ne s'appuie sur aucune idéologie, n'agit pas en prêtre, mais en philosophe émule du triangle socratique qui réunit Socrate, Diogène et Aristippe. Ces trois-là voulaient constituer et solidifier l'intelligence de leur auditeur, produire la sagacité utile pour dénoncer les fourberies, les mensonges, les tromperies des gens de puissance.

Contre la morgue des puissants de ce monde, contre les petits qui se prennent pour des grands parce qu'ils occupent des fonctions de reproduction sociale et prennent pour leur force personnelle la brutalité de la machine qu'ils conduisent, contre la rhétorique du marché dictant sa loi à l'ensemble de la planète, contre la tyrannie des images médiatiques en horizon intellectuel indépassable, contre le formatage des masses en consommateurs passifs, Gilles Geneviève cultive la raison puérile des enfants de son atelier. Son but ? Contribuer à toutes les intelligences à même d'affirmer que le roi est nu quand il l'est. Car il l'est si souvent…

Prolégomènes

Tout seuls, philosophes,
nous devons affronter le réel, relever son défi.
Certains nous ont accompagnés de leurs images,
de leurs idées, de leurs mots,
mais il vient un moment
où nous devons penser sans guides,
pour nous seuls, sans réseau ni filet.

Séverine Auffret
Des blessures et des jeux

Avant-propos

Certes, le retour fut difficile. Manque d'information, retards, atermoiements, sandwichs avalés à la hâte… Mais ces difficultés-là ne parvenaient pas à éteindre nos sourires. Sous une chaleur saharienne, notre semaine avait passé comme dans un rêve. Les repas en commun, le vin blanc, la bonté des regards rieurs, tout avait concouru à faire de ces quelques jours un moment précieux, hors du temps. Et tout nous avait réussi : le public était là, j'avais même battu un record d'affluence dans mon atelier destiné aux enfants. Les pouvoirs publics corses et la presse nous avaient également soutenus. Nous avions donc senti un intérêt fort pour cette initiative, pourtant loin d'être gagnée d'avance. Qu'on y songe : une Université populaire d'été consacrée à la philosophie antique et ouverte à tous, sans inscription ni droit d'entrée, sans diplôme requis, sans distinction de condition, ni d'âge (j'avais tout de même fixé le seuil à sept ans, pour les participants à mon atelier…) ! Et tout cela en Corse, pendant la première semaine d'août, alors que tant d'autres manifestations plus ludiques, au moins dans leur intitulé, se déroulaient dans le même temps !

J'avais bien fait de ne pas laisser de prise aux critiques des esprits chagrins. Ces quelques détracteurs n'avaient pas réussi ne fût-ce qu'à entamer mon enthousiasme. « Quoi, m'avait-on dit, peut-on se dire "populaire" quand on va philosopher en Corse ? Pour votre prochaine édition, je vous réserve une place de parking au Mirail, des fois que vous ayez envie de rencontrer le peuple. » Mais qui est le peuple, ce nouveau genre d'animal mythique que chacun dit servir et rencontrer quotidiennement ? Ne peut-on prétendre en faire partie si on habite en Corse, si on est postier, enseignant, agriculteur, commerçant ? En quoi la ville d'Ajaccio est-elle plus ou moins populaire que le Mirail ? Est-ce une question de ressources ? de niveau socio-économique moyen ? de hauteur des immeubles ?

Mais si l'enthousiasme et la fierté étaient là, intacts, au terme de ces quelques jours, l'avion qui nous ramènerait à Paris, lui, avait du retard. Plus d'une heure. Gérard, venu seul et parfaitement autonome, s'en sortirait toujours ; mais pour Séverine et Ghassan, qui avaient laissé leur voiture à Orly, l'arrivée probable à Roissy compliquait singulièrement les choses. Et la présence de Léa et Olivier nous contraignait quelque peu, Florence et moi. Il nous fallait soit louer une voiture et rentrer directement, mais les loueurs semblaient à court de véhicules et nous risquions fort de ne pas pouvoir prendre la route, au mieux, avant deux heures du matin, soit prendre une chambre à Roissy, mais les hôtels risquaient d'être complets. Cependant, nous ne parvenions décidément pas à être inquiets. Séverine, posant une main sur l'épaule de Ghassan, une autre sur la mienne, dit : « Gardons le sourire, nous sommes philosophes ! » Et comme j'ajoutais, en forme d'aphorisme, « Aime ce qui advient », elle lança dans l'aérogare numéro trois de Roissy, en plein milieu de cette nuit d'été, la locution latine nietzschéenne : « Amor fati » !

Ce retour, chaotique comme la marche d'une diligence sur un chemin détrempé par une pluie d'orage, marquait en fait le début d'un cycle, de la même façon que des adieux annoncent les retrouvailles à venir. Il était le signe d'un recommencement qui nous verrait bientôt, dans une éternité, dans un an, à nouveau réunis, sur le rivage ensoleillé de la baie d'Ajaccio, pour une nouvelle édition de notre Université populaire d'été. Il nous restait à remplir ce vide ; à magnifier cet orbe, comme les maîtres-verriers des cathédrales – les passeurs de lumières, pour reprendre la belle expression de Bernard Tirtiaux ; à accomplir cette révolution solaire, par des dires et des pensers nouveaux, enfants des précédents. Déjà, sous la canicule qui nous poursuivrait jusqu'à Caen, la rentrée d'octobre se préfigurait. Vaguement inquiet – serais-je à la hauteur ? – mais ravi, je m'avançais vers cet à-venir, serrant la main de mes enfants dont la présence à mes côtés, dans ces moments forts, m'arrachait des larmes. Une année d'Université populaire nous attendait. Plus de vingt discussions avec des enfants que j'espérais aussi nombreux que ceux des ateliers de Corse, sans compter ces deux-là, que je n'arrivais décidément pas, pour mon plus grand bonheur, à dégoûter de cette pratique philosophique nouvelle.

Lors de la table ronde que j'avais mené pendant cette Université populaire d'été, table ronde consacrée à la discussion philosophique avec les enfants, tu l'avais dit clairement à tous ceux qui étaient là : « Il manque un livre ! Nous l'écrirons ensemble, Gilles et moi. » Il restait à se mettre à l'ouvrage, et ce n'était pas la moindre de mes inquiétudes. Ce livre, le voici. Et s'il a pu voir le jour, c'est grâce à toi, Michel.

Flash-back

Enfin ! me suis-je dit. Voici enfin un philosophe qui a accès aux grands médias nationaux et qui se prononce explicitement en faveur de nos démarches de philosophie avec les enfants. Ironie du sort (mais le sort peut-il être ironique ?) c'est de surcroît un Normand, mieux, un Augeron. Le pays d'Auge, en gros, c'est la vallée de la Touques, petit fleuve côtier qui naît dans le département de l'Orne et se jette dans la Manche entre Deauville l'aristocratique et Trouville, qui l'est moins. Trouville, ma ville natale. Or Michel Onfray, puisque c'est de lui qu'il s'agit, est originaire du pays des sources de la Touques, quand je suis né près de son estuaire. Et, lui comme moi, nous avons fait l'essentiel de notre carrière d'enseignant à Caen, notre capitale régionale, lui au lycée, moi à l'école élémentaire.

Mais tous ces détails de sa biographie, je les ignorais, ou presque, quand j'ai lu, en juin 2001, deux articles de presse le concernant : un article écrit par lui dans *Libération*, et un entretien publié par *le Figaro*. Grande présence, donc, en ce mois de juin, mais n'oublions pas que cette période est celle du bac et que tous les organes de presse se font alors un devoir de sortir un ou deux sujets en rapport avec la philosophie, ce qui leur permet de montrer qu'ils « collent » à l'actualité, tout en ne se creusant pas trop la tête – un marronnier, en jargon de la presse. Quant à moi, c'est à peine si je savais à cette époque que Michel était normand, et qu'il avait des liens avec Caen. Alerté par un de mes proches, j'avais failli l'apercevoir, un ou deux mois plus tôt, dans l'émission de Bernard Pivot. (On disait

« Chez Pivot », parce que c'était toujours « Apostrophes » sauf que lui l'appelait autrement...). Mais ce qui se passa ce soir-là me contraint à verser une pièce supplémentaire, à charge, au dossier des effets dévastateurs du travail obligatoire : quand on se lève à 6 h 45 pour gagner son pain quotidien, on risque de dormir à 23 h 30, l'heure où parlent les philosophes. Michel présenta donc son *Antimanuel* [1] dans ma télé allumée, devant laquelle je ronflais consciencieusement.

Le premier vrai contact eut donc lieu en juin 2001, quand je lus ces deux articles. Dans l'un et l'autre, Michel se prononçait nettement en faveur d'une initiation à la philosophie dès l'école primaire. Ma décision fut vite prise : il me fallait le contacter, puisqu'il ne connaissait pas (encore) mon existence, ma pratique. Je lui écrivis donc... et j'obtins une réponse. Ce qui n'allait pas de soi. Quelques années plus tôt, j'avais ainsi écrit sans succès à quelques grands philosophes – disons plutôt des philosophes connus. Quatre, très précisément. Et une seule d'entre eux avait bien voulu me répondre, malgré son statut, à ce moment, de deuxième dame de France. Une femme, donc, la seule de ce quatuor. Une représentante de cette moitié de l'humanité considérée depuis si longtemps comme inférieure, et dont le statut et la reconnaissance ne s'améliorent que par touches. Dans un aimable billet, elle me disait toute sa sympathie pour cette initiative, pour cette innovation, me rappelant qu'elle était de ceux qui, près de Jacques Derrida, avaient lancé une expérimentation proche, à la fin des années 1970[2]. Des trois autres, donc, rien. Le silence. Mais peut-être que, s'il vient comme réponse à une question posée à un philosophe, le silence est-il encore de la philosophie… « Le silence ne dit-il rien ? », m'a dit un jour Jean-François Chazerans.

Toujours est-il que je trouvais cela un peu décevant. Décevant de la part de ces professionnels de la philosophie, qui, sans s'être concertés, agirent là comme un seul homme, et décevant aussi pour le projet que je formais de voir nos pratiques défendues avec véhémence, au moins par certains d'entre eux, à longueur de colonnes, dans leurs périodiques respectifs et à longueur d'émission, à la radio et à la télévision, où ils ne manquent pas de paraître régulièrement. Mon désappointement ne m'empêcha cependant pas de reconnaître que ces grands messieurs reçoivent probablement des tonnes de messages chaque semaine, et que chacun de leurs expéditeurs, fort de la certitude d'y annoncer une nouvelle déterminante pour l'avenir de l'humanité, est sans doute convaincu du caractère évangélique de sa mission. Et que, tout médiatisés qu'ils soient, ces hommes n'en sont pas moins… hommes. Même pas femmes, donc. Donc limités, faillibles, englués probablement dans les aléas quotidiens de tout un chacun, même s'ils veulent parfois tenter de nous convaincre du contraire. Car, peut-être, un philosophe doit-il s'abstraire de ces contingences ? Depuis vint-cinq siècles, nous vivons en effet sous le règne du dualisme triomphant. Grâce à la sauvegarde miraculeuse, le mot n'est pas trop fort, de la totalité des œuvres d'un certain Platon. Alors que des myriades d'autres textes étaient irrémédiablement perdus. Et surtout, curieusement, ceux qui pouvaient contredire quelque peu les thèses de l'élève le plus célèbre de Socrate. À moins que ce miracle, comme bien d'autres, n'ait été quelque peu favorisé par des interventions diablement humaines…

Je voulais trouver l'oreille de ceux qui parlent au grand nombre. Car c'est bien de cela qu'il s'agit : faire connaître. Proposer à des enfants, jeunes, des activités philosophiques est somme toute quelque chose de très nouveau. Je suis, pour ma part, convaincu de l'intérêt de ces démarches, cela va sans dire. Donc, tout en continuant à pratiquer à l'école et en dehors, en poursuivant ma réflexion sur la question, en développant mes efforts de diffusion au sein de l'Éducation nationale, comment les faire connaître du « grand public » ? Car les faire connaître, c'est les faire adopter. Pour beaucoup, c'est une vraie surprise que de découvrir que cette activité existe, qu'elle est pratiquée à l'école et ailleurs, et c'est une bonne idée que d'inciter de jeunes enfants à penser. Pour beaucoup, pas pour tous, apparemment : quelques représentants de ce que Séverine Auffret appelle la « Sacrée Sorbonne » semblent être hostiles à la diffusion de ces pratiques. Mais quid des motivations réelles de ce refus ? Car ce collège, où l'on entre sans le vouloir, sans même en être conscient – quoique… – est constitué par des enseignants de philosophie, souvent, par des hiérarques de l'Éducation nationale, quelquefois, qui pensent, après Platon et d'autres, que la philosophie est inaccessible avant l'âge canonique de dix-huit ans (alors que Platon lui-même situait la limite bien au-delà : « Et quand ils auront atteint cinquante ans, ceux d'entre eux qui seront restés intacts et auront excellé de toutes les manières et en tout point, dans l'action et dans le savoir, […] qu'ils consacrent la plupart du temps à la philosophie. »)[3].

Cette volonté de faire connaître, de montrer qu'on peut passer à l'acte, que des enseignants, dans l'école ou en dehors, organisent déjà, et certains depuis plusieurs années, des activités de discussion philosophique, qu'une partie même de l'Éducation nationale reconnaît ces pratiques et les favorise, cette volonté guide mon action, jusque dans la rédaction de ce livre.

De ce point de vue, la rencontre avec Michel aura donc été décisive. Car l'histoire continua, après cette émission que je ne vis pas. Lui et moi échangeâmes quelques mails, assez peu disons-le. Mais nous savions l'un et l'autre qui nous étions, ce que nous faisions, et cela permit la suite. Qui se présenta, quelques mois plus tard sous la forme d'un article de journal, du *Nouvel Observateur* très précisément. Dans cet article, Michel annonçait à la fois les raisons qui l'ont poussé à démissionner de l'Éducation nationale, et son intention de créer à Caen une Université populaire, axée sur la philosophie. Il y écrivait qu'il « souhaite encore enseigner, mais plus sous l'œil de l'administration, ni dans le cadre officiel de l'État, encore moins dans les logiques productives et reproductives de la classe terminale.[4] »

Bien d'autres passages de ce texte seraient à citer, pour comprendre pourquoi sa lecture m'a décidé à entrer à nouveau en contact avec lui. Parmi ceux-ci, cet extrait qui ne peut que parler à des enseignants travaillant avec des élèves issus de milieux défavorisés (c'est mon cas, depuis plus de vint-cinq ans) : « le cours platonicien est une fiction : il n'existe pas d'élève idéal, de programme idéal, d'enseignant idéal effectuant son exercice devant un inspecteur idéal, sous les yeux d'une directrice idéale, mais des élèves réels, dont l'Éducation nationale, platonicienne jusqu'à l'os, se moque comme d'une guigne… »[5] C'est ce qu'on appelle ne pas mâcher ses mots… Mais il est des vérités qu'il est bon d'entendre dire.

Ceci, et les premiers contacts que j'avais eus avec lui, me convainquit d'envoyer à Michel un message de soutien, ce que je fis, ces moments restent gravés dans ma mémoire, un samedi après-midi ensoleillé, après avoir bu mon café. C'était le 14 septembre 2002, soit deux jours après la parution de l'article en question, que j'avais dû lire, probablement, le vendredi 13… Je disais dans ce long message que je voyais de nombreuses convergences entre les prises de position dont cet article se faisait l'écho et ma propre réflexion mais, tout en rappelant à Michel les quelques échanges que nous avions eus, je lui indiquai que le cas de l'école élémentaire me semblait assez sensiblement différent de ce qu'il disait des lycées, et qu'il était possible d'y tenter des expériences en bénéficiant, au moins, d'une certaine neutralité de l'Éducation nationale[6]. Bien des mouvements pédagogiques sont nés et se sont développés ainsi, comme le mouvement Freinet et celui de la pédagogie institutionnelle, pour ne citer que ceux dont je me sens proche. Développés à tel point qu'ils finissent par infléchir les positions du ministère, et que leurs préconisations influencent les rédacteurs des instructions officielles. Ce qu'on a pu voir encore dans la dernière mouture des programmes pour l'école élémentaire, qui, mettant en place une demi-heure de débat réglé par semaine, en l'inscrivant sous la rubrique « vie collective » s'inspire, à n'en pas douter, de la pédagogie institutionnelle.

Je lui rappelai les détails de mon travail, ainsi que l'adresse de mon site Internet, et lui joignis un article que j'avais écrit sur le caractère innovant de la démarche que je tentais d'utiliser et de promouvoir. Je terminai en disant que je me sentais tout à fait solidaire de son projet et conclus sur ces mots :

« Nous allons nous mettre au travail, en ayant pour notre part le réconfort de voir que nous ne sommes pas seuls, puisque votre Université populaire poursuit, me semble-t-il, des objectifs très comparables aux nôtres. J'ai quant à moi l'intention d'assister, bien sûr dans la foule des anonymes, aux séances que vous organiserez... »

Ce courriel partit à 14 heures 04. À 14 heures 15, onze minutes après, je reçus de Michel une réponse dont voici un extrait : « Merci pour votre lettre et ce que vous m'y dites, ne restez pas dans la foule des anonymes ! Voyons-nous et parlons d'un projet qui me venait en vous lisant : pourquoi pas un secteur philo pour les enfants à l'Université populaire ? Ce serait bien, non ? Vous pourriez vous en occuper ? »

J'ai dit oui...

Journal

Ce journal en est un. Je veux dire par là qu'il a été rédigé tout au long de l'année qui sépara les deux sessions de l'Université populaire d'été en Corse, semaine après semaine.

Après les prolégomènes que vous venez de lire (si vous allez dans l'ordre...), chacun des chapitres du Corpus, qui constitue le cœur de l'ouvrage et débute à la page qui suit celle que vous avez sous les yeux, correspond donc à une séance d'atelier de discussion philosophique dans le cadre de l'Université populaire de Caen. Les dates mentionnées sont réelles.

Chaque chapitre est divisé en trois parties : dans la première, qui est un journal informel, on trouvera des remarques, des réflexions, alimentées ou induites, la plupart du temps, par un événement vécu cette semaine-là.

La deuxième partie entend décrire le plus précisément possible la démarche que j'applique, en précisant ce qui me pousse à procéder de cette manière. Ainsi, dans les deux premiers chapitres, je propose un survol rapide de l'ensemble de ma démarche, dont chaque moment est ensuite repris et analysé dans les chapitres suivants.

Enfin, dans la troisième partie, on trouvera un compte-rendu détaillé de la séance menée cette semaine-là : support éventuellement utilisé, questions proposées par les enfants, indication de celle qui aura été retenue par eux, discussion proprement dite, remarques faites à l'issue de celle-ci, évolutions éventuellement envisagées pour les séances suivantes, etc.

Corpus

Ne proposant cet écrit que comme une histoire,
ou, si vous l'aimez mieux, que comme une fable,
en laquelle, parmi quelques exemples qu'on peut imiter,
on en trouvera peut-être aussi plusieurs autres
qu'on aura raison de ne pas suivre,
j'espère qu'il sera utile à quelques-uns sans être nuisible
à personne.

René Descartes,
Discours de la méthode

Inauguration

Michel et moi nous nous sommes rencontrés ce jour-là au pied du château. C'est dans ce café qui jouxte le musée des Beaux-Arts et qui vit plusieurs de nos réunions, que nous avions rendez-vous, avec toute la troupe : le « canal historique », comme ne manquerait pas de le dire le facétieux Michel, c'est-à-dire les intervenants de la première saison, d'une part ; et d'autre part les « petits nouveaux », en charge des trois séminaires qui devaient débuter cette année : cinéma, jazz et art contemporain. Comme j'étais un peu en avance, je m'étais arrêté – il faisait beau, encore, en cette mi-octobre – pour admirer une fois de plus l'église Saint-Pierre et lire le petit panneau installé là par l'office du tourisme de Caen. Et Michel a surgi, comme un diable d'une boîte. Nous avons donc fini le chemin ensemble, lui me racontant les nouveaux contacts et projets d'édition autour de l'Université populaire, moi l'écoutant, l'interrompant pour demander plus de précisions. L'un et l'autre nous demandions si nous aurions un public aussi nombreux pour cette inauguration que pour celle de l'année précédente. En fait, je crois que j'en étais plus convaincu que lui. Six cents personnes, c'est le nombre, peut-être un peu exagéré, que la presse avait avancé pour la première séance inaugurale, en 2002. Mais ce n'est pas nous, occupés sur la scène à dire de quoi nos séminaires seraient faits, qui aurions pu opérer un quelconque comptage, d'ailleurs remis en cause par quelques esprits chagrins. Et, nous installant deux heures plus tard derrière la grande table qui fait face aux cinq cents places de l'Amphithéâtre Alexis de Tocqueville, pour l'inauguration de cette deuxième saison, nous étions encore perplexes. Les gradins étaient à moitié vides, alors que nous étions à moins de dix minutes de l'heure prévue.

Notre attente, toutefois, et conformément à ce que j'envisageais, ne fut pas déçue. À dix-huit heures dix, l'amphi était plein, ou peu s'en fallait. Cinq cents personnes. Sensiblement le même nombre que l'année d'avant, donc, alors même que l'effet de curiosité dû à la nouveauté de l'entreprise avait disparu. L'Université populaire de Caen faisait désormais partie du paysage culturel de la région, du pays peut-être même, grâce en grande partie à la notoriété de son fondateur.

Ce qui ne réglait que partiellement la question du pourquoi. Pourquoi tant de gens ? Comment expliquer l'attrait semble-t-il grandissant pour la culture en général, la philosophie en particulier, non seulement à Caen, bien entendu, mais dans le pays, voire le continent entier ? Ce phénomène est-il nouveau ? Peut-on le rapprocher de l'essor des cafés-philos, ou d'autres types de cafés, du développement des universités inter âge, des succès d'édition de nombre d'écrits philosophiques de tous ordres ? Et alors, comment interpréter cette tendance ?

Une explication pessimiste de ce phénomène le lierait à une angoisse due à la perte de repères, après la chute ou le déclin des grandes idéologies (marxisme et christianisme, en Occident). Je pencherais davantage pour une explication plus optimiste. À mon sens, la chute de ces systèmes de pensée vécus comme des carcans, inconsciemment ou non, offrirait plutôt une liberté inédite, une occasion pour chacun de développer sa capacité à penser par soi-même.

Parallèlement, dans nos pays, la part du temps consacré aux tâches obligatoires n'a jamais été si faible. Le temps passé au travail a été réduit dans des proportions considérables, ainsi que le note René Passet[7] : « en 1896, en France, 18 millions de personnes occupées fournissaient annuellement 55 milliards d'heures ouvrées, cependant qu'un siècle plus tard très exactement, 22 millions de travailleurs n'en fournissaient plus que 35 milliards. Entre-temps, la durée annuelle de travail par individu s'était abaissée de plus de 3 000 heures à moins de 1 600. » Les tâches ménagères, bien qu'encore très inégalement réparties entre hommes et femmes (au détriment de celles-ci, cela va sans dire), sont bien moins pesantes qu'il y a cent ans : moins épuisantes physiquement, et moins gourmandes en temps. Ne pouvons-nous formuler l'hypothèse que ce temps libéré est employé, au moins pour partie, à trouver des réponses que les systèmes de pensée jadis dominants n'apportent plus ? Mieux, que la recherche de réponses toutes faites n'est pas centrale, mais bien plutôt celle d'outils permettant de penser par soi-même, preuve, s'il en était besoin, que l'angoisse n'est pas si grande qu'on voudrait nous le laisser supposer ? Dans cette hypothèse, cette distribution nouvelle du temps fait apparaître le temps non contraint, le temps hors-travail, comme l'essentiel de la vie, comme sa quintessence. Elle opère ainsi une révolution copernicienne au détriment de ces puissances obscures, rois, prêtres et patrons, qui ont voulu nous faire croire, durant des millénaires, que la vie ne tirait son sens que par et pour des passages obligés, voulus par d'autres. Passages qui avaient nom prière, messe, travail et s'appuyaient sur des dogmes qui ne souffraient pas discussion. (Je me souviens avec effarement de ces feuilles de présence aux offices qu'enfant je me devais de faire signer et dûment tamponner, le dimanche, à la fin de la messe, par Sœur Marie-Madeleine...). Mais obligations dont les vraies finalités, non avouées, bien sûr, étaient l'asservissement des masses, au seul profit, en termes de pouvoir et d'argent, de quelques-uns. C'est ainsi, probablement, qu'il faut lire la tentative récente d'allongement de ce service de travail obligatoire qui ne dit pas son nom, par le biais d'un report (de 2, 3, 4 ans... !) de l'âge du départ en retraite, tentative qui va à rebours du cours de l'histoire, comme le montrent à l'évidence les données chiffrées avancées, entre autres, par René Passet.

Ainsi donc, la demande perçue comme sans cesse croissante de réflexion autonome, de « penser par soi-même » diraient Emmanuel Kant[8] et Michel Tozzi[9], de cette « liberté de penser sans obstacles, sans limites », pour le dire comme Johann Fichte[10] et l'expression de cette pensée, est pour moi davantage le fait de navigateurs désireux de découvrir de nouveaux horizons, grâce à l'élargissement de leurs plages de temps non contraint, que de noyés en puissance réclamant une bouée de sauvetage.

Quoi qu'il en soit, il nous fallait faire face, répondre à l'attente de ces cinq cents paires d'yeux et d'oreilles, avides de nous entendre dire de quoi cette année d'Université populaire serait faite. Nous avions convenu que les membres du « canal historique » s'exprimeraient en dernier, donnant la primeur aux représentants des nouveaux séminaires. En fait, pour moi, porteur d'une démarche nouvelle, peu connue, cette inauguration et l'occasion qu'elle m'offrait d'en parler à un grand nombre de personnes étaient déjà une fin en soi. Sans compter les relais divers que cette séance pouvait susciter, presse, bouche à oreille, etc. Il m'importait de dire ce qu'est cette démarche, et en quoi je la juge en parfaite cohérence avec les finalités de l'Université populaire de Caen.

En 1998, une réunion d'experts organisée sous l'égide de l'Unesco a travaillé autour de ces pratiques émergentes de discussion philosophique avec les enfants. Elle a conclu à l'utilité, voire à la nécessité de ces démarches, en des termes que je pourrais reprendre à mon compte : « Au-delà de toute participation d'ordre médiatique à une nouvelle vogue, l'intérêt de la philosophie pour les enfants rentre dans les préoccupations fondamentales de l'Unesco, en vue de la promotion d'une culture de la paix, de lutte contre la violence. Le fait que les enfants acquièrent très jeunes l'esprit critique, l'autonomie à la réflexion et le jugement par eux-mêmes les assure contre la manipulation de tous ordres et les prépare à prendre en main leur propre destin. »

Une définition tout à fait convergente des actions innovantes soutenues par divers dispositifs ministériels au sein de l'Éducation nationale ne manque pas d'intérêt. Elle a été donnée par Anne-Marie Vaillé, alors présidente du CNIRS[11] : « La seule innovation qui m'intéresse est celle qui est porteuse de ces valeurs de solidarité, d'éveil du jugement critique, de découverte de l'intérêt du travail collectif et du sens du monde environnant, pour y prendre position et y prendre des responsabilités. »[12] Car, précisons-le d'emblée, je ne pratique pas les discussions philosophiques avec des enfants que dans le cadre de l'Université populaire. Au contraire, d'ailleurs, puisque l'opportunité fournie par Michel d'en organiser là n'est venue qu'après un assez long parcours dans l'Éducation nationale, dont je suis toujours un fonctionnaire. C'est après plus de vingt ans d'enseignement en école élémentaire, dont la majeure partie dans un quartier de Caen classé en ZEP[13] que j'ai découvert la démarche de « philosophie pour enfants » mise au point par le philosophe américain Matthew Lipman[14]. Une vraie révélation, et, peut-être, la découverte de ce que je cherchais depuis longtemps. J'aurais l'occasion de revenir sur les influences diverses qui me faisaient errer dans des contrées voisines, et sur ce que j'avais, modestement, tenté de mettre en place dans mon école. Pour ce qui est des discussions philosophiques, au retour du stage qui a été pour moi le déclencheur, en 1998, j'ai eu immédiatement l'envie d'en mener dans mon école. Grâces soient rendues aux collègues qui ont accepté que je le fasse, que j'expérimente dans leurs classes, depuis ce moment jusqu'à aujourd'hui. Car, titulaire d'un poste « ouvert », donc sans classe fixe face à moi, tout mon travail consiste à intervenir sur des groupes d'enfants issus de classes de collègues – et bien sûr, pas exclusivement en discussion philosophique, cette activité ne constituant qu'une petite partie de mes interventions. C'est donc grâce à eux que j'ai pu affiner ma pratique, puiser dans les séances que je menais dans leurs classes matière à développer ma réflexion. Et grâce à cela que, de la mise en ligne d'un site Internet à la participation à divers colloques, j'ai pu, finalement, et presque sans le chercher, rencontrer Michel et devenir membre du « canal historique » de l'Université populaire de Caen.

D'une certaine façon, d'ailleurs, je m'estime aussi utile dans mon école qu'à l'Université populaire. Celle-ci a de multiples atouts : on y reçoit des gens volontaires, donc motivés. Et toute la philosophie qui sous-tend cette initiative, à laquelle je m'associe pleinement, en fait quelque chose de noble, d'enthousiasmant. Mais je pense que les enfants des quartiers en difficulté, comme les autres d'ailleurs, ont sûrement tout autant besoin de discussions philosophiques que ceux dont les parents les emmènent à l'Université populaire. En franchir le seuil, c'est déjà avoir fait une bonne partie du chemin, avoir envie de développer face au monde une attitude questionnante. La développer dans le sens d'une critique radicale, d'une remise en cause des *a priori*, des préjugés. Il s'agit avec les enfants d'examiner en commun nos principes, nos valeurs, nos opinions, en nous demandant, précisément, si ce sont vraiment les nôtres ou si nous ne sommes pas victimes de manipulations, de conditionnements. Et se demander ne signifie pas mettre à bas. Remettre en cause ne signifie pas détruire systématiquement ce qui est construit au simple prétexte que ça l'est.

Cette attitude questionnante est-elle présente au départ, chez le jeune enfant ? Je le pense. Mais il est une certitude, dans ce domaine, c'est que les influences multiples (parents, école, société) mettent à mal cette attitude, en apportant des réponses toutes faites. Des préjugés, au vrai sens du terme. Et surtout, mais pas uniquement, dans les milieux économiquement défavorisés, où les messages véhiculés par les médias, particulièrement, sont reçus sans recul, sans analyse critique, sans mise à distance.

Il s'agit donc bien pour nous d'entretenir une flamme qui risque de s'éteindre si on n'y prend garde. Et qu'il sera, si cela arrive, très difficile de rallumer. Comment envisager de se changer, de changer le monde, si on ne se pose pas de questions ? si on accepte tout ce qui est pour la seule raison que c'est comme ça, que ça a toujours existé ? Combien de fois, par exemple, n'avons-nous entendu dire « Il y a toujours eu des chefs ; Il y a toujours eu des riches » avec comme corollaire implicite « donc, il y en aura toujours ». Comme si un simple constat pouvait valoir argument à la pérennisation de situations iniques.

Comme conséquence concrète de tout ce qui précède, et pour répondre à d'éventuelles et légitimes appréhensions, je dirais qu'il me semble impératif pour l'animateur d'un tel atelier de ne pas intervenir sur le fond. Quel gigantesque oxymore, quelle fabuleuse contradiction, à la limite de la supercherie, si je prétendais donner des outils pour combattre les préjugés en en imposant d'autres. C'est pourquoi, aussi, mon atelier est ouvert à tous : les parents, les adultes, les simples curieux, les enseignants, les journalistes…

Tout cela, les buts poursuivis, la complémentarité entre mon engagement à l'Université populaire et mon travail en classe, j'ai tenté de le dire, ce jour-là, devant les cinq cents personnes réunies dans l'amphithéâtre Tocqueville, d'une façon aussi concise que possible. Pour moi, l'idée générale, la finalité de ma démarche, c'est de permettre aux enfants de prendre conscience qu'ils ont leur avenir, individuel et collectif, entre leurs mains ; que leur faculté de penser, et l'expression de leur pensée dans des discussions, peuvent être de précieux auxiliaires à l'acquisition de cette autonomie ; qu'elles en sont même, peut-être, la condition *sine qua non.* Et je parle ici d'autonomie au sens étymologique : chacun doit être à même de se régir par ses propres lois. Ce qui suppose, bien sûr, la visée de la capacité à penser par soi-même. Pour François Galichet, « le mot d'ordre « penser par soi-même », exprimerait alors l'essence du philosopher, qui serait lié non plus à une détermination objective (domaine d'objets spécifiques) ni à une détermination formelle (mise en œuvre d'une méthode, de processus mentaux spécifiques), mais à une détermination subjective, c'est-à-dire à la volonté d'un sujet, à l'exercice d'une liberté soucieuse de s'affirmer explicitement. » Il ajoute que ceci « suppose la capacité de chaque homme à déterminer souverainement ses valeurs, ses projets, ses principes de pensée et d'action – détermination qui est la définition même du philosopher.[15] »

Mais l'homme étant un animal au moins partiellement social, voire grégaire, il importe aussi de prendre conscience que cette autonomie doit être garantie pour tous. Autrement dit, que l'autonomie de l'un ne doit pas contrevenir à celle des autres. D'où la nécessité du dialogue, pour découvrir l'autre, désirer cette découverte, ne pas considérer l'autre, *a priori*, comme un ennemi. Alors seulement la possibilité du contrat est ouverte. Qu'il s'agisse d'un contrat de type hédoniste ou épicurien ou encore rousseauiste, c'est là encore affaire de choix, laissé à chacun…

Les finalités brossées à grands traits dans ce qui précède inspirent la forme même que prennent les activités menées avec les enfants : alternance de phases individuelles de réflexion et de phases semi-collectives et collectives de discussion ; absence de jugements autres que ceux produits par la recherche commune ; non-intervention de l'animateur (autant que faire se peut…) qui ne donne pas son propre sentiment, son avis, sur l'objet de la discussion ; recours limité à la pensée des « grands » auteurs qui est toujours présentée à titre d'exemple, et plutôt pour montrer que le questionnement actuel des enfants est commun à un grand nombre d'êtres humains ; acceptation, dans une certaine mesure, de la pensée digressive ; constat éventuel d'apories, de désaccords non réductibles ; enfin, possibilité donnée aux élèves de faire évoluer le dispositif.

Toutes ces caractéristiques seront développées dans ce journal de l'année. J'aurais l'occasion de revenir sur le détail du fonctionnement des séances, à l'Université populaire – et en classe, quand il y a divergence – et de préciser ce que ma façon de faire doit au grand ancêtre qu'est pour moi Matthew Lipman, en quoi aussi elle s'en écarte, et ce qu'elle doit également à d'autres influences, certaines majeures, d'autres plus ténues.

Mais avant d'entrer dans le vif du sujet, de dérouler cette année comme un tapis sous nos pieds, comme un pont suspendu entre deux sessions de l'Université populaire à Ajaccio, je tiens à insister sur deux points.

Je voudrais dire d'abord à quel point la démarche que je propose à des enfants et des adolescents me semble tout à fait cohérente avec les cours pour adultes dispensés par l'Université populaire. Car les auditeurs des cours de Séverine, de Michel, de Gérard, volontaires, assidus souvent, n'ont sans doute pas besoin d'activités qui les encouragent à oser se questionner, à remettre en cause leurs *a priori*, à penser par eux-mêmes.

Mais d'autres, combien d'autres n'ont pas cette chance ? ou n'ont pas encore fait cet effort d'émancipation, comme on voudra ? Beaucoup, des foules entières probablement, n'ont pas encore réussi à s'engager dans une dynamique consistant pour chacun à se changer soi, pour changer le monde. À devenir les sculpteurs de leur propre statue, à faire de leur vie une œuvre d'art. De ce point de vue, d'ailleurs, il n'est pas anodin de constater que le premier élargissement de l'Université populaire concerne l'art, des formes d'art actuelles, rompant avec l'académisme.

Alors oui, aidons nos enfants à maintenir cette flamme allumée, pour qu'ils désirent venir écouter de tels conférenciers, lire des livres, et qu'ils en tirent matière à s'affiner, à se dégager des formes brutes, stéréotypées, dans lesquelles ils risquent, sinon, de demeurer pétrifiés.

Car combien d'hommes et de femmes, tous anciens enfants, si l'on peut dire, n'osent pas penser, imprégnés qu'ils sont des paroles entendues pendant des années, des lustres, des siècles, et qui répétaient jusqu'à la nausée que l'on ne pouvait penser que dans des cadres imposés par d'autres, rois, prêtres ou patrons ? Que dans le domaine de la connaissance et de la culture, prendre une initiative, s'autoriser à penser ou à sortir des sentiers balisés, c'était se condamner soi-même au bannissement, à l'excommunication, à la chute, à la sortie définitive du Paradis ? Et que cette malédiction pèserait non seulement sur eux mais sur toute leur descendance. Que toutes les générations à venir paieraient pour le crime originel de leurs ancêtres. C'est dire l'ignominie de la faute. C'est dire l'ampleur de la tâche qu'il nous reste, me semble-t-il, à accomplir.

Le deuxième point, qui me semble d'ailleurs parfaitement compléter le précédent, c'est la volonté que j'ai eue ce soir-là de rendre hommage à tous les enseignants qui utilisent des démarches comparables à la mienne dans leur classe. À tous les praticiens-chercheurs, comme je me plais à les appeler. Oui, j'ai voulu dire au cours de notre séance inaugurale, dans mon allocution, que je ne suis pas seul. Que les discussions philosophiques avec des enfants et des adolescents ne sont pas l'invention d'un quelconque hurluberlu caennais, mais que si d'aucuns sont plus exposés aux médias, ils ne représentent que la partie émergée de l'iceberg. J'ai voulu parler de cette constellation de praticiens-chercheurs qui, pour être encore diaphane, porte en elle des potentialités de croissance en magnitude. Composée d'astres rassemblés ou non en amas, qui s'entrechoquent, naviguent de concert ou s'éloignent suivant les périodes, elle est l'embryon d'une galaxie appelée, qui sait, à dominer le firmament de sa brillance.

Car, loin des caméras et des micros, ignorés souvent, condamnés parfois par leur hiérarchie, qui se devrait de les encourager, des dizaines, des centaines peut-être d'enseignants, de chercheurs, tentent l'aventure de philosopher avec des enfants et des adolescents, dans des classes d'école maternelle, d'école élémentaire, de collège, voire dans les secondes ou les premières des lycées. Beaucoup de professeurs de philosophie, s'inspirant de ces démarches ou non, font évoluer leur cours pour en finir avec une transmission des savoirs exclusivement verticale, d'inspiration scolastique.

D'autres enseignants, moins nombreux encore, tentent le pari de proposer de telles activités à des enfants volontaires, dans le cadre de cafés, de Maisons de Jeunes, d'universités Populaires, donc. Mes pensées, au moment où j'écris ces lignes, vont vers ces hardies navigatrices, vers ces hardis capitaines, vers ces découvreurs et découvreuses de *terras incognitas*, qui naviguent à vue, équipés seulement de rudimentaires portulans et d'astrolabes imprécis, mais animés d'un enthousiasme qui, je l'espère, ne se démentira pas.

Le 4 novembre

État d'esprit sombre

Je n'avais pas manqué de faire le pitre, bien sûr, le jour de l'inauguration. Chacun y allait de sa petite présentation. Nous avions laissé s'exprimer en premier les nouveaux venus, conférenciers et animateurs des séminaires consacrés à l'art de ces dernières décennies : cinéma, jazz et art contemporain. Les membres de l'équipe originelle, qui a la philosophie pour commun dénominateur, prirent ensuite la parole ; je devais m'exprimer dans les derniers.

En Corse, j'avais, au cours de la table ronde que j'animais à propos des discussions philosophiques avec les enfants, risqué une petite parodie des autres intervenants. Tout le monde avait apprécié, au point que Michel m'avait demandé de recommencer le soir, en petit comité, pour ceux qui avaient raté la première séance. Je m'étais exécuté, dans tous les sens du terme, même si chacun s'était cru obligé de forcer sur le rire et les félicitations. Bref, pour me remettre de cette Bérézina caniculaire, j'avais décidé de frapper un grand coup pour l'inauguration, et avais préparé un texte « à la manière de... » en essayant de caricaturer le style de Michel. Son style d'écriture j'entends. Et risquant le tout pour le tout, au milieu d'une présentation plutôt sérieuse, je le lus. Rires, applaudissements, à la fin de la déclamation de ce petit chef-d'œuvre d'humour et de concision. Et, précisément, pour un grand nombre d'auditeurs, la forme a, je pense, masqué partiellement le fond. Ce passage de franche rigolade a jeté une ombre sur l'ensemble de mon intervention, de sorte que, comme je l'analysais dans les jours qui ont suivi, mon message est peut-être mal passé. Parce que l'essentiel était tout de même d'expliquer en quoi consiste cette espèce de mouton à cinq pattes qu'on nomme « atelier de discussion philosophique avec des enfants ». Atelier ? Discussion ? Avec des enfants ? Et comble des combles, « philosophique » ? Allons bon ! Car nous assistons à des prémices. Un nouveau genre pédagogique, philosophique peut-être même, naît sous nos yeux. Je ne voudrais pas faire croire, pour paraphraser Victor Hugo, que je souhaiterais passer pour l'oiseau de cette aurore. Mais il faut admettre que, ce soir-là, je présentais quelque chose de nouveau pour bien des assistants. Il importait donc d'être clair. D'autant que je souhaitais, autant que possible, limiter les annulations de séances dues à un trop petit nombre de participants. Lors de la première saison de l'Université populaire, j'avais été contraint de le faire à une ou deux reprises, et l'idée de renouveler cette expérience ne m'enthousiasmait guère.

Mais, après cette brillante prestation, tout serait différent. Quelques commentateurs et commentatrices me l'avaient clairement annoncé à l'issue de cette séance inaugurale : « Cette année, avec votre présentation, vous aurez du monde. » Ce qui signifiait, pour qui savait lire entre les lignes, que la présentation probablement calamiteuse que j'avais faite l'année précédente était la cause directe du taux de fréquentation quasi anémique de mon atelier...

Mais moi, je n'en étais pas si sûr, d'avoir du monde. Et si, effectivement, certaines informations n'avaient pas été données clairement en 2002, j'avais cette fois-ci écrit, dans ma préparation, et dit, dans mon allocution, que tous les enfants peuvent venir, dans mon atelier, s'ils ont au moins sept ans ; qu'ils peuvent y assister une seule fois ou venir à toutes les séances de l'année ; que même si on n'est pas venu les premières fois, on peut sans problème s'insérer dans le groupe les fois suivantes, arriver en cours d'année, manquer quelques séances, revenir, etc. ; que les parents, les adultes, les enseignants qui voudraient voir à quoi ça ressemble, tous sont les bienvenus ; que je demande simplement aux adultes de rester discrets, pour éviter que les enfants soient intimidés et n'osent pas prendre la parole ; et que, bien sûr, les règles générales de l'Université populaire s'appliquent ici aussi : gratuité, pas d'inscription, aucune sanction ou diplôme qui soit exigé à l'entrée, ou délivré à la sortie. Mais tout cela avait-il été entendu, bien compris ?

L'avenir nous l'apprendrait. Mais, dans le tramway qui nous emmenait, Olivier et moi, vers l'université de Caen, je n'en menais finalement pas large. À vrai dire, je ne disais rien, l'œil sombre. Ce nouveau lieu, aussi, posait problème. Conviendrait-il ? Michel, fort de son succès, avait dû abandonner l'auditorium du musée des Beaux-Arts, devenu trop petit, pour cet amphithéâtre Alexis de Tocqueville, d'une capacité de cinq cents places. Il nous paraissait, à tous deux, depuis le début, qu'il était judicieux de placer mon atelier aux mêmes endroits, jour et horaire que son séminaire de philosophie hédoniste, pour des raisons évidentes de commodité pour les parents et les enfants qui souhaitaient venir en famille assister à l'une et l'autre de ces manifestations. Je changeais donc de lieu également. Une petite salle, annexe de l'amphithéâtre ; plus petite, oui, et peut-être un peu moins chaleureuse. Plus salle de classe que salle de conférence.

Bref, la révolution solaire commençait sous des auspices incertains, qui me semblaient, à moi, présager un avenir plutôt sombre. Après tout, on n'était pas très loin du solstice d'hiver…

Une pratique évolutive…

Peut-être les finalités du travail que je mène, ainsi que certains de ses aspects pratiques, sont-ils maintenant plus clairs. Il va sans dire que l'ensemble de cet ouvrage a pour but d'en donner une idée aussi précise que possible, et que, par conséquent, des détails complémentaires seront donnés tout au long des pages de ce journal.

Il importe en premier lieu de dire comment les choses se passent concrètement. Du moins, comment les séances se déroulent effectivement avec les enfants et les adolescents.

J'insiste à nouveau pour dire que ce fonctionnement n'est pas figé. Il nécessite en effet des adaptations en fonction du groupe auquel on a affaire. Sont déterminants, l'âge des enfants (bien que l'hétérogénéité d'âge au sein des groupes accueillis à l'Université populaire rende cette dimension moins primordiale) et leur avancée dans la démarche : on n'animera pas de la même façon un groupe d'enfants de six ou sept ans, correspondants au CP[16] des écoles, et un groupe d'enfants de douze à quatorze ans, l'âge du collège ; et on n'animera pas de la même façon un groupe entièrement neuf et un groupe qui a déjà vécu plusieurs dizaines de discussions philosophiques. Mais l'idée majeure est de faire en sorte que, à mesure que le groupe gagne en expérience, l'animateur devienne de moins en moins présent, qu'il voie à la limite son rôle réduit à celui de simple discutant, tentant par-là d'appliquer ce mot de Frédéric Nietzsche : « Le bon maître, c'est celui qui apprend à ce qu'on se déprenne de lui.[17] » Et même le rôle de discutant est à manier avec précaution. Quoi qu'il fasse, quoi qu'il dise, qu'il le veuille ou non, l'adulte initiateur reste un personnage à part. Parce qu'il est l'initiateur, justement ; parce qu'il est un adulte ; parce qu'il a une fonction légitimée par l'institution, ou, quand il s'agit d'ateliers hors temps scolaire, par l'organisme auquel il apporte sa contribution ; ou encore, dans certains cas, parce que les enfants le savent professeur de philosophie. Spécialiste, avec un grand S. Quoi qu'il en soit, sa parole est de toute évidence reçue différemment de celle de n'importe quel autre discutant.

Ce fonctionnement n'est pas figé, non plus, car j'évolue constamment. La présente description n'est certes pas un aboutissement, mais plutôt un bilan d'étape. Si des grandes lignes peuvent être trouvées dans mon style d'animation depuis mes débuts, en 1998, plusieurs de ces caractéristiques se sont affinées (à mon sens...), ont été remodelées, voire supprimées pour être, ou non, remplacées par d'autres. Et gageons que l'évolution n'est pas achevée.

Enfin, répétons-le, ce fonctionnement n'est pas figé par nature, oserais-je dire, car les participants aux discussions sont autorisés à faire évoluer le dispositif ; ce qui demeure, à mes yeux, une dimension fondamentale, et assez originale, de ma pratique. Fondamentale, parce qu'elle me semble en parfaite cohérence avec la volonté d'amener nos enfants à être progressivement plus autonomes. Les cadres dans lesquels ils agissent, l'école bien sûr, mais aussi une structure comme l'Université populaire, sont assez stricts : lieu, règles, dates et horaires sont imposés. Je vois une contradiction majeure entre la volonté d'aider ces futurs adultes à devenir autonomes, c'est-à-dire à bâtir eux-mêmes les lois auxquelles ils se soumettront, et la contrainte de subir un dispositif immuable, mis en place par une tierce personne, détentrice d'autorité : un(e) adulte, un(e) enseignant(e), un(e) spécialiste... Pour contrebalancer, même modestement, ces contraintes impérieuses et incontournables, l'idée de permettre aux enfants de faire évoluer le dispositif me paraît relever de quelque chose qui ressemblerait au minimum requis, au nom de la simple cohérence, au nom du principe de non-contradiction.

… et non modélisante

Cette impermanence de ma pratique explique en partie aussi pourquoi ce que je décris ici n'a aucune intention modélisante. Toute philosophie étant autobiographique, pour le dire comme Michel Onfray, nul doute que la façon d'enseigner d'un professionnel, le style éducatif d'un parent, que j'estime l'un et l'autre être profondément révélateurs d'une philosophie sous-jacente quoique souvent implicite, sont complètement déterminés par leurs antécédents, pour prendre un terme aussi large que possible. Une preuve, parmi mille autres, en est que les enseignants professionnels, comme les parents, ont une très forte tendance à reproduire les modèles éducatifs qu'eux-mêmes ont subi en tant qu'enfants, ou élèves, même si des réflexions, des discussions, des lectures sont venus infléchir ou remettre en cause ces modèles. On éduque, on enseigne, comme on est. Et on est, souvent, comme on a été élevé.

Si on accorde, ce qui est mon cas, une valeur quelconque au principe aristotélicien de non-contradiction, et si, comme moi, on fait sienne cette parole de Nietzsche : « Il m'est odieux de suivre autant que de guider »[18], il m'apparaît qu'on ne peut à la fois prôner, voire défendre bec et ongles, un accès généralisé de nos enfants à l'autonomie et, dans le même temps, affirmer à des éducateurs ou animateurs que seule la démarche qu'on utilise ou qu'on a mise au point est digne d'intérêt, en leur déniant, par-là même, à eux, toute reconnaissance d'autonomie de jugement ; ou pire, d'affirmer, comme je l'ai entendu, « seule ma démarche est réellement de la philosophie ». Je ne dis donc rien de tel. J'ignore même si ma démarche est réellement de la philosophie. Ou plutôt, comme on pourrait recenser à peu près autant de définitions de la philosophie qu'il y a de philosophes[19], je pense qu'elle peut correspondre à certaines de ces définitions, mais pas à toutes.

Je ne prétends donc pas avoir mis au jour la vérité ultime de l'animation de discussions philosophiques. Chacun, qui s'y penchera un peu, peut tout autant y prétendre pour lui-même. Comme le dit René Descartes, « mon dessein n'est pas d'enseigner ici la méthode que chacun doit suivre pour bien conduire sa raison, mais seulement de faire voir en quelle sorte j'ai tâché de conduire la mienne.[20] »

Pas de science infuse, ni ici, ni ailleurs. Simplement des tentatives, des essais, des erreurs, des satisfactions, des réussites, des voies de garage, des mises en attente… Il serait complètement vain, dans tous les sens du terme, de prétendre avoir découvert, c'est le cas de le dire, la pierre philosophale. Prétentieux et inutile. Car toute personne qui s'emparera de cette démarche la fera sienne, même en n'ayant lu que ce seul ouvrage. La discussion philosophique, à l'image de la philosophie elle-même, appartient, j'emprunte à nouveau les paroles de Michel Onfray, à ceux qui s'en emparent. Et, pour citer un autre Michel – Michel Tozzi – il revient à tout enseignant, tout animateur de discussion philosophique (ou « à visée philosophique », pour reprendre la dénomination qui semble être largement adoptée dans la mouvance tozzienne) de bricoler sa propre démarche.

Plusieurs courants, plusieurs façons de procéder coexistent actuellement en France, chacune ayant avec les autres un certain nombre de points communs et autant, sinon plus, de divergences, tant dans les intentions de la démarche que dans sa mise en œuvre. J'aurai l'occasion de revenir sur ces différents courants. Mais je veux dire, pour compléter, que je ne saurais les hiérarchiser. Il m'est inconcevable de dire que la démarche que j'emploie est meilleure – ou moins bonne – qu'une autre. Elle est simplement la meilleure, pour moi, en ce moment. Toutes, probablement, peuvent être améliorées, un des moyens de ces évolutions positives étant l'ouverture, la discussion, la reconnaissance mutuelle des praticiens-chercheurs qui les portent. Mais, je me répète, il est à mon sens absolument impossible de dire que telle méthode est meilleure que telle autre. D'abord, parce que la querelle des méthodes en pédagogie est stérile, comme on l'a vu par exemple au moment des discussions sur les méthodes de lecture. Ensuite, parce que, à l'image de toute invention humaine, de toute avancée technique ou technologique, une démarche, une option pédagogique n'est pas bonne ou mauvaise en soi : tout dépend de l'usage qu'on en fait et des enseignants qui la portent. À preuve, cette anecdote, rapportée par Françoise Cros, chercheuse à l'Institut national de la recherche pédagogique. Elle raconte cet épisode, qui prit place lors de la restitution de la recherche sur les collèges expérimentaux pilotée par Louis Legrand : « Après avoir restitué les résultats des recherches, de manière extrêmement rigoureuse et nuancée, Louis Legrand intervient et dit qu'au fond il ne sait pas si les résultats ainsi obtenus ne sont pas plus liés à la motivation des enseignants engagés qu'aux dispositifs pédagogiques novateurs eux-mêmes ! Autrement dit, l'apport de la preuve en matière de recherche en éducation est très difficile, voire impossible.[21] »

Les résultats de la mise en œuvre d'une démarche, surtout si elle est nouvelle comme c'est le cas, me paraissent tout à fait imprédictibles. D'autant que les enfants sont très différents les uns des autres, comme chacun sait. Dans le domaine précis de la discussion philosophique, telle façon de faire qui convient à certains enfants ne conviendra probablement pas à d'autres. Et tel praticien opérant d'une certaine façon avec bonheur sera n'en doutons pas bien moins à l'aise s'il se voit imposer une pratique qu'il n'aura pas choisie, qu'il n'aura pas faite sienne. Peut-être, c'est à cette conclusion que j'arrive après plusieurs années d'expérimentation et de réflexion sur la question, l'idéal serait-il que les enfants rencontrent, au cours de leur scolarité, plusieurs démarches différentes. Ce qui ne peut d'ailleurs que renforcer notre détermination à les diffuser : quelques séances seulement vécues pendant leurs jeunes années, à l'école primaire, au collège ou en dehors, pourraient déjà représenter pour les élèves une expérience différente de la philosophie de celle qu'ils rencontreront en terminale, s'ils vont jusque là…

Ce jour-là…

Le tramway nous déposa face au Phœnix, cette statue de bronze haute de plus de trois mètres, censée symboliser la renaissance de l'université de Caen, après la Deuxième Guerre mondiale. Les anciens bâtiments ont en effet été totalement détruits, comme la majeure partie du centre de Caen, lors des bombardements alliés de l'été 1944. Le peu qui restait encore debout a été la cible des canonnades de troupes allemandes lors de leur repli.

Il nous restait quelques minutes de marche avant de rejoindre l'amphithéâtre Alexis de Tocqueville. J'étais toujours d'humeur sombre. Des gens, déjà, des enfants, des adultes. Des allées et venues, des embrassades, des retrouvailles. L'amphithéâtre presque plein… et dix enfants. Puis onze. Et des adultes, des enseignants intéressés, des parents curieux, des jeunes filles, élèves de l'IUT d'Ifs, qui veulent faire une interview à paraître dans Ouest-France. Tournis, vertige, pour un solitaire comme moi… Mais comment refuser toutes ces sollicitations ? Comment ne pas être satisfait de voir que, à l'opposé de ce que je craignais, ce seraient treize enfants qui assisteraient à mon atelier ce mardi-là, sans compter deux adultes, qui, intéressés par la démarche, resteraient de bout en bout ? D'emblée, donc, le record de l'année précédente était battu, à plate couture, et celui des ateliers menés en Corse, égalé. Séverine, apprenant ce succès de la bouche de Michel, n'allait pas tarder à s'en réjouir, comme elle me le fit savoir par courriel. À quoi je ne pus m'empêcher de répondre, singeant la mère de notre Ajaccien national « Pourvou qué ça doure… »

**

C'est le roman *Kio et Augustine*, de Matthew Lipman, que j'utilise cette année. Nous sommes en effet parvenus l'année dernière à lire la presque totalité de *Elfie*. Et puisque, outre Léa et Olivier, quelques autres enfants présents cette année sont des mordus, qu'ils ont assisté à un grand nombre d'ateliers l'année dernière, je préfère ne pas leur faire relire le même texte. Cela ne serait pas préjudiciable en soi : les groupes sont malgré tout en grande partie renouvelés, et prendre appui sur un même texte, à un an d'intervalle, peut susciter des questionnements bien différents. D'ailleurs, quand bien même des questions similaires émergeraient, les risques sont faibles de voir le groupe choisir, parmi celles-ci, la même question que l'an passé. Et si une telle question devait finalement être élue, ce ne serait sans doute pas sans intérêt de voir comment les enfants traiteraient le même sujet, à un an d'intervalle. Et de discuter avec eux de ces différences…

Mais, cette année, donc, nous lisons *Kio et Augustine*. Après lecture silencieuse et lecture partagée du début du roman, j'ai donc, conformément au dispositif décrit en détail dans le chapitre suivant, demandé aux enfants de trouver des questions d'ordre général inspirées par le texte. Après une réflexion de quelques minutes, nous avons commencé la cueillette de questions, pour arrêter en fin de compte le corpus suivant :

1. Comment ce serait d'être quelqu'un d'autre ?
2. Pourquoi y a-t-il des gens qui veulent être fiers ?
3. Comment la fierté s'exprime-t-elle ?
4. Pourquoi n'aimerait-on pas tout comprendre ?
5. Est-ce que les paons savent que leurs queues sont belles ?
6. Qu'est-ce qui fait qu'une personne est fière ?
7. C'est quoi, tout comprendre ?
8. Pourquoi y a-t-il tant de choses qu'on ne sait pas ?

9. Pourquoi voulons-nous dire ce qui s'est passé pendant l'été ?

10. Qu'est-ce que c'est, être fier ?

On voit que la question de la fierté est récurrente. Le texte l'induit, bien sûr, dans les vingt dernières lignes du passage lu, qui en compte environ une centaine. Mais il faut croire que le groupe, ce jour-là, y était particulièrement sensible. Des discussions ont eu lieu pour savoir si ces différentes questions pouvaient être résumées à une seule. Mais un accord s'est dégagé pour les laisser telles quelles.

Et c'est finalement la première question proposée, « Comment ce serait d'être quelqu'un d'autre ? » qui a été choisie. Après la pause rituelle de mi-séance, nous sommes revenus à notre travail. Quelques minutes de réflexion, puis début de la discussion. Des mots importants ont été prononcés, comme explication possible à ce désir d'être quelqu'un d'autre : malheur, honte, manque de confiance en soi. Plusieurs enfants se sont interrogés sur l'efficacité d'un tel désir, s'il parvenait à se réaliser, pour régler ses problèmes. Peut-être, a dit Julien, que « C'est juste utile parce que ça permet de comprendre qu'on n'était pas si mal que ça ». Le fait que la discussion tourne autour d'une sorte d'impossibilité en a gêné certains : on ne peut pas réellement, semble-t-il, être quelqu'un d'autre. Ou alors on entre dans le domaine de la science-fiction. Tout juste peut-on envisager de se changer. Essayant de caractériser ces changements, les enfants ont dit qu'ils pouvaient être d'ordre physique, ou d'ordre intellectuel (changer ses pensées).

Mais dans ce cas, et ce fut leur conclusion, peut-on dire qu'on est encore la même personne ?

Le 18 novembre

Nombre

Bien sûr, ce qui devait arriver arriva. Lors de la première séance, je craignais de n'avoir qu'un petit nombre de participants à mon atelier. Et nous fûmes treize ce qui, répétons-le, constituait un record d'affluence. Ce 18 novembre, je fis le voyage en tramway sans appréhension particulière. Et seuls six enfants se présentèrent…

Premier temps de la démarche : lecture et questionnement[22]

À toute pratique évolutive, il faut un point de départ. Voici donc comment se déroulent toutes les séances initiales, avec un groupe composé d'enfants et d'adolescents néophytes. L'ensemble de la description donnée dans le présent chapitre et le suivant, se veut volontairement sommaire. Je reviendrai en détail sur chacune des étapes décrites, pour dire pourquoi je fais ainsi et pas autrement.

En classe, puisque c'est là que j'ai fait mes armes et que j'y pratique encore au moins aussi régulièrement qu'à l'Université populaire, le travail est organisé en cycles de deux séances consécutives, généralement séparées de quelques jours – une semaine, le plus souvent. Suivant l'âge des enfants auxquels on s'adresse, chacune de ces séances peut durer de vingt-cinq à cinquante-cinq minutes, voire plus, dans certains cas. À l'Université populaire, les conditions sont quelque peu différentes ; la durée est imposée, deux heures, pour se calquer sur celle de la conférence de Michel ; les enfants présents un soir peuvent ne pas revenir la fois suivante, voire ne pas revenir du tout, puisqu'aucune exigence d'assiduité n'est posée. Il est donc impératif que le travail entamé soit achevé au cours de la même séance. Les deux temps distingués dans la description de la démarche, et qui correspondent aux deux séances du cycle, sont donc menés l'un après l'autre, séparés par une courte pause.

La méthode mise au point par Matthew Lipman prend comme point de départ un texte, extrait d'un des romans philosophiques qu'il a écrits spécialement pour cet usage. Dans le premier temps, on commence par lire l'extrait choisi. Une lecture silencieuse, puis une lecture oralisée. Celle-ci, conformément aux préconisations de Lipman, prend la forme d'une lecture partagée auto-organisée, où le seul rôle de l'adulte est de désigner un enfant qui commence la lecture. Au groupe de lire le texte dans son ensemble, en faisant en sorte que la voix de chacun soit entendue.

Après la lecture, je demande aux enfants de dégager, puis de proposer des questions d'ordre général inspirées par tel ou tel passage du texte lu. Il s'agit, c'est là une exigence minimale, de ne pas produire des questions de lecture, donc incluant des noms de personnages, dont la réponse, unique, ne pourrait être que cherchée dans le texte, où elle peut d'ailleurs ne pas figurer. Au contraire, les questions doivent inclure des tournures généralisantes, par exemple des pronoms indéfinis ou des formules du genre certains/les/des hommes, enfants etc. ; elles doivent pouvoir déboucher sur des discussions, où des avis différents peuvent s'exprimer ; il faut donc bien sûr éviter, autant que faire se peut, les questions qui ne souffriraient qu'une réponse, la bonne…

Sur un plan pratique, ce travail est mené en deux étapes. Je demande d'abord aux enfants de chercher les questions ainsi définies. Ils peuvent, à leur choix, réfléchir seuls ou par équipes de deux. Ils peuvent aussi prendre des notes : j'insiste bien alors pour leur dire que cet écrit n'a qu'une fonction d'aide-mémoire, qu'il ne sera pas examiné par moi (encore moins noté…)

Suite à cette recherche, qui peut durer entre cinq et dix minutes, on entreprend de mettre en commun, sur un support écrit visible de tous, un corpus de questions issu de la recherche. Les volontaires proposent leur question. Le groupe entier examine leur validité par rapport aux consignes – minimales – que j'ai données. On examine surtout le caractère non-particulier des questions proposées. Si le groupe rejette une question à ce motif, ou à un autre, il tente de l'amender. Par exemple, une question proposée par un enfant et formulée en ces termes « Pourquoi Mme Tremblay gronde-t-elle les enfants ? » pourrait devenir « Pourquoi gronde-t-on les enfants ? » ou encore « Pourquoi certains parents grondent-ils leurs enfants ? »

Cette étape, qui est la première d'expression libre, permet de préciser quelques-unes des consignes initiales de circulation de la parole. Je dis initiales car, répétons-le, ces modalités peuvent, au cours de l'année, être modifiées par les enfants. Elles sont relativement simples, assez communes d'ailleurs, pour la plupart, et calquées sur des suggestions mises en forme par Michel Tozzi et Jean-François Chazerans :

– On ne parle que quand on a la parole (la demander ne suffit pas) ;

– On ne coupe pas la parole ;

– Celui ou celle qui n'a jamais parlé à priorité sur celui ou celle qui a déjà parlé ;

– Celui ou celle qui a peu parlé a priorité sur celui ou celle qui a beaucoup parlé ;

– Une parole est prononcée pour tous ou pas du tout.

Ceci posé, on dit ce qu'on veut ! Une seule règle est intangible : on ne juge pas les paroles entendues. Pas de « C'est nul ! », pas plus de « C'est super ! », pas de ricanements. Quand un désaccord se manifeste, il doit s'exprimer comme tel, et être argumenté.

Ces consignes prendront bien sur tout leur sens lors de la discussion du deuxième temps. C'est d'ailleurs à ce moment seulement qu'elles sont présentées aux enfants *in extenso.*

On assiste donc à l'élaboration progressive d'un corpus de questions. Celles-ci ne sont pas repérées comme émanant de tel ou tel participant, puisqu'il s'agit d'en faire des objets de recherche communs. Il est par conséquent nécessaire que le groupe entier s'en empare. Par contre, on peut noter quelle partie du texte a inspiré chacune des questions. Il est commode, pour cela, que les lignes soient numérotées. L'inscription d'une question au tableau ne garantit pas qu'elle sera encore présente au moment du choix final. À tout moment, on peut remettre en cause ce qui est écrit, qui ne doit pas être considéré comme ayant une valeur pérenne. Quand cette cueillette est achevée, parce que les enfants n'ont plus de propositions, ou parce que le temps s'écoule, on procède à un dernier examen de l'ensemble des questions retenues. On peut tenter des regroupements par thématiques proches, éliminer des questions redondantes si certaines ont échappé à la vigilance des discutants à mesure qu'elles étaient proposées, supprimer certaines questions, en refondre d'autres, modifier et amalgamer deux questions pour qu'elles n'en fassent plus qu'une, etc. Tout ce travail de recul sur l'ensemble des questions s'effectue bien sûr en respectant les règles de discussion énoncées plus haut.

Quand le corpus est stabilisé, une dernière étape a lieu avant le vote. Il s'agit pour ceux qui le souhaiteraient de dire en quoi certaines questions les intéressent plus que d'autres ou, à l'inverse, de dire pourquoi, à leur avis, certaines manqueraient d'intérêt si elles étaient retenues pour la discussion de la deuxième séance. L'ensemble du questionnement et de la réflexion sur le corpus obtenu doit bien sûr s'effectuer sans qu'on entre dans une tentative de réponse aux questions proposées.

L'ultime étape de cette première partie de la démarche va consister en un vote, pour désigner LA question qui sera discutée. Je procède par vote à main levée, à deux tours, après relecture complète de ce qui figure au tableau. Avant de commencer le premier tour du vote, je donne aux enfants quelques instants pour arrêter leur choix sachant qu'ils pourront choisir autant de questions qu'ils veulent. En fait, ils peuvent retenir toutes celles qui, à leurs yeux, sont susceptibles de générer un débat riche, où des avis divers s'opposent, où des exemples peuvent être donnés, etc. Le choix est alors individuel. Pas de possibilité, à ce moment, d'échanger avec son voisin, ou sa voisine. À l'issue de ce premier tour, et pour peu que les enfants soient assez nombreux, il se dégage généralement deux questions qui sont plus choisies que les autres. Celles-ci, et celles-ci seulement, sont retenues pour un deuxième tour, où chacun n'a plus le droit de voter qu'une seule fois, après un nouveau temps de réflexion.

Ainsi se termine le premier temps du dispositif que j'utilise dans les classes et à l'Université populaire. Suivant l'âge des enfants, la longueur du texte, le nombre de questions proposées, la durée de cette première partie est variable et peut osciller, je l'ai dit, entre vingt-cinq et cinquante-cinq minutes.

Ce jour-là...

Nous avons continué notre lecture de *Kio et Augustine*. Les enfants proposèrent huit questions :

1. Pourquoi raconte-t-on des histoires à quelqu'un ?
2. Pourquoi nous attachons-nous à des animaux ?
3. Pourquoi pleure-t-on ?
4. Pourquoi dire qu'on n'a pas de maman ?
5. Comment peut-on croire que notre histoire est arrivée à quelqu'un d'autre ?

6. Les histoires des autres nous aident-elles à rêver ?

7. Pourquoi rêve-t-on ? Peut-on savoir à l'avance de quoi on va rêver ?

8. Pourquoi vouvoyons-nous certaines personnes et pas d'autres ?

C'est la question du rêve qui fut retenue : « Pourquoi rêve-t-on ? Peut-on savoir à l'avance de quoi on va rêver ? » En fait, ces deux questions avaient été présentées de façon distincte, par deux enfants. À la relecture du corpus, il nous a semblé que ces deux questions étaient proches, et les enfants, plutôt que d'en éliminer une, ou d'opérer une refonte toujours hasardeuse, ont pensé qu'il vaudrait mieux les associer.

Aude a dit d'emblée que, pour elle, le rêve, ce n'est pas bien, sans être vraiment capable de nous expliquer pourquoi. Maïssane était d'un avis contraire, disant que le rêve ça pouvait être « super ». Aude, à la question qui lui était posée de savoir si elle rêvait de choses agréables a répondu « Pas souvent ». Tous les autres, en revanche, se sont accordés à dire que ça peut être agréable, en précisant que ça dépend des circonstances de la vie. Pourrait-on alors distinguer rêve et cauchemar ? « Non, insiste Aude, les rêves ça commence bien et ça finit mal. » Il semble donc que le rêve évolue au cours de son déroulement.

Maïssane a ensuite évoqué les rêves à répétition. Plusieurs ont dit en faire, mais étaient d'accord aussi pour dire qu'ils ne sont pas systématiquement désagréables. Il a semblé aussi que le rêve est souvent un mélange des événements qu'on a vécus les jours précédents.

Valérie a posé la question de savoir si les rêves dont on parlait interviennent le jour ou la nuit. Léa a dit que cela dépend si on dort pendant le jour ou pendant la nuit. Olivier a alors précisé la question en disant : « Les rêves apparaissent-ils quand on dort ou quand on est éveillé ? » À quoi Aude a répondu que le matin, parfois, quand on vient juste de s'éveiller, on continue parfois son rêve.

Olivier a alors fait allusion au film « Matrix » qui pose la question de la réalité et illustrait bien, à son avis, notre discussion. Ce que nous considérons comme la réalité n'est-il pas en effet que le fruit de notre imagination ? De plus, si « quelqu'un » (mais qui ?) nous impose un rêve, cela signifie-t-il que nous sommes manipulés ? Léa a repris l'exemple du film en disant que si, en ce moment où nous parlions, c'était un rêve, alors, ce serait quand la réalité ? Comme réponse, Aude est revenue sur ces états où rêve et réalité se confondent.

Ces mélanges entre rêve et réalité apparaissent aussi quand, dans un rêve, on se dit qu'on doit se réveiller. C'est parfois un soulagement, parce qu'on était dans une situation pénible, parfois on le regrette. Un autre exemple de ces mélanges serait la sensation de « déjà-vu ». On avance plusieurs explications à cette impression :

– la re-création de situations à partir d'éléments réels disparates ;

– une théorie de « mondes parallèles » ;

– de simples oublis.

Olivier, décidément très cinéphile fait alors référence au film « Vanilla Sky », où la limite entre rêve et réalité est, là encore, très confuse. La discussion tourna ensuite autour des différentes interprétations qu'on peut faire du film « Matrix » et se termina par une vertigineuse mise en abyme. Dans ce film, en effet, les personnages hantent deux mondes qui se répondent, dont l'un, ayant toutes les apparences de la réalité, se révèle n'être qu'un rêve dans lequel on entretient les protagonistes ; subtile allusion, peut-être, au mythe de la Caverne[23]. L'autre monde, bien plus sombre, est présenté dans le film comme le seul monde réel. Mais comment les héros du film peuvent-ils être absolument sûrs de la réalité de ce monde-là ?

Le 25 novembre

Nombre, encore

Dois-je le dire ? Les enfants, ce jour-là, n'étaient que quatre. Avec la mauvaise foi qui, selon d'aucuns, me caractérise, j'aurais pu incriminer la poignée de manifestants qui avaient bloqué le tramway. Que voulaient-ils ? Que réclamaient-ils ? Je ne l'ai pas su. Quand le tram est passé près du groupuscule qu'ils formaient, j'ai tout juste pu lire « non au TVR »[24]. J'aurais tout de même bien voulu savoir pourquoi j'avais mis cinquante minutes à effectuer un parcours que je fais ordinairement en moitié moins de temps. Je ne suis donc arrivé – essoufflé – qu'à dix-huit heures passées dans la salle annexe de l'amphithéâtre Tocqueville où se tient mon atelier. Et, donc, nous fûmes quatre. De là à penser que des enfants s'étaient présentés avec leurs parents et étaient repartis, ne trouvant personne, il n'y a qu'un pas que je m'empressai de franchir…

Mais, dois-je l'ajouter ? Peu importe le nombre, en fait. La discussion fut animée, passionnante, les enfants présents étaient contents… et moi aussi. Que demander de plus ?

Deuxième temps de la démarche : discussion

Ce deuxième temps est consacré à la discussion proprement dite, au cours de laquelle la question choisie est débattue dans le groupe d'enfants. Celui-ci devient alors réellement une « communauté de recherche entre pairs ».

La question du jour est rappelée, écrite à nouveau au tableau si elle n'y figure plus. Le plus souvent, je propose ensuite aux enfants une très courte série de « sous-questions », censées éclairer tel ou tel aspect de la question de départ, de la scinder en plusieurs parties plus simples, sans présupposés, qui me semblent de nature à permettre à chacun de la faire sienne. Une des questions classiques inspirées par le premier chapitre du roman *Elfie*, par exemple, est celle-ci : « Pourquoi les enfants sont-ils pressés d'être grands ? » Comme sous-questions, je propose généralement :

1. C'est quoi, être grand ?
2. Tous les enfants sont-ils pressés d'être grands ?
3. Quels sont les avantages et les inconvénients d'être grand ?

Vient ensuite le temps de la réflexion, seul ou par très petits groupes, deux ou trois, au choix des discutants. Le recours à l'écrit est alors offert, comme lors de la recherche de questions du premier temps, comme une possibilité, en tant qu'aide-mémoire, mais pas comme une obligation. Je demande aux enfants de faire porter leur attention d'abord sur les sous-questions, dans l'ordre où je les présente, puis à la question de départ, celle qui a été élue par eux.

Après cette réflexion, qui peut durer entre cinq et dix minutes, la discussion proprement dite débute. Dans les premières séances, je présente puis rappelle les règles de circulation de la parole présentées plus haut, que je complète avec les règles de la discussion :

– On s'astreint à la concision ;

– On n'énonce qu'une idée par intervention ;

– On s'efforce de répondre à ce qui a été dit : on peut donc prendre la parole pour émettre une pensée originale (dans le sens où elle n'a pas encore été émise ce jour-là), mais on peut aussi prendre la parole pour réagir à ce qui a été dit auparavant pour, par exemple : signifier qu'on n'a pas compris ; demander des précisions ; demander un exemple ; en fournir un ; vérifier la bonne compréhension en reformulant ; manifester son désaccord, en l'argumentant ; etc.

Généralement, dans les premières séances, c'est moi qui tiens le rôle du distributeur de parole, qui est ensuite rapidement confié à un enfant. Comme les volontaires pour tenir ce rôle sont souvent nombreux, on peut sans inconvénient avoir un distributeur de parole différent pour les phases successives des deux temps : un pour le questionnement, un pour le vote, un pour la discussion.

Je note parfois au tableau les avancées qui me paraissent significatives, parce que, par exemple, elles semblent être reprises par beaucoup d'enfants, ou qu'elles constituent des ébauches de typologies, quand on distingue plusieurs sous-catégories à l'intérieur d'une plus grande. À la question « Existe-t-il plusieurs sortes de peurs ? », une enfant de CM2[25] avait par exemple un jour répondu : « Oui, il y a les peurs de surprise, quand un chien aboie soudain derrière une clôture alors qu'on ne l'avait pas vu, ou quand une porte claque sous l'effet d'un courant d'air ; et les peurs d'angoisse, quand on entend un bruit répété, dans la maison, la nuit, sans arriver à savoir d'où il vient. »

Quand il semble que la sous-question s'épuise, parce que les interventions sont moins nombreuses, on passe à la sous-question suivante, et ainsi de suite jusqu'au retour à la question de départ. Mais, bien souvent, c'est la gestion de temps qui contraint à passer de l'une à l'autre et, en fin de compte, à clore la discussion.

Pour moi, l'animateur agit comme un catalyseur. Il s'agit de permettre à la discussion d'avoir lieu, en étant garant des règles posées au départ. Mais il est souhaitable, me semble-t-il, que ce rôle même disparaisse et soit petit à petit assumé par le groupe. C'est d'ailleurs la remarque que j'avais faite, peu de temps auparavant, dans une session d'information pour enseignants organisée dans la région de Cherbourg. Un des discutants avait pris la parole, à un moment, pour dire qu'on s'éloignait du sujet du débat. Qu'il ait eu raison ou non est une autre affaire, j'aurai l'occasion de revenir sur les digressions. Mais voilà une avancée significative. Le maître, l'animateur, n'est progressivement plus nécessaire pour que le groupe avance, s'autogére…

En fin de séance, prend place un retour réflexif sur l'ensemble de la séance. Trois questions peuvent alors être posées aux enfants :

– Estimez-vous que certains points abordés et pas assez développés aujourd'hui pourraient faire l'objet d'une prochaine discussion ?

– Estimez-vous que le fonctionnement de la séance pourrait être amélioré ? Comment ?

– Qu'avez-vous pensé de notre séance d'aujourd'hui ?

Ce jour-là…

Lisant la suite de *Kio et Augustine*, les enfants ont proposé huit questions :

1. Pourquoi certaines personnes inventent-elles des histoires dans leur baignoire ?
2. Pourquoi y a-t-il des gens qui se croient mieux qu'ils ne sont ?
3. Pourquoi certaines personnes n'ont-elles pas envie de dormir quand il est l'heure de se coucher ?
4. Comment se fait-il que tout change sous l'eau ?
5. Pourquoi certaines personnes s'imaginent-elles qu'elles sont un sous-marin ?
6. Est-ce que, en ne voyant pas, on peut voir quand même ?
7. Pourquoi a-t-on peur des bruits qu'on entend la nuit ?

Ils ont finalement retenu : « Est-ce que, en ne voyant pas, on peut voir quand même ? »

Bien sûr, le sens du verbe « voir » nous a interrogés. Est-il vraiment employé avec la même acception, lors de ses deux occurrences dans la question ? La discussion a été longue, riche, et source de désaccords. Ensuite, la notion de rêve est revenue. L'idée générale était qu'on pouvait ne pas voir physiologiquement, par exemple pendant le sommeil, mais voir quand même, en rêve. À nouveau, comme la semaine précédente, le débat a tourné autour du rapport au rêve et à la réalité, et à la relative indécision qui semble être la nôtre quant à la détermination exacte de ce qu'ils sont. La vie qui nous semble réelle n'est-elle pas également un rêve dont nous allons nous éveiller ?

Le cas des personnes atteintes de cécité, suggéré dans le roman puisqu'Augustine est aveugle, a été largement évoqué. Encore des questions… Les aveugles rêvent-ils ? Voient-ils dans leurs rêves, ou ne font-ils qu'entendre des sons ? Mais encore faut-il ici distinguer les aveugles de naissance, dont on se demande s'ils peuvent, même en rêve, avoir des images dans la tête, de ceux des aveugles par accident ou maladie, qui peuvent, tous semblent d'accord, avoir des souvenirs et doivent pouvoir rêver de ce qu'ils connaissaient auparavant, de leurs habitudes. Dans ce cas, notre réflexion aurait sûrement pu être étayée par un témoignage, c'est du moins ce qu'ont dit les enfants. Ils se sont aussi demandés si l'imagination des aveugles était la même que celle des personnes qui voient. Car comment imaginer quelque chose qu'on n'ait jamais vu ?

*

C'est le temps qui passait qui nous a contraints à arrêter là notre réflexion. Mais les enfants, parmi lesquels des habitués de l'année précédente, ont tout de même proposé la première évolution du dispositif, la plus classique, dirais-je, qui consiste à pouvoir proposer des questions qui ne viendraient pas du texte. Sans renoncer totalement à ce support : nous continuerions à lire *Kio et Augustine*. Nous avons donc convenu de partager en deux le temps consacré à la cueillette des questions : un moment pour les questions issues du texte, un autre temps pour d'autres questions, proposées librement. Le choix final serait effectué dans l'ensemble du corpus ainsi réuni. Un des enfants présents ce mardi-là, un des anciens, a dit que le texte, lui plaisait moins qu'*Elfie*, utilisé l'année précédente. Mais que les discussions de cette année étaient plus intéressantes. Ce qui, à mon sens – et au sien – demeurait l'essentiel...

Le 2 décembre

TF1

TF1. TF1 soi-même, en personne. Le coup de fil m'avait quelque peu surpris. Mais la notoriété grandissante de Michel avait des conséquences qui ne pouvaient plus surprendre personne. Sauf que...

Sauf que cette chaîne privatisée, la plus importante d'Europe, peut d'une certaine manière symboliser ce que lui, moi et d'autres à l'Université populaire considérons comme une sorte d'archétype de l'ennemi à combattre : une société, capitaliste, chef de file de ces médias producteurs insidieux de clones intellectuels bien réels, contrairement aux clones biologiques que ces mêmes médias nous agitent sous le nez comme des épouvantails pour nous empêcher de penser sereinement la question des biotechnologies[26]... Donner la parole à l'Université populaire, en ce sens, peut être assimilé pour une telle entreprise à une façon de scier la branche sur laquelle elle est assise. Comportement schizophrène ? À vrai dire, notre monde en regorge, à un point tel qu'on pourrait se demander si ce n'est pas l'une de ses principales caractéristiques.

« Ne changez rien à vos habitudes, faites votre cours comme d'habitude », m'avait dit la journaliste ce lundi soir, au téléphone. Passons sur le mot cours, qui continuait à me déranger. J'ai toujours accepté les visites, enseignants intéressés, parents, journalistes... Lors de notre université d'été, à Ajaccio, nous avions eu une équipe de France 3 pendant tout un atelier. C'est vrai que ce n'est pas toujours plaisant. Les enfants sont flattés, en un sens, mais parler avec une caméra et un micro sous le nez n'est pas aisé. Mais peut-être cette reconnaissance médiatique de nos pratiques est-elle une condition de leur large diffusion ? Au moins, elle permet à des gens qui n'en ont jamais entendu parler de savoir qu'elles existent. Mon ambition ne va pas au-delà. Il ne s'agit pas de tenter de convaincre, ni de militer. Il s'agit seulement de dire : « Voilà, on peut proposer aux enfants et aux adolescents de participer à des discussions philosophiques. Ces pratiques commencent à se répandre et présentent tel et tel intérêt. À vous de prendre, ou non. » En ce sens, même TF1 peut être un allié objectif, de circonstance oserais-je dire.

J'attendais donc l'équipe, alors que la discussion était vive dans l'atelier. Un œil sur le groupe, un œil sur mes notes, puisque je rédige un compte-rendu de chaque séance destiné à l'un des sites Internet que j'anime, un œil sur la porte, l'ouïe aux aguets, attentive aux paroles échangées et aux bruits de pas dans l'escalier de l'amphi… Ça faisait beaucoup d'yeux en mouvement pour un seul homme, sans compter les risques importants de développer un strabisme quasi sartrien.

Et la montagne accoucha d'un pétard mouillé. Seuls la journaliste et l'homme à la caméra se présentèrent : pas de preneur de son, deux mots échangés sans prise de note, pas d'interview, quelques tours de manivelle et puis s'en vont.

Mais j'étais néanmoins satisfait. Satisfait d'être une sorte de débroussailleur de territoires vierges. La montée en puissance de notre Université populaire faisait des émules. À ce moment, trois autres étaient en gestation. Toutes trois envisageaient, sur le modèle de ce que nous faisions à Caen, d'avoir un pôle philosophique important, incluant un département pour enfants et adolescents. Nous montrions ainsi, grâce à une notoriété grandissante dont l'impact médiatique n'était que l'un des aspects, que la philosophie peut ne pas être élitiste, en ce sens qu'elle est de nature à s'adresser à tous ceux qui souhaitent s'en emparer et qu'elle n'est pas réservée à quelques-uns, issus de milieux fermés, travaillant à la reproduction d'un système qui les privilégie de façon honteuse.

Nous posons avec force l'éducabilité philosophique de tous, sans distinction d'âge, de diplôme, d'origine sociale. Être là, aux côtés de Michel, dans cette locomotive pilotée par un intellectuel collectif auquel j'appartiens avec fierté, est source d'un enthousiasme et d'un plaisir inédit pour moi. Loin de faire l'apologie d'un passé mythique et révolu, sur le mode chrétien du paradis perdu, me plaçant aux antipodes d'une attitude réactionnaire qui pense, en regardant l'histoire par le gros bout de la lorgnette, que tout était mieux avant, j'affirme avec force, ici, par mon implication dans l'Université populaire de Caen, que, comme le dit Gabriel Yacoub, « pour ce qui bouge et pense dans ce monde vivant, la joie est devant ».

L'héritage de Matthew Lipman

J'ai déjà dit que ma façon de procéder était inspirée de la démarche mise au point par Matthew Lipman, philosophe pragmatiste contemporain, originaire de nord-est des États-Unis. Mais il est l'auteur d'un programme, le mot dit bien ce qu'il veut dire. Il s'agit d'un ensemble très complet, vaste, prévu pour être appliqué sur plusieurs années, sept ou huit. Ce simple constat montre qu'il est impossible de l'appliquer tel quel en France, dans la mesure où nos démarches sont encore très peu répandues, et qu'elles ne revêtent bien sûr, en tout cas pour l'instant, aucun caractère obligatoire, à l'école. Autant dire que, dans un cadre comme l'Université populaire, où vient qui veut, autant de fois qu'il veut, appliquer un tel programme relève de l'impossible. Exit, donc, d'emblée, le qualificatif de lipmanien, en tout cas de lipmanien « pur ».

Ce seul argument pratique, contextuel, auquel s'ajoute la difficulté à se procurer en Europe les ouvrages écrits par

Matthew Lipman, suffirait à expliquer qu'on n'applique pas son programme en France, dans sa version complète. Que, même, à l'évidence, personne ne l'applique *stricto sensu*. Car il faudrait imaginer que des enseignants utilisent le matériel qu'il a mis au point pendant au moins sept années consécutives. Imaginer, donc, que des établissements entiers fassent le choix, non seulement de se lancer dans la discussion philosophique avec des enfants et des adolescents, mais qu'ils mettent ce choix en œuvre en utilisant les documents mis au point par Lipman. Or, ces documents sont nombreux, touffus, et ils supposent donc une véritable formation – et pas seulement un stage de quatre semaines. Outre un gros ouvrage théorique[27], il a en effet écrit des romans destinés à être lus par les enfants. Ces ouvrages sont au nombre de sept, un par année scolaire, et le premier d'entre eux, en terme de chronologie, s'adresse aux enfants de cinq à six ans. Chacun de ces ouvrages est complété par un guide d'accompagnement de plusieurs centaines de pages, proposant pistes de réflexion, exercices, suggestions pour animer les discussions, etc. Si les romans peuvent à la rigueur être trouvés, les guides d'accompagnement demeurent quasi inaccessibles de ce côté de l'Atlantique, bien que tout ce matériel ait été traduit en français par des Québécois, les premiers francophones à avoir rencontré la démarche, pour des raisons, sans doute, de proximité géographique.

D'autres pays ont adopté le programme Lipman, dont le Brésil, au sortir d'une longue période de régime dictatorial. Et le groupe d'experts réuni sous l'égide de l'Unesco en 1998, auquel j'ai fait allusion plus haut, étudiait en fait l'intérêt de la diffusion de ce programme précis, et l'ampleur de celle-ci, à un moment où il semblait devoir être l'unique référence en matière de philosophie s'adressant à des enfants et des adolescents.

Mais la France, conforme à sa réputation, peut-être usurpée, d'insoumission et de non-conformisme, surtout vis-à-vis de ce qui vient des États-Unis, devait remettre en cause cette sorte d'hégémonie naissante, comme nous aurons l'occasion de le voir.

Bref, Lipman comme grand ancêtre, comme initiateur, comme pionnier, oui. Mais Lipman comme modèle unique et infrangible, non. D'autant qu'il me paraît essentiel, répétons-le, de permettre aux enfants de faire évoluer le dispositif auquel ils sont soumis. Or, le vestige le plus apparent de la démarche Lipman dans ma pratique, quand je commence les discussions avec un groupe « neuf », c'est l'utilisation de ses romans comme élément déclencheur de questionnement. Et c'est précisément cela que les enfants remettent en cause en premier, j'allais dire spontanément, quand on leur offre le choix de modifier les choses…

Dans les chapitres à venir, je reprendrai point par point les différents aspects de la démarche que j'utilise. Ce sera pour moi l'occasion de dire pourquoi je fais ainsi et pas autrement.

Ce jour-là…

Nombreux, encore. Dix, cette fois. C'est-à-dire, pour la quatrième séance de l'année, plus que le record établi l'année précédente. Bien sûr, tous ces comptages sont un peu vains. Cela me rappelle d'ailleurs cette question souvent posée par les collègues enseignants : « Quel est le nombre de participants idéal ? » Idéal par rapport à quoi ? Quels critères retient-on ? Ne peut-on discuter philosophiquement à deux ? Le cas limite du dialogue philosophique n'est-il pas, aux dires mêmes de Platon, ce « dialogue intérieur et silencieux de l'âme avec elle-même que nous avons appelé pensée »[28] ? La limite inférieure est donc un, quant à la limite supérieure... Est-ce parce qu'on est cinq cents que le dialogue cesse d'être philosophique ? Tout au plus peut-on constater que chacun aura moins de temps de parole, que plus le nombre de discutants augmente, à durée égale, et moins chaque participant aura de chance de parler longtemps, voire de parler tout court. Et alors ? serais-je tenté de dire... Si cela pose problème, au groupe de s'emparer de cette difficulté, et de tenter d'y trouver remède. Nous sommes tous, là encore, collectivement responsables de ce que nous vivons.

Pour en revenir à mon expérience, j'ai animé des discussions qui réunissaient de trois à une petite cinquantaine de participants. Au cours de la première année d'existence de l'Université populaire, j'ai dû annuler deux ateliers où seuls étaient présents mes deux enfants. Le dispositif perdait alors un peu de son sens, tant par la quantité que par la qualité, dirais-je. (j'entends par-là qu'il me paraissait un peu ridicule d'avoir avec mes propres enfants, dans cette salle de conférence du musée des Beaux-Arts, une discussion que je pouvais tout autant avoir à la maison, au cours d'un repas...). Mais dès que nous fûmes trois, ou quatre, cela fonctionna. De la même façon, d'ailleurs, cette année, la séance du 25 novembre n'avait réuni que quatre enfants, sans que la qualité des échanges s'en trouve altérée, à mon sens et à celui des participants en tout cas. Et sans que j'éprouve même le besoin d'y insister plus que cela dans les pages que j'ai consacrées à cette séance, au chapitre précédent.

À l'inverse, il m'est arrivé, une ou deux fois, de réunir deux classes de mon école pour mener une discussion. Là encore, le résultat s'avéra plutôt concluant, aux dires des enfants, qui s'étaient donc retrouvés à une petite cinquantaine pour réfléchir et avoir une discussion autour de la question « Qu'est-ce que la méchanceté ? »

J'avais donc fini par m'habituer à ces fluctuations d'effectif dans l'atelier de l'Université populaire, et par m'en accommoder. Elles étaient une conséquence ou plutôt une contrepartie de la liberté offerte, de l'absence de contrainte, du refus volontaire qui était le nôtre de poser une quelconque exigence d'assiduité. J'espérais néanmoins ne pas avoir à annuler trop souvent mon atelier, faute de candidats.

Ce jour-là, donc, nous fûmes dix. Pas d'annulation, au contraire. La partie questionnement fut longue, riche, d'autant que nous avions entériné la proposition faite à la séance du 25 novembre de pouvoir poser des questions qui ne viendraient pas du texte, en plus de celles qui en étaient inspirées. Le corpus de questions était donc divisé en deux, mais le total de celles-ci atteignait dix-huit. Les voici :

Questions proposées à partir du texte :

1. Pourquoi ne veut-on pas pleurer quand on en a besoin ?

2. Pourquoi certaines personnes ont-elles du mal à avoir confiance en une autre ?

3. Comment est-ce qu'on devient stupide ?

4. Comment peut-on connaître la vérité ?

5. Quel est le meilleur dessert au monde ?

6. Est-il mieux de croire ou de savoir ?

7. Pourquoi les parents disent-ils aux enfants qu'ils sont les plus beaux du monde ?

8. Pourquoi y a-t-il des gens qui se posent beaucoup de questions ?

9. Est-ce bien de dire toujours la vérité ?

10. Pourquoi certaines personnes ne voient-elles pas ?

11. Pourquoi ne pas répondre aux parents ?

12. Pourquoi y a-t-il des gens qui demandent s'ils sont beaux ?

Questions proposées sans référence au texte :

13. Pourquoi entendons-nous notre voix différemment que les autres l'entendent ?

14. Doit-on avoir peur du temps ?

15. Qu'est-ce que le rêve ?

16. La philosophie est-elle une science ?

17. Qu'est-ce que le courage ?

18. Qu'est-ce qu'un dieu ?

Et c'est une question inspirée par le texte qui fut retenue, à savoir : « Est-il mieux de croire ou de savoir ? »

La discussion fut dense, touffue, à tel point qu'il me fut difficile, par moments, de prendre des notes. Je tenais pourtant à le faire, puisque j'en nourrissais le site Internet que j'avais mis en ligne l'année précédente en collaboration avec Laure Bühlmann-Galvani[29], et où figurent les comptes rendus des discussions menées dans les ateliers de philosophie pour enfants que nous menons, elle à Tours, moi à Caen. Là, je percevais les limites de l'exercice : être attentif à ce qui se dit, participer de temps à autre, noter sans perdre de temps mais de façon suffisamment précise et en tentant d'être le plus fidèle possible aux paroles prononcées – ce qui supposait de bien les comprendre… – tout cela fut pour moi, ce soir-là peut-être plus que d'autres, assez malaisé. Même si un des enfants présents avait accepté de prendre le rôle de distributeur de parole.

D'autant que l'écart d'âge entre les plus jeunes et les plus vieux des discutants présents était assez important, entre sept et huit ans, et qu'il me semblait que les plus jeunes étaient un peu les oubliés de l'affaire. L'un d'eux se manifestait d'ailleurs (mais à voix basse) en disant qu'il ne comprenait rien et qu'il avait hâte que cela se termine. Pour qu'il exprime clairement ses doléances, et que nous tentions ensemble de trouver une solution, peut-être aurais-je dû lui donner la parole. Mais le rôle de distributeur de parole était dévolu à quelqu'un d'autre… En fait, je perçois plus clairement cette difficulté en écrivant ces lignes, et cela ne sera sans doute pas sans conséquences si une telle situation devait se reproduire. Pourquoi le participant que je suis, ou prétends être, ne pourrait-il pas prendre la parole pour demander à un autre participant comment il vit la discussion ?

Nous avons tenté de définir ce que c'est que « croire », et « savoir ». Des définitions, des caractéristiques de l'un et l'autre ont été échangées. Il était cependant malaisé de voir si, oui ou non, elles étaient contradictoires, ou simplement divergentes. Nous avons tenté, pour nous aider, de dégager des exemples, et un début de typologie a été proposé à propos de « croire » ; on peut :

– croire quelqu'un, ce qui suppose qu'on a confiance en cette personne ;

– croire quelque chose, ou en quelque chose.

Pour certains, la croyance est apparue à un moment comme une étape préalable au savoir : on croirait des choses jusqu'au moment où une confirmation, une vérification, permettrait de transformer cette croyance en savoir. Mais un désaccord s'est aussitôt manifesté : certains faits apparaissent d'emblée comme des savoirs établis, sans étape préalable relevant de la croyance.

La question de la croyance en Dieu a également été évoquée, et celle des motivations de nature psychologique qui peuvent conduire à se dire croyant ou savant. « On dit « Je sais » pour montrer des choses aux autres, pour montrer ses certitudes. C'est davantage une question de reconnaissance sociale. » nous a dit Justine.

Nous nous sommes également demandé si l'affirmation « J'ai raison » était liée davantage au croire ou au savoir, une réponse possible pouvant être la considération d'une échelle d'affirmation qui débuterait par croire, pour monter vers savoir et culminer dans le « J'ai raison ».

Mais tout cela peut être relativisé, puisque, nous a dit Julien, quoiqu'on affirme, on peut toujours être soupçonné de mensonge…

Le 9 décembre

Non-intervention

Très fluctuant, oui, voici quelle pourrait être ma réponse à quelqu'un qui me parlerait de l'effectif de mon atelier. De ce point de vue, les semaines se suivent et ne se ressemblent pas. Mais est-ce si important ? D'autant que, outre les enfants et adolescents qui participent, je reçois souvent des adultes, parents, enseignants. Certains viennent en simples curieux pour voir à quoi peut bien ressembler une discussion philosophique avec des jeunes. D'autres, la plupart, profitent de leur visite pour me demander d'intervenir dans une classe. C'est, selon les cas, celle où leur enfant est scolarisé (dans ce cas, ce sont des parents qui font découvrir la démarche aux enseignants), celle où ils interviennent à un titre ou à un autre, s'ils sont responsables de bibliothèque, par exemple, ou celle qu'ils ont en charge, en tant que professeurs. Et toutes ces demandes sont de plus en plus nombreuses. Mon action au sein de l'Université populaire sert donc aussi d'amplificateur, de porte-voix pour la diffusion de telles pratiques.

Dans le courant de cette même journée du 9 décembre, je suis ainsi intervenu dans trois classes de la région de Cherbourg. Là, comme c'est bien souvent le cas, une ou deux personnes ont assisté à chacune des séances, en plus de la titulaire de la classe. Un autre moyen de diffuser… Un comportement symptomatique de ces collègues m'a particulièrement frappé ce jour-là, auquel je n'avais pas encore bien prêté attention : la tentation, qui est la leur, de sur-intervenir. On aura maintenant compris que je tiens à l'effacement de l'animateur, autant que faire se peut : je donne les consignes, quand je présente l'activité pour la première fois dans une classe, je les fais expliciter par les enfants, j'insiste pour demander si tous ont compris. Quand plus personne ne manifeste de difficulté, je lance le travail, par exemple la recherche de questions du premier temps de la démarche[30], et je n'interviens plus. Or, ce jour-là, au collège, deux des trois collègues présents dans la classe ont passé pratiquement tout le temps que j'avais fixé pour cette recherche, soit environ une dizaine de minutes, à circuler dans les rangs en prodiguant des conseils, en reformulant les consignes, etc. À quatre reprises (4, deux plus deux), j'ai dit à voix haute : « C'est volontairement que je n'interviens pas. » Sans succès. Elles ont continué…

Pourquoi ? Telle est la grande question ! Les enseignants auraient-ils peur du vide ? du silence ? Seraient-ils atteints par une forme d'obsession quasi-capitaliste de l'efficacité ? Ou bien leur est-il impossible de quitter leurs habits de sempiternels intercesseurs entre le commun des mortels et une vérité qu'ils se pensent seuls à détenir ? Subissent-ils, en ce sens, la prégnance du modèle platonicien, où seul le philosophe (et un philosophe âgé…) peut montrer la réalité aux pauvres hommes ridiculement dupés par des ombres ? Modèle repris avec le succès qu'on sait, par les monothéismes, où seul le prêtre est apte à décoder les Écritures, le Livre Saint, bref la parole de l'Être Suprême. Permettent-ils que survivent en eux, comme une bête malfaisante, des réminiscences de la scolastique médiévale ? Alors même que tout cela a lieu à l'école dite laïque… Schizophrénie, encore…

Demandons-nous plutôt quels sont les enjeux ! En quoi cela peut-il représenter un quelconque handicap pour des élèves de 5e de passer dix minutes à patauger un peu, voire à être quelque peu déstabilisés ? Au contraire, cette déstabilisation n'est-elle par pour eux riche d'enseignements ? Ne vaut-il pas mieux les inciter à faire leurs propres découvertes, n'est-il pas préférable de leur apprendre à se passer de cette béquille que veut être le maître, à se déprendre de lui, pour le dire comme Nietzsche ? Car tout acte éducatif est émancipation, ou se doit de l'être. Honte aux parents, aux éducateurs, qui feignent de ne pas savoir que leur style pédagogique conduit les enfants qu'ils ont face à eux à rester sous leur étroite dépendance. Dès la fécondation, dès les premiers instants d'assemblage des cellules sexuelles élémentaires, l'histoire d'une éducation (*ex ducere*, conduire hors de…) est celle d'une séparation, qui se termine par la mort des parents. Peut-être est-ce cette perspective qui effraie tant parents et éducateurs, et les pousse à maintenir leurs enfants sous leur emprise. En l'occurrence, la non-intervention n'est-elle pas, en fin de compte, c'est-à-dire à moyen terme et au-delà, bien plus *efficace* ?

D'autant que ce moment de flottement dure très peu de temps. La première séance passée, les enfants comprennent où l'on veut en venir… N'oublions pas que ce travail n'a de sens que si on l'envisage, au moins, sur le moyen terme, disons à l'échelle d'une année scolaire. L'idéal, bien sûr, étant de pouvoir poursuivre au-delà.

Ajoutons que ce principe de non-intervention radicale n'est défini que comme une visée. Il est évident que plus les enfants sont jeunes, à la fois en âge et dans la démarche, et plus les interventions risquent d'être nombreuses. Et que des phénomènes de crus, complètement imprévisibles, viennent encore ajouter des paramètres à un tableau déjà passablement complexe. Dans une même école, dans une classe de même niveau, donc à milieu socio-économique équivalent et avec le même nombre d'enfants, on peut par exemple se trouver face à des groupes aux réactions différentes, voire opposées.

Je ne sais pas si tout l'enseignement gagnerait à être basé sur ce modèle. Est-ce ce que Platon envisageait quand il écrivait, mettant ces paroles dans la bouche de Socrate : « Quel bonheur ce serait [...] si le savoir était une chose de telle sorte que, de ce qui est plus plein, il pût couler dans ce qui est le plus vide. »[31] ? Mais il me semble qu'il importe d'éviter la position systématique de surplomb, qui guette nos enfants, à l'école et ailleurs, dans l'immense majorité des situations où ils sont face à un adulte. Ne peut-on dès lors dire que ménager des temps où la dynamique s'inverse (et elle ne s'inverse jamais totalement), où la posture de l'enseignant tend à devenir contraire au modèle dominant, ne peut-on penser que tout ceci présente un intérêt ? D'autant que, dans le meilleur des cas, cette situation nouvelle ne sera vécue, en moyenne, que trente minutes par semaine. Trente minutes, sur trente heures.... Un soixantième...

D'ailleurs, l'école elle-même, dans son ensemble, est en position de surplomb. Elle dit, comme une injonction, et donc sans demander leur avis aux élèves, qu'ils viendront user leur fond de culotte sur ses bancs pendant toute leur enfance. De l'âge de six ans à celui de seize ans – ne parlons que de la scolarité obligatoire – les enfants fréquentent l'école environ un jour sur deux, si on tient compte des congés. Mais ces journées sont bien remplies : six heures de présence en classe, auxquelles s'ajoutent les autres temps contraints incontournables (trajets, temps d'entrée et de sortie, travail à la maison) et ceux qui ne concernent qu'une partie des élèves (restauration du midi, assortie de sa pause, garderies avant et après l'école et les divers systèmes d'études, d'aides aux devoirs etc.). Pire, peut-être, l'école assigne aux enfants des objectifs lointains, contestables et par nature opposés à leur désir de vivre dans l'instant, et de jouer.

Le samedi qui précédait cette séance du 9 décembre, j'ai ainsi eu l'occasion de participer à une des discussions organisées dans le cadre du « Grand débat sur l'école ». Le principal du collège où avait lieu cette réunion a clairement fixé les finalités de l'enseignement dispensé dans son établissement, et le maître-mot en était « insertion professionnelle ». Or, une position philosophique à propos de cette visée ne peut que conduire à demander, à ceux qui la revendiquent, à quoi cela sert d'avoir un métier… Et, dans les réponses que j'ai obtenues, je n'ai guère pu trouver d'autre justification finale que l'argent. Or moi, j'ai envie de développer une soif d'être, plus que d'avoir…

On m'a dit aussi, ce jour-là, que travailler était un facteur d'épanouissement. Comme si les loisirs, les voyages, les arts, les pratiques sportives équilibrées, la vie associative ne pouvaient avoir les mêmes intérêts ! L'épanouissement par le travail… belle devise, en vérité, qui m'en rappelait une autre, de sinistre mémoire : « Le travail rend libre. » Mais celle-ci figurait au-dessus du portail d'Auschwitz.

Et d'ailleurs, pour examiner les choses dans leurs ultimes implications, si ces devises devaient être vérifiées, quid de l'épanouissement, de la liberté, des membres de cette nébuleuse du capital, où le mot travail n'a plus de sens, où on gagne des fortunes en spéculant, en faisant fructifier ses avoirs ou en jouant en bourse le sort de milliers de salariés ? Alors même que ceux-ci n'ont pas la moindre idée des fortunes qui circulent au-dessus de leurs têtes, sauf quand ces jeux de hasard précipitent des faillites qui les jettent à la rue.

C'est donc pour cela qu'il faut travailler à l'école ! Souffrez maintenant ! Vous serez heureux plus tard ! On oublie juste de dire : peut-être…

Voilà pourquoi doit être préservé ce ballon de fraîcheur, ce seul moment où le surplomb s'abaisse, où les enjeux sont plus dilués. Voilà pourquoi la visée de non-intervention me paraît majeure. Et voilà pourquoi, sans doute, j'ai tant de mal à la faire admettre.

Support ou non ?

L'utilisation des romans de Lipman comme point de départ, au moins dans les groupes « vierges » est donc un des signes les plus manifestes de son influence sur ma pratique. Pourquoi des romans, pourrait-on dire ? Et, de plus, pourquoi ceux de Lipman ?

Loin de moi l'idée de rejeter toute pratique autre, qui partirait d'autres supports (on verra d'ailleurs que j'y viens) ou démarrerait sans support du tout. Ce qui me gêne, par contre, c'est qu'on puisse lancer des discussions philosophiques en donnant soi-même le thème. À cela, deux raisons. La première, c'est qu'il me paraît souhaitable d'éviter que l'animateur choisisse lui-même la question, car il montrerait d'emblée qu'il souhaite conserver un certain pouvoir sur ce qui se passe, ce que j'évite, autant que faire se peut – on a vu pourquoi. En second lieu, se pose la question des critères sur lesquels il s'appuierait pour choisir ce thème. En quoi peut-il penser que la question qu'il soumet à la discussion correspond à des questionnements des enfants ? Et au-delà, que dit-il de sa posture d'adulte en pensant qu'il est habilité à choisir les questions, en lieu et place de ceux qui vont en débattre ? N'indique-t-il pas ainsi, de façon quasi-explicite, qu'il sait en fait mieux que ces derniers déterminer les sujets dignes d'intérêt ? Ne les laisse-t-il donc pas, une fois de plus, et volontairement, en position d'inférieurs, de « mineurs intellectuels », d'êtres dépendants ? Bref, visant, au moins dans son discours, le développement de l'autonomie, ne renforce-t-il pas l'hétéronomie des enfants qui participent à l'activité ? Ne vaut-il pas mieux leur permettre, à eux, de faire ce choix, ne serait-ce que pour éviter les habituelles tartes à la crème des débats « citoyens » sur la violence, le respect, le vivre ensemble, qui ne sont dans certains cas qu'une façon de faire passer une bonne dose de moraline, pour le dire comme Nietzsche, un message politiquement correct – sous une forme faussement moderne – ou d'instrumentaliser un débat prétendument libre à des fins de pacification de la société scolaire ?

Car le choix du thème ou de la question, par le maître, par le professeur ou par l'animateur occulte trois temps de la démarche qui me paraissent tous d'égale importance : le premier, c'est la réflexion autour des questions susceptibles d'être posées, réflexion que mènent les enfants et eux seuls, quel que soit le support, et même s'ils choisissent de s'en passer ; le second, c'est le moment où ces questions sont dites, proposées par les enfants qui le souhaitent, où elles deviennent les questions du groupe, et non plus celles des participants qui les proposent, puisque le groupe a la possibilité de les accepter ou non, de les amender ou de les laisser telles qu'elles ont été émises, d'en regrouper plusieurs qui concerneraient le même sujet etc. ; le troisième, c'est le vote, et ses inévitables frustrations, où le groupe, et lui seul, indique quelle question il veut traiter parmi ces différentes propositions.

Aux enfants, donc, de choisir le thème. Plus précisément, de choisir la question. Car on pourrait, bien sûr, choisir un sujet qui n'en serait pas une, qui pourrait être, par exemple, une notion (la liberté, la mort, la nature, l'art, la technique…) ; qui pourrait être une phrase à commenter ; ou une distinction conceptuelle (être ami – être copain)[32]. Notons d'ailleurs qu'une forme acceptable de la distinction conceptuelle, au niveau syntaxique, passe par une mise sous forme de question. Pour reprendre l'exemple ci-dessus, on pourrait dire « Être ami ou être copain, c'est pareil ou non ? ». Dès la séance du 2 décembre, relatée dans le chapitre précédent, une telle question a d'ailleurs été choisie par les discutants, à savoir « Est-il mieux de croire ou de savoir ? »

Les questions sont donc fréquentes, commodes, et, surtout, importantes, fondatrices. Il faut, avons-nous dit, préserver l'attitude questionnante des enfants, présente dans leurs jeunes années. Quel meilleur moyen pour le faire que de baser notre travail sur des questions ?

Il s'agit maintenant de savoir comment on peut leur permettre d'émerger. Autrement dit, support ou pas support ? Doit-on faire ce que préconise Marcel Conche : Si je devais aborder cela, je commencerais par dire : « On va faire une interrogation écrite. Écrivez les questions auxquelles vous voudriez que l'on réponde, les feuilles sont anonymes. »[33] Dès l'abord, ce type de consigne a de quoi faire rire les enseignants d'école maternelle, de CP, voire de CE1[34], dont les enfants écrivent peu ou pas. Supposons réglée cette difficulté grâce à divers artifices – la dictée à l'adulte par exemple. Quelles questions allons-nous obtenir ? On risque fort de se retrouver face à des « questions susceptibles d'une seule solution (la "bonne") ; d'une réponse factuelle, de connaissance (Qu'est ce qu'un conseil municipal ?) ; technique (Comment fabrique-t-on un cerf-volant ?) ou scientifique (Comment poussent les plantes ?).[35] »

J'adhère complètement à la position selon laquelle il n'y a pas de questions spécifiquement philosophiques, mais seulement « des traitements philosophiques de toutes les questions possibles »[36]. François Galichet y insiste : « Tout objet, toute expérience, tout vécu peuvent être interrogés philosophiquement. Or si l'on peut philosopher à partir de n'importe quelle situation, n'importe quelle réalité, cela signifie qu'aucune en particulier ne saurait prétendre définir la philosophie.[37] » On verra dans la suite comment on peut appliquer ceci à la discussion philosophique entre enfants, en se débarrassant du texte comme support unique, et en utilisant des déclencheurs qui relèvent « de la quotidienneté, des expériences les plus triviales et les plus banales »[38].

Ceci dit, venons-en à ces questions susceptibles d'une seule réponse. On peut prendre quelques exemples : « Comment fonctionne un moteur à explosion ? » ou « En quelle année Henri IV a-t-il été assassiné ? ». L'école étant friande de ce genre de questions – qui n'en sont pas, parce que celui qui les pose en connaît la réponse – il y a fort à parier que les enfants commenceront par en poser certaines qui seront de même nature. Tout ce qu'on pourrait proposer alors, c'est de laisser la discussion se dérouler sur une telle question, et demander ensuite aux enfants ce qu'ils en pensent. Gageons d'ailleurs que, habitués aux questions appelant des réponses univoques, ils trouveront probablement l'activité satisfaisante : on a posé une question, on a trouvé une réponse… Donc, comment le maître, l'animateur, peut-il éviter que de telles questions soient retenues, si ce n'est en reprenant sa position de surplomb et en décrétant, sans dire pourquoi, que telle question est irrecevable ? Ce que d'aucuns, hélas, au sein même des équipes de formateurs à nos pratiques, n'hésitent pas à faire… Je reviendrai plus loin à cet aspect des choses.

Mais revenons à nos supports. Je pense que prendre un livre comme point de départ présente de nombreux avantages, dont celui d'éviter en grande partie cet obstacle. Nous les examinerons dans le chapitre suivant, en nous demandant pourquoi les ouvrages de Lipman sont, à mon sens, préférables à d'autres écrits…

Comme lors de la séance précédente, les enfants et adolescents présents ont pu proposer des questions inspirées par le texte, et des questions autres. Nous sommes donc à nouveau arrivés à un corpus en deux parties, pour un total de dix-neuf questions.

Questions inspirées par le texte :

1. Pourquoi certaines personnes veulent-elles tout savoir ?
2. Pourquoi s'interroge-t-on ?
3. Pourquoi certaines personnes croient-elles savoir mieux faire que les autres ?
4. Pourquoi veut-on se compliquer les choses alors qu'on n'en a pas besoin ?
5. Peut-on tout savoir ?
6. Peut-on comparer un goût, une couleur et une odeur ?

Questions proposées sans référence au texte :

7. Pourquoi comprenons-nous certaines choses et pas d'autres ?
8. Pourquoi doit-on avoir peur de la mort ?
9. Qu'est-ce que le courage ?
10. Qu'est-ce qui nous pousse à prendre des risques ?
11. Qu'est-ce que le temps ?
12. Qu'est-ce qu'un dieu ?
13. La philosophie est-elle une science ?
14. Pourquoi certaines personnes sont-elles jalouses d'une autre ?

15. Pourquoi certaines personnes aiment-elles la (les) mode(s) ?

16. Est-ce que c'est un choix d'avoir des « piercings » ?

17. Pourquoi beaucoup de femmes et de filles ont-elles des boucles d'oreilles ?

18. Comment peut-on donner sa vie à une religion ?

19. Est-ce que boucle d'oreille et « piercing », c'est pareil ?

Contentons-nous de noter que les questions du deuxième type furent, ce soir-là, plus nombreuses que les autres. Celle qui fut retenue fut d'ailleurs une de celles-ci : « Qu'est-ce qui nous pousse à prendre des risques ? »

La première étape de la discussion consista, c'est une habitude, à tenter une conceptualisation en définissant ce qu'on entend par « prendre des risques ». Partant ou non d'exemples, on proposa :

– mettre sa vie en danger ;

– se mettre en position de ne pas réussir quelque chose (un pari, un examen...) ;

– d'une façon plus générale, accomplir une action associée à la perte de quelque chose (argent, maison...)

Des échanges montrèrent des désaccords sur telle ou telle définition, qui ne pouvait pour certains s'appliquer à tous les exemples choisis.

Nous avons ensuite, sans davantage de succès nous sembla-t-il, essayé d'établir une typologie des risques. En existerait-il de plusieurs sortes ? Là encore, des désaccords se sont manifestés pour savoir si risquer sa vie pouvait entrer dans la même catégorie que risquer des biens matériels, puisque si on perd la vie, on perd tout le reste. Les propos échangés alors ont permis de faire émerger un nouveau type de risque, distinct des précédents : on peut ainsi, dans certains cas, perdre sa dignité, sa fierté, par exemple lors d'un pari perdu ou dans une compétition sportive, si on est battu par quelqu'un réputé comme moins performant.

Un présupposé de la question de départ pouvait être que nous prenons tous des risques. Est-ce vrai ? Tout le monde s'est accordé à dire que nous étions tous amenés à le faire, au moins de temps à autre. Par exemple, a ajouté quelqu'un à ce moment, on peut risquer de perdre une copine simplement en la contredisant, en lui disant qu'on n'est pas d'accord avec ce qu'elle dit.

Revenant sur le pourquoi, sur ce qui nous pousse à prendre des risques, le groupe proposa plusieurs réponses, admises par tous : l'instinct, la curiosité, la sensation d'être le meilleur, une confiance en soi excessive, une passion, par exemple dans le cas des sports dangereux. On peut aussi être amené à prendre des risques si l'enjeu est important, comme quand on se met en danger pour sauver quelqu'un d'autre.

Le 16 décembre

Ça, je ne laisse pas passer…

Personne ressource. C'est mon titre officiel. Car, reconnu comme innovateur par l'Éducation nationale, j'occupe, pour la deuxième année consécutive, un poste rattaché au rectorat de Caen, avec pour mission la réflexion, l'aide aux collègues désireux de se lancer, à travers des réunions d'information, des visites en classe et la participation à des actions de formation en liaison avec l'IUFM[39] de Caen. Je précise que je n'occupe ces fonctions qu'à mi-temps, demeurant, le reste de la semaine, enseignant ordinaire dans une école élémentaire de ZEP.

Le mercredi 10, lendemain de la séance relatée dans le chapitre précédent, avait donc lieu une réunion à l'IUFM, regroupant plusieurs de mes collègues membres de l'équipe du rectorat, et une dizaine d'enseignants d'école élémentaire et de collège. Nous venions de vivre ensemble une discussion du même type que celle que je propose aux enfants et aux adolescents, en classe et à l'Université populaire. Il nous restait un peu de temps pour avoir un retour réflexif sur ce que nous venions de vivre quand, faisant allusion au rôle de l'animateur que je venais d'être, la discussion tourna sur la possibilité, voire la nécessité de viser l'effacement que je prône. Un des participants, par ailleurs non (encore) praticien, reconnut cette visée comme pertinente mais, revenant sur une vidéo vue lors d'une précédente réunion, argua que ce retrait était difficile à envisager en école maternelle, car l'activité risquait alors de tomber « à plat ». Mais selon quels critères ? Le fait que les enfants ne parlent pas est-il si pénible ? Et pour qui serait-ce pénible ? Les enfants ou l'enseignant ? Car, songeons-y, la philosophie n'était jusqu'à présent enseignée qu'en terminale. Nous proposons maintenant une démarche qui à quelque chose à voir avec cette discipline, en envisageant qu'elle puisse être proposée à des enfants de maternelle, et on nous dit « Ah ! Si vous ne faites pas comme ceci ou comme cela, votre activité risque de tomber à plat ». On croit rêver, on a envie de rire ! La philosophie en terminale, qui ne concerne encore qu'une petite minorité d'une classe d'âge, ne tombe-t-elle pas à plat pour un grand nombre des élèves qui y sont soumis ? Ne voit-on pas des gens sortir de là avec un dégoût définitif de la philosophie et de tout ce qui y est associé (livres, écrits, discussions…) ? Par ailleurs, nos activités ne prennent sens que sur le moyen terme, au moins. Proposer une fois, dans sa scolarité, une telle discussion à un élève ressemble à un coup d'épée dans l'eau. Considérant cela, comment peut-on penser qu'une discussion menée en maternelle puisse tomber à plat ? N'est-elle pas de nature à favoriser l'implication plus grande, plus experte, dans les années qui suivent ? Surtout si on prend soin de demander systématiquement aux enfants ce qu'ils pensent de ce qu'ils viennent de vivre, à l'issue des discussions. Si eux-mêmes disent qu'ils estiment peu satisfaisant le faible taux de participation de leurs camarades (parce que c'est bien de cela qu'il s'agit quand des enseignants disent d'une activité orale qu'elle tombe à plat), ne vaut-il pas mieux tenter de voir avec eux en quoi c'est un problème ? Et comment on pourrait faire pour y remédier éventuellement ? C'est pour moi, une fois de plus, l'occasion de les responsabiliser, eux, face à ce qu'ils vivent, et leur dire par-là qu'ils ne doivent pas tout attendre des autres, en particulier de ceux qui leur sont imposés comme décideurs…

Ce jour-là encore, un professeur de philosophie qui participait à nos travaux nous a fourni un bel oxymore, en nous disant que, à son avis, l'animateur ne devait pour rien au monde intervenir sur le fond de la discussion, ce que je partage absolument. Mais il a ajouté quelques minutes plus tard que, sur telle remarque d'une des personnes présentes, il aurait réagi vigoureusement : « Ça, nous a-t-il dit, c'est quelque chose que je ne laisse pas passer… » Peut-on vraiment parler de non-intervention sur le fond, quand on ne « laisse pas passer » certaines des paroles prononcées ? Il me semble à moi que nos discussions ont quelque chose d'un dialogue socratique libertaire. Il s'agit bien de « faire accoucher les participants de *leur* vérité »[40]. Mais au lieu de m'imposer comme un maître qui feint de ne rien savoir, comme c'était le cas de Socrate[41], je préfère me retirer pour que le groupe, la « communauté de recherche entre pairs », chère à Lipman, joue ce rôle d'accoucheur. En pensant qu'on est fondé à dire « Ça, je ne laisse pas passer », on se remet en position de surplomb, dans une attitude qui n'est peut-être même plus socratique. Car, comme dit encore Pierre Hadot, « les questions de Socrate ne conduisent pas son interlocuteur à savoir quelque chose, à aboutir à des conclusions […] le dialogue socratique aboutit au contraire à une aporie, à l'impossibilité de conclure et de formuler un savoir. […] la vraie question qui est en jeu n'est pas *ce dont on parle* mais *celui qui parle.*[42] »

Les romans de Lipman

Le recours à l'écrit comme point de départ présente bien des avantages, le premier d'entre eux étant d'ailleurs au moins partiellement extérieur à la philosophie elle-même. C'est une évidence, presque un truisme que de dire que plus on lit, mieux on lit. Partant de ce principe, l'éducation en général, l'école en particulier, auraient tort de se priver des occasions pouvant se présenter à elles de faire lire les enfants. D'autant qu'on n'a pas affaire ici à une lecture tout à fait comme les autres. On alterne les situations de lecture silencieuse et de lecture à voix haute en situation. Il ne s'agit pas d'un exercice scolaire, où on lirait seulement pour le maître, voire pour obtenir une note de lecture. Il s'agit bien de lire en faisant un effort de compréhension, puisqu'il va falloir ensuite proposer des questions basées sur le texte, mais qui s'en éloignent sensiblement dans la mesure où ces questions doivent avoir des vertus généralisantes. On ne demande pas aux enfants de proposer des questions que je qualifierais de mécaniques, du genre « Qui fait quoi ? Où ? Avec qui ? » ou, au collège, « Quelle était l'intention de l'auteur ? », « Que voulait-il exprimer ? » mais bien des choses plus subtiles, qui ont à voir justement avec celui qui parle, dans la mesure où ce n'est probablement pas par hasard que tel enfant choisit tel mot, tel phrase ou tel passage comme déclencheur de sa question. Cette façon de faire privilégie, encourage un rapport nouveau à la chose écrite, que ce soient des romans, bien sûr, mais aussi la presse en général et même des écrits de nature philosophique – on y revient. Au lieu d'être pris comme des vérités absolues, ces textes seront regardés de façon questionnante, et ceci sous plusieurs angles.

En premier lieu, questionner un écrit c'est se permettre de le remettre en cause, ce qui ne manque pas d'intérêt, inutile d'y insister, quand on se trouve face à des ouvrages de propagande, ou qui tentent d'imposer des dogmes.

C'est une attitude critique qu'on vise, qui peut et doit s'élargir aux discours, aux actes, à commencer par les siens propres, et qui me semble de nature à combattre tous les totalitarismes, qu'ils soient économiques, religieux, sectaires, politiques… C'est Bernard-Henry Lévy qui a dit : « On sait, depuis La Boétie, que les tyrans ne sont forts que de nos faiblesses.[43] » L'une de celles-ci me semble être précisément la difficulté à exercer cette critique radicale, à interroger les présupposés. En ce sens, les discussions philosophiques partagent un grand nombre d'objectifs avec les activités d'éducation citoyenne. Elles en sont au moins complémentaires, mais ont ceci d'intéressant qu'elles visent l'autonomie et le développement de la pensée critique en évitant de garder les enfants sous l'emprise du maître. Car n'y a-t-il pas incohérence à vouloir développer des attitudes comme le respect mutuel, des aptitudes comme la capacité à penser par soi-même, en les imposant de façon verticale ? Ce qui est bien souvent le cas des leçons, des cours d'éducation civique. Non qu'ils soient superflus. Il est des domaines où le simple apport d'information est important, irremplaçable : les institutions, le droit, tout cela ne se réinvente pas. Nous vivons dans un certain monde, il importe de le connaître. Mais ces informations ne sont pas suffisantes. Les activités de discussion philosophique en sont un complément à mon sens irremplaçable. Peut-être même sont-elles premières, dans la mesure où elles apportent du sens, et l'appétence pour les apprentissages.

Un autre des intérêts de partir d'un roman est de permettre aux enfants, aux jeunes, d'aborder la littérature d'une autre façon. Peut-être qu'en montrant (par l'exemple encore, et non par le discours) qu'un texte mettant en scène des personnages fictifs peut avoir des répercussions importantes sur soi, on autorisera un regard différent, plus personnel, sur les grandes œuvres littéraires, qui pourrait se résumer à la question : « Qu'est-ce que ce texte me dit de moi ? » Ce que Séverine Auffret décrit fort bien quand elle parle de sa lecture du roman *Nétotchka Nezvanova*, œuvre inachevée de Dostoïevski. « Un personnage a surgi d'entre les pages d'un livre, écrit-elle. Il m'a terrifiée.[44] » Elle ajoute plus loin que « Les romans de Dostoïevski irritent [...] notre réflexion, exposant des jeux que nous pressentons en nous-mêmes, humains mortels, aux confins grinçants de la nécessité et de la liberté »[45]. Ou encore, revenant à ce personnage précis, Egor Efimov, « Que me dit sa lourdeur de cauchemar sinon *sa* présence *en moi* comme sujet d'un jeu possible ? En moi, en vous, en tous... »[46] Cette façon de lire, de s'identifier de façon consciente et réflexive aux héros de fiction que l'on rencontre, me semble bien plus forte, bien plus formatrice et, au-delà, bien plus démocratique que l'analyse littéraire pompeuse des manuels de notre jeunesse, qui nous laissaient penser que des clés étaient nécessaires pour comprendre des œuvres d'art, littéraires ou autres, et que seuls nos professeurs les détenaient. Chacun, s'il le souhaite, peut accéder à la littérature, et à l'art en général. Il lui suffit qu'on lui autorise cet accès, plutôt que s'ingénier à lui en démontrer l'impossibilité. C'est une des missions de l'éducation, une des plus belles.

Bien sûr, la nécessaire, l'immanquable identification qui se produit chez tous, jeunes et moins jeunes, face à une œuvre de fiction, (que cette œuvre prenne pour support un livre, cas qui nous occupe ici, un film de cinéma, une pièce de théâtre ou un opéra), cette identification est un des ressorts qui développent l'intérêt qu'on y trouve. Mais ce ressort est bien souvent inconscient, ou en tout cas, la plupart du temps, implicite. Questionner un texte, comme on le fait avec les romans utilisés dans les ateliers que j'anime, permet d'expliciter cet intérêt, de le rendre palpable et peut-être, ainsi, de le généraliser. En ce sens, ces activités peuvent concourir au renforcement de la motivation à lire des livres.

Partant d'un roman, d'une œuvre de fiction et des identifications qu'elle permet, on attend aussi une certaine transposition, un transfert d'attitude. En écho aux difficultés rencontrées par les personnages du texte, on essaie en effet de bâtir des questions d'ordre général, c'est-à-dire, et c'est une des consignes que je donne clairement, des questions ne comportant pas les noms desdits personnages. On le constatera facilement dans les exemples de questions fournis tout au long de cet ouvrage. Plutôt donc que de demander « Pourquoi Kio s'interroge-t-elle ? », ce qui pourrait nous conduire à chercher une réponse dans le texte lui-même, je préfère la formulation « Pourquoi s'interroge-t-on ? », ce qui disqualifie d'emblée le livre comme détenteur de toute vérité[47], et contraint à chercher cette vérité en soi, avec l'aide des autres. Et c'est bien sûr cette recherche, plus qu'une hypothétique réponse, qui doit demeurer centrale. Ce glissement, qui s'origine dans les actes, les pensées et les paroles des protagonistes du roman, pour être finalisé dans une question d'ordre général, peut, me semble-t-il, servir de modèle pour penser sa vie. Plutôt que rester confiné dans des idées et des problèmes énoncés à la première personne, chacun a probablement intérêt à les envisager sur un mode généralisant. Ou, tout au moins, à disposer de cette corde supplémentaire à son arc. Le groupe peut d'ailleurs ici être un auxiliaire précieux, non seulement en aidant à construire les questions sous une forme acceptable du point de vue de la syntaxe, j'y reviendrai, mais aussi en montrant que ces interrogations sont communes à tous et que, dès lors, un traitement évitant le retour systématique au sujet s'impose.

J'insiste à nouveau sur le fait que, bien que l'intérêt de partir d'un livre me semble majeur, je souhaite mettre entre les mains des enfants la possibilité de faire évoluer le dispositif. Cette évolution potentielle m'apparaît désormais comme constitutive de ma pratique. En ce sens, peut-être vaut-il mieux, dans les premières séances, proposer un dispositif plein que quelque chose qui se définit comme un non-dispositif. Que faire évoluer, si celui-ci est minimal ? Notons d'ailleurs que l'absolu est difficile à concevoir en la matière, et que des consignes, même en très petit nombre, seront fatalement données.

Si donc il m'apparaît préférable de partir d'un livre, pourquoi préférer ceux de Lipman à des contes, à des romans de la littérature de jeunesse, à un de ces petits ouvrages parus récemment dans les collections philo[48], voire à des œuvres littéraires du patrimoine ? Loin de moi l'idée que Lipman contiendrait toute la philosophie, comme peuvent le dire, hélas quasiment en ces termes, certains collègues qui s'érigent ainsi en grands prêtres et prêtresses de la philosophie pour enfants. Non ! Je dis et répète que cette façon de faire n'est qu'une parmi d'autres et qu'elle est, comme toute philosophie, le résultat de mon histoire personnelle. Très précisément, j'ai tenté, par le passé, de baser le travail sur des ouvrages autres que ceux de Lipman. Ainsi, j'ai utilisé le Petit Poucet, les contes de fées sont appréciés, et présentent d'inestimables vertus, bien décrites par Bruno Bettelheim[49]. Mais, dans un conte comme celui-là, par ailleurs assez long et pas forcément accessible, dans sa version originale, à tous les enfants, à cause de son niveau de langage ou de l'obsolescence de son lexique et de sa syntaxe, on ne peut guère dégager que deux ou trois thèmes : l'abandon, la peur, la pauvreté, thèmes qui sont d'ailleurs communs à bien des contes de fées, où les héros sont souvent des enfants abandonnés, ou élevés par des marâtres, et où ils ont affaire à des personnages effrayants que ce soient lesdites marâtres, des sorcières, des animaux cruels etc. Les questions pouvant émerger sont non seulement peu nombreuses, mais assez récurrentes.

Autre piste, les livres et albums de jeunesse, ou les ouvrages parus dans les collections philo. Ceux-ci présentent à mon sens l'inconvénient de ne permettre qu'un éventail de questions relativement restreint, par rapport à la durée de la lecture. Car n'oublions pas que, si celle-ci est importante, elle ne constitue pas, loin s'en faut, l'essentiel de l'activité. Il faut donc avoir le souci de limiter le temps qui lui est consacré. Il me semble qu'une telle démarche n'a d'intérêt que si on peut la pratiquer plusieurs fois au cours d'une année scolaire, cinq, dix ou quinze fois. Or, au-delà d'une heure, les enfants qui ont l'âge de l'école élémentaire, voient leur attention se dissiper. Et ceci doit être considéré comme un maximum. À six ans, l'âge du CP, l'attention est encore bien plus fugitive. Sans entrer dans une logique de rentabilité dont on sait qu'elle ne me convient guère, il importe d'avoir à sa disposition des textes relativement courts, mais permettant de faire émerger des questions nombreuses et diverses. Or, dans les ouvrages dont nous parlons, seuls deux ou trois thèmes peuvent être dégagés (et des thèmes plutôt politiquement corrects). Ainsi, cet album que j'avais lu à des enfants de CP, précisément, où on voyait un pingouin recevoir un singe chez lui, et inversement, et où les deux héros finissaient par se rendre compte que l'un ne pouvait vivre dans les régions tropicales, tandis que l'autre ne pouvait s'acclimater aux rigueurs polaires. Ils demeuraient néanmoins amis. Une lecture d'une bonne demi-heure, débouchant en gros sur deux thématiques qu'on pouvait résumer en une seule : « L'amitié peut-elle dépasser les différences ? », avec diverses variations sur le thème de la tolérance, etc. Bref, rien de bien nouveau. Et surtout, une problématique déjà résolue, puisque les deux protagonistes restaient amis en dépit de leurs différences.

Et c'est bien là où le bât blesse. À quoi bon faire lire un texte si on sait d'avance à quelle(s) question(s) on va aboutir ? Autant se passer de lecture… Et à quoi bon discuter si, dès la lecture, on a déjà donné la réponse aux questions qui seront posées ? Autant se passer de discussion… Autrement dit, autant revenir à la leçon de morale de notre enfance, fortement inspirée de judéo-christianisme d'ailleurs, même sous une forme laïcisée : le maître raconte une historiette et le maître aboutit à une phrase, une maxime qu'il écrit au tableau, qu'il faudra apprendre par cœur. Et il faut bien dire qu'un certain nombre d'ouvrages dits de philosophie, destinés au jeune public et parus récemment, fonctionnent sur le même principe. Pour moi, ce n'est pas de la philosophie, c'est du catéchisme.

Rien de tout cela dans les romans de Lipman : pas de morale, pas de rubrique « Ce qu'il faut en penser » ou « Le mot du philosophe », pas de références explicites à des auteurs, quels qu'ils soient, mais des personnages qui pensent, parlent et agissent, s'interrogent, manifestent des désaccords, etc. ; des situations très diverses, permettant, dans un texte relativement court (un feuillet de format A4, pour ce qui est de ma pratique en classe et à l'Université populaire) de faire naître des questions variées, dont sont témoins les recueils proposés dans les différents chapitres de ce livre, et, surtout, des questions pour lesquelles le texte ne propose aucun élément de réponse. Ces critères, liés à la possibilité de faire évoluer le dispositif, me semblent déterminants pour garantir une liberté de pensée qui soit, compte tenu du contexte, la plus large possible.

On fait généralement deux reproches aux romans de Lipman. Le premier, c'est qu'ils ne sont pas assez littéraires, et que, de ce fait, ils ne méritent qu'à peine l'appellation de romans. Certes. Mais est-ce le but ? Peut-on courir tous les lièvres à la fois ? Est-il possible d'écrire des textes qui, en peu de mots, induisent de nombreuses questions, aussi variées que possible, sans qu'elles soient visibles comme des coups de pied dans un carreau (parce que, dans ce cas, autant les écrire directement au tableau) et, surtout, sans en donner d'éléments de réponse ? Je m'y suis essayé. Mais j'ai plutôt écrit pour des adultes, et très précisément pour animer des séances de formation à nos démarches, destinées aux enseignants de mon école. Un jour, peut-être, ce texte sera-t-il publié… Mais, à ma connaissance, il n'existe aucun texte de ce type, hors les romans de Lipman.

Le deuxième reproche, lié au premier, affirme que le vocabulaire, le contexte culturel assez nettement nord-américain, de ces romans, constitue un obstacle majeur à leur utilisation en France. En effet, les versions disponibles sont des traductions en français du Québec des originaux écrits en anglo-américain. Je dirais que rien n'empêche un enseignant de faire quelques commentaires sur les termes employés, et de préciser par exemple que, si le grand-père de Kio est dans une berceuse, ce n'est pas vraiment qu'il est subitement retombé en enfance, mais bien parce que c'est le terme qu'emploient les Québécois pour désigner un rocking-chair. Ce qui, d'ailleurs, pourrait être à l'origine d'une contamination intéressante, en luttant contre le franglais. Et quand Elfie se voit offrir le choix de changer d'école, simplement parce qu'elle ne se sent pas bien dans celle où elle est élève, peut-être peut-on saisir l'occasion de dire que la carte scolaire, qui contraint les enfants à s'inscrire dans l'école de leur village ou de leur quartier, est une spécificité de l'école publique française, ce qui peut également susciter une discussion sur les bien-fondés d'une telle volonté politique. Bref, je ne vois pas en quoi ce décalage culturel pourrait constituer un obstacle. C'est plutôt, pour moi, une chance.

Notons à ce propos que des romans du type Lipman ont été écrits par sa plus proche collaboratrice, Ann-Margret Sharp, ainsi que par différents universitaires québécois,

Marie-France Daniel, Gilbert Talbot et l'équipe du CIRADE, à l'UQAM[50] dirigée par Richard Pallascio. Ce qui ne règle pas la question du décalage culturel…

Ce jour-là…

Nous avons repris notre lecture de *Kio*. Mais les récriminations sur cette lecture sont devenues plus nombreuses, Julien, l'un des habitués de l'atelier, estimant par exemple que ce texte est moins plaisant que *Elfie*, utilisé au cours de l'année précédente (ce qui constitue un avis exactement inverse du mien). Mais concédant néanmoins que les questions qu'il permet de faire émerger sont au moins aussi intéressantes que celles de l'an passé…

À l'issue de la lecture et de la phase de proposition des questions, nous sommes arrivés au corpus suivant :

Questions proposées à partir du texte :

1. Est-ce que les animaux pensent ?
5. Pourquoi certaines personnes veulent-elles tout savoir ?
6. Peut-on tout savoir ?
7. Qu'est-ce que le hasard ?
8. Le hasard est-il une invention ?

Questions proposées sans référence au texte :

9. Pourquoi doit-on avoir peur de la mort ?
10. Pourquoi n'y-a-t-il que 28 jours dans le mois de février ?

11. Qu'est-ce qu'une question philosophique ?
12. Qu'est-ce que la mode et pourquoi l'applique-t-on ?
13. Comment voit-on ?
14. Qu'est-ce que le temps ?
15. Qu'est-ce que l'instinct ?
16. Pourquoi donne-t-on sa vie à une religion ?
17. Pourquoi avons-nous peur ?

Suite au vote, nous avons retenu la question : « Qu'est-ce que le temps ? » Tentant de définir le mot « temps », et écartant rapidement toute référence à la météo, le groupe s'est lancé dans une réflexion méta-discursive (bien sûr, sans que je l'y pousse), portant sur l'intérêt de se mettre d'accord sur les termes, en précisant ce qu'ils recouvrent, et en posant, dans une tentative de conceptualisation, quelle définition on retient pour la discussion du jour. Les enfants se sont demandés aussi s'il ne vaudrait pas mieux qu'une telle définition soit donnée par celui qui a proposé la question ; proposition rejetée, dans la mesure où ce travail de conceptualisation lui-même présente de nombreux intérêts, et où la question, une fois choisie, n'appartient plus en propre à celui qui l'a d'abord émise : elle est devenue la question du groupe.

La discussion a tourné autour des questions de fini et d'infini : le temps a-t-il un début ? une fin ? peut-on fixer cela au big bang, dans un schéma faisant penser à une demi-droite – un début mais pas de fin ? Mais une telle représentation pose le problème de savoir ce qu'il y aurait avant le big bang... Plusieurs fois, des analogies ont été faites avec l'espace, car il semble dans les deux cas aussi difficile de concevoir l'un et l'autre comme finis (qu'y aurait-il après ou au-delà ?) que comme infinis.

Ces discussions amènent à des considérations portant sur l'importance à accorder au temps humain, fini celui-là, puisque la mort est au bout. D'où se dégagerait une règle incitant à vivre pleinement, à profiter de la vie.

Nous avons ensuite parlé assez longuement du rêve, de ses rapports avec la vie, ce qui avait déjà été le thème d'un précédent débat. Et à ce moment, pour la seconde fois de la séance, les participants se sont intéressés au déroulement de la discussion, en s'interrogeant cette fois sur la pertinence de ce que certains considéraient comme une digression. Les avis furent partagés, les uns pensant que ce n'était pas grave, qu'il devait y avoir un rapport puisque la discussion avait pris cette orientation. En revanche, d'autres estimèrent ennuyeux qu'on aborde des sujets qui ne soient pas en lien direct avec la question du jour. Voir les discutants s'emparer ainsi de leur vécu est pour moi source de grande satisfaction, puisque cela me permet un plus grand retrait. Ils résolvent eux-mêmes, et pour eux, les questions qui sont souvent posées lors des sessions de formation d'enseignants à la discussion philosophique avec les enfants. Je crois qu'il est bien préférable de voir les enfants discuter entre eux des points de départ (livre ou non ?), du questionnement, des digressions, du mode de distribution de la parole, bref de l'ensemble du dispositif auquel ils sont soumis, plutôt que de penser régler cela soi-même, du haut de sa chaire d'animateur, une fois pour toutes, pour tous les groupes auxquels on aura affaire…

Revenant au thème de la discussion, certains ont ensuite estimé que l'appréciation du temps était assez subjective, et pouvait être liée à la richesse de ce que l'on vit. Une période de dix minutes peut ainsi paraître plus longue que deux heures.

Poursuivant dans l'analogie, un autre des enfants présents a dit que, finalement, on aurait pu trouver un début à la question de la séance, mais pas une fin. Ce qui provoqua une question en retour : « Ce serait quoi, le début ? » Peut-être, a-t-il été répondu, quand on écrit la question, quand on commence la discussion. Considérant qu'il y a eu d'autres discussions avant, on pourrait alors dire qu'il y a eu plusieurs débuts, mais aucune fin…

Nous avons vu qu'il est d'usage que je demande aux enfants si certains thèmes abordés méritent d'être davantage développés dans une discussion spécifique. Ce jour-là, trois thèmes de ce genre furent :

– C'est quoi, la vie ; c'est quoi, la mort ?

– Qu'est-ce que le rêve ?

– Que signifie prendre son temps ? perdre son temps ?

Autres questions classiques, : qu'avez-vous pensé de la discussion ? aimeriez-vous que nous apportions des changements au dispositif ?

Plusieurs avis furent échangés. Il est apparu cependant que le temps imparti à la discussion était jugé insuffisant par la plupart. Il a alors été proposé que l'on se passe définitivement du texte, dont le traitement (lecture silencieuse puis oralisée) représentait une proportion non négligeable de la durée totale de la séance, environ un tiers.

Certains ont également proposé de partir d'autres supports, d'œuvres d'art par exemple, y compris de peintures abstraites auxquelles l'un des discutants avait été particulièrement sensibilisé peu de temps auparavant lors d'un voyage en Allemagne. En conséquence, nous avons envisagé l'opportunité de permettre aux participants de venir avec un objet (reproduction d'œuvre d'art, ou autre...) pour le proposer comme point de départ du questionnement.

Mais le temps manqua, ce jour-là, pour examiner réellement ces différentes propositions. L'idée que ceux qui le souhaiteraient puissent venir avec un objet, ou avec leurs propres questions, fut néanmoins retenue.

Nous étions à la veille des vacances de Noël ; ou plutôt, en ce début d'ère post-chrétienne, devrions-nous dire « à la veille des vacances de solstice d'hiver ». Nous convînmes de les laisser s'écouler paisiblement, cette période de repos bien mérité pouvant être dispensatrice de judicieux conseils, et de discuter à nouveau, au début de la première séance de l'année 2004, du sort qu'il convenait de réserver au texte, et de décider alors de son abandon, ou de son maintien.

Le 6 janvier 2004

Légitimité ?

J'ai déjà fait allusion à ces réunions qui me permettent de rencontrer des enseignants, pour travailler sur la démarche. Ces moments de concertation, que j'anime seul ou avec mes collègues de l'équipe du rectorat, peuvent prendre des formes et s'exercer dans des cadres variés : réunion unique, face à une équipe, à l'instigation d'un membre de celle-ci ; réunion plus institutionnelle, mise en place par un inspecteur de l'Éducation nationale, un conseiller pédagogique ou lors d'un stage à l'animation duquel je participe ponctuellement ou sur toute sa longueur, etc. Ce sont des temps que j'appelle de « formation mutuelle », au moins dans la mesure où ils permettent de développer ma réflexion dans des domaines où elle ne se serait pas spontanément portée.

C'est au cours d'une de ces réunions, organisée encore à l'IUFM de Caen par l'équipe du rectorat, qu'un des collègues présents a posé la question de la légitimité de nos pratiques. Comment y répondre ? Et, d'abord, de quelle légitimité parle-t-on ? Légitimité par rapport à l'institution ? par rapport aux élèves ? S'il s'agit de la première, pourquoi poser cette question ? D'autant que le collègue qui la posait n'était, à ma connaissance, ni praticien, ni même prosélyte. En quoi la légitimité institutionnelle de notre action peut-elle être une question première ? Doit-on légitimer son choix de pratiquer la pédagogie Freinet ? L'argumenter, peut-être…

Car, à de très rares exceptions près, qu'il faudrait replacer dans leur contexte, nous n'avons jamais entendu quelques hiérarques que ce soit interdire ou remettre en cause fondamentalement une telle pratique[51]. Tout au plus avons-nous entendu dire « Ce n'est pas une priorité de l'école », ce avec quoi nous pouvons être en désaccord. Alors, pourquoi vouloir ouvrir le parapluie avant qu'il pleuve ? D'autant que le fait que nos démarches ne sont pas nommées ou mentionnées telles quelles dans les instructions officielles n'empêche pas de faire le constat qu'elles répondent à bien des exigences des programmes de l'école élémentaire, comme divers travaux l'ont montré[52]. Je connais moins les programmes du collège, mais je pense que les heures de vie de classe, par exemple, et les textes qui les régissent, pourraient fournir un cadre idéal pour de telles activités. Ce qui éviterait du même coup que se reproduise l'incident d'un collège de Caen : une inspectrice pédagogique régionale (IPR, pour les intimes) a fait savoir à une professeur de lettres qui pratiquait, non que ce n'était pas souhaitable en soi, mais que ça ne correspondait pas au programme de français, et qu'il fallait donc ne pas mener de telles activités dans le cadre des cours d'enseignement de cette discipline. Ce qui introduit tout de même une nuance de taille. Et que d'autres analyses de cette injonction, liées par exemple à des questions de partage de territoire entre inspecteurs, pourraient encore la relativiser. N'oublions pas que le fait de se lancer dans une telle démarche constitue encore une innovation, de par son introduction récente en France (qui ne remonte qu'aux années 1996-1997), le nombre somme toute limité d'enseignants et d'animateurs qui l'emploient et, surtout peut-être, par le caractère entièrement nouveau, inédit, de la posture pédagogique qu'elle induit. Et c'est peut-être le rôle d'innovateurs de mettre quelques coups de pied dans la fourmilière, comme m'a dit un jour Michel Tozzi… Ce qui, me semble-t-il, échappe par nature à toute légitimation institutionnelle.

Est-il alors question de la légitimité par rapport aux élèves ? Là encore, la question se pose à peine. Ces démarches sont les seules, au cours des dix ou quinze années que nos enfants passent tous à l'école, les seules qui prévoient explicitement qu'on demande régulièrement aux élèves ce qu'ils en pensent, si ça vaut le coup de continuer, voire d'amender le dispositif.

Quant à une présentation initiale qui dirait une fois pour toutes « Tiens, on va faire quelque chose de nouveau, ça va vous apprendre à mieux penser, à argumenter », je doute de son efficacité. Non qu'on ne puisse le dire. Mais il me semble qu'il vaut mieux que les élèves le sentent eux-mêmes. Qu'ils disent eux-mêmes, peut-être pas à la fin de la première séance (quoique…), et sûrement pas à son début, ce que cette pratique leur semble mettre en jeu ; en quoi ils pensent que cela change des choses au sein de la classe et, SURTOUT, en dehors de celle-ci ; en quoi ils peuvent sentir que ce qu'ils vivent là est différent de ce qu'ils vivent ailleurs, dans les autres cours, dans les autres temps de leur vie d'élève, dans les autres temps de leur vie. Quand un élève de ZEP m'a dit un jour « C'est bien ce qu'on fait en philo, parce que, ma mère, elle a jamais le temps de discuter avec moi », j'estime que je venais d'entendre la plus belle des légitimations…

Je précise à nouveau que cette question de la légitimité a été posée par un enseignant responsable d'établissement qui, autant que je sache, ne pratique pas, ni ne mène de recherche particulière sur la question. Pourquoi, donc, dans cette position, poser une telle question comme un préalable ? Cela signifie-t-il qu'on ne peut entreprendre des choses que si on y est autorisé ? De là à envisager que ce collègue soit un hétéronome notoire, il n'y a qu'un pas. Dans ce cas, évidemment, tout devient clair…

Lectures

Les enfants ont donc le texte sous les yeux. Il s'agit maintenant d'en prendre connaissance. Il est clair que tout ce qui suit s'applique quand on a affaire à des enfants lecteurs, soit à partir de la fin du CP ou du CE1. Avant ce moment, dans les classes maternelles, en début de CP, le texte est lu par l'adulte, ou les adultes présent(s). Dans les groupes hétérogènes en âge, ce sont les enfants lecteurs qui assument ce rôle. Il me semble d'ailleurs que le support, feuille ou livre, peut néanmoins être placé sous les yeux de tous les enfants, y compris les non-lecteurs, qui pourront ainsi éventuellement suivre la lecture faite par autrui.

Quand, donc, je m'adresse à un groupe constitué au moins partiellement d'enfants lecteurs, ce qui est le cas à l'Université populaire, où le seuil d'âge des participants est fixé à sept ans, pour diverses raisons pratiques, je commence par leur demander de lire le texte silencieusement, pour préparer la lecture oralisée. Certains praticiens ou animateurs négligent cette étape, sans que j'aie encore bien compris pourquoi. La lecture à voix haute, et surtout la lecture partagée dont il va être question dans la suite, est un exercice difficile. Il suffit pour s'en convaincre de le tester, même avec des enseignants, adultes supposés être des lecteurs experts, ce que j'ai souvent l'occasion de faire quand j'anime des séances de formation à la démarche de discussion philosophique. Les erreurs, mots oubliés, inversés, déformés, sont fréquents. Les causes sont multiples, et pas seulement « techniques » : la tension, la présence d'autres personnes qui écoutent, tout cela risque de faire chuter le lecteur à voix haute sur des mots inhabituels, ou trop connus (les déterminants – le, les, une, son… –, par exemple). Ce qui, soit dit en passant, jette un certain discrédit sur les reportages alarmistes diffusés parfois à la télévision et qui, sur la foi de quelques ânonnements d'élèves, peut-être soigneusement triés, nous annoncent que des proportions catastrophiques de jeunes sortent du système scolaire, ou entrent en sixième suivant les versions, en ne sachant pas lire…

D'une façon générale, la lecture silencieuse me semble être d'un intérêt majeur. N'oublions pas que sa maîtrise est ce qu'on vise prioritairement dans l'apprentissage de la lecture, les occasions de lire à voix haute étant rarissimes, en fréquence comme en durée, en dehors de l'école. Or, nous avons vu que le texte proposé à chaque séance est relativement court, c'est un des intérêts des romans de Lipman. La lecture silencieuse ne dure donc pas plus de cinq minutes, dix minutes au maximum. Si donc la lecture oralisée est un exercice difficile, pourquoi nous priver de la possibilité de le préparer en y ayant recours ?

On passe ensuite à ce que, dans la mouvance Lipman, on appelle la « lecture partagée ». Il s'agit de demander aux enfants de lire le texte à voix haute, sans que l'adulte intervienne. On vise ainsi l'auto organisation du groupe, l'écoute mutuelle, ainsi qu'une certaine déprise de la tutelle de l'adulte – l'enseignant le plus souvent. Car l'animateur se contente de désigner un enfant qui commence la lecture, et il donne comme seules consignes que le texte doit être lu dans son ensemble, qu'on doit entendre la voix de chacun des participants au moins une fois et que les relais se passent, à la fin d'une phrase uniquement, mais sans intervention de l'adulte. Il ne prend la parole que pour aider un enfant qui aurait un problème technique, ou commettrait une grosse erreur de lecture, ce rôle pouvant d'ailleurs être au moins partiellement dévolu à un autre participant.

Cette organisation particulière est un des facteurs de la lente transformation du groupe en « communauté de recherche entre pairs », pour reprendre la terminologie de Lipman. Elle permet à tous de participer à l'activité, même aux plus timides ou à ceux qui sont le moins avancés dans la technique. Elle offre aussi l'avantage non négligeable d'offrir un moment où la voix de chacun est entendue. Or, faire entendre sa voix, c'est déjà se faire reconnaître, se faire estimer, s'affirmer en tant que sujet digne d'intérêt, parce que digne d'être écouté. Par ailleurs, cette façon de procéder est un des éléments permettant de développer l'attention à l'autre, comme à soi-même, et, accessoirement, à renforcer la maîtrise de l'acte de lecture qui doit être vécu de façon active, et non passivement. Il faut en effet que le groupe parvienne à s'autoréguler et que chacun adapte la longueur du passage lu à la fois à la taille du chapitre et au nombre d'élèves présents.

L'expression « communauté de recherche entre pairs » est utilisée par Lipman pour désigner le groupe de discutants. En fait, elle n'est pas donnée, cette communauté, mais à construire, et cette élaboration n'est pas instantanée. D'où la nécessité d'envisager d'inscrire cette démarche dans, au moins, le moyen terme. L'expression a l'avantage de synthétiser plusieurs des aspects majeurs de la démarche : il s'agit bien de travailler ensemble, à plusieurs, coopérativement, pourrait-on dire (communauté) à une recherche dans laquelle aucune prééminence ne doit apparaître (entre pairs). Par recherche, il faut bien sûr entendre que le but ultime n'est pas de trouver une réponse, un consensus, mais plutôt d'avoir présent à l'esprit que, comme le dit Platon, « trouver la solution du problème posé de la façon la plus aisée et la plus prompte possible ne doit être qu'une préoccupation secondaire et non une fin première, si nous en croyons la raison, qui nous prescrit d'accorder bien plutôt notre estime et le tout premier rang à la méthode »[53].

À la fin de la lecture partagée, je demande, surtout dans les groupes peu rôdés, si les consignes données ont été respectées (lecture intégrale du passage indiqué, relais passés entre les phrases, participation de tous). Il est toujours intéressant de faire dire à des gens, et pas seulement à des enfants, car cette remarque vaut aussi pour les adultes confrontés à la démarche, si oui ou non ils ont rempli le contrat fixé. D'abord, parce que cela réduit d'autant leur hétéronomie : ce n'est plus l'animateur qui porte un jugement sur ce qui vient de se produire, mais le groupe lui-même. Ensuite, parce que cela induit une prise de conscience : le fait d'intégrer des consignes et d'y répondre n'est pas si évident que cela. Cette prise de conscience vaut d'ailleurs autant pour les enfants que pour l'animateur, car la discussion qui s'ensuit peut être riche d'enseignement sur la façon dont lui-même a présenté lesdites consignes.

L'ensemble de ce moment de lecture partagée est donc le premier pas, chronologiquement, vers la constitution de la communauté de recherche entre pairs. Les phases suivantes vont encore la renforcer.

Ce jour-là...

Nous examinâmes à nouveau, en début de séance, les différentes propositions faites avant les vacances en vue d'un éventuel amendement du fonctionnement. Et, plus précisément, pour savoir quels supports, quels points de départ semblaient pertinents au groupe. Après discussion, il a été décidé que les questions proposées pourraient être de deux types : des questions induites par un support et des questions libres, le support pouvant être un objet apporté par un des participants, œuvre d'art, ou autre. À défaut, il fut prévu que, si personne n'apporte un tel objet, on aurait recours au texte de Lipman, dont je préparerais un nouvel extrait à chaque séance.

Pour la discussion présente, c'est la suite du texte que nous avons utilisée comme support, et les questions produites ont été les suivantes :

À partir du texte :

1. Pourquoi est-on modeste ?
2. Pourquoi certaines personnes se présentent mécontentes alors qu'elles sont contentes ?
3. La mauvaise humeur est-elle bénéfique ?
4. Qu'est-ce que le malheur ?

Sans référence au texte :

5. Pourquoi beaucoup de personnes se laissent-elles avoir par la mode ?
6. Pourquoi se pose-t-on beaucoup de questions ?
7. Comment le malheur se présente-t-il ?
8. Pourquoi est-on superstitieux ?
9. Pourquoi certaines personnes ont-elles plusieurs dieux ?
10. Qu'est-ce que le courage ?
11. Dans quelles circonstances se pose-t-on le plus de questions ?
12. Qu'est-ce qu'un dieu ?
13. Comment peut-on donner sa vie à une religion ?
14. Pourquoi certaines personnes sont-elles stressées quand elles font des contrôles ?

À l'issue du vote, c'est la question « Qu'est-ce qu'un dieu ? » qui fut retenue.

Nous avons commencé par nous demander si cette idée de dieu, ou de l'existence d'un dieu, était ressentie comme un besoin par certains. Manifestement, la réponse est oui, même si aucun des participants présents ce jour-là ne s'est dit croyant. Ce qui nous a d'ailleurs semblé ennuyeux, dans la mesure où il aurait probablement été intéressant d'entendre le point de vue de telles personnes.

Nous n'avons pu qu'avancer des hypothèses quant aux raisons qui poussent certains à déclarer la croyance en un dieu comme un besoin. Hypothèses probablement étayées par des conversations ou des confidences entendues.

Ces diverses hypothèses se résument en fait à l'attente d'un dialogue avec ce dieu, comme si c'était un ami. On peut avoir envie de se confier à lui, de lui poser des questions, surtout quand on traverse des périodes difficiles.

Mais cela ouvre d'autres interrogations : que penser d'un ami qui ne répond jamais ? Ou encore, ne pourrait-on imaginer que ces personnes connaissent déjà les réponses aux questions qu'elles se posent, mais qu'elles ont besoin de les formuler, comme si elles parlaient à quelqu'un d'extérieur, pour les trouver en elles-mêmes ?

Par ailleurs, ne peut-on considérer comme naïves des personnes qui croient en l'existence d'un dieu simplement parce qu'on le leur a dit ? L'éducation est-elle si déterminante ? Dans ce cas, de quel type d'éducation est-il plus facile de se défaire ? d'une éducation religieuse ou d'une éducation athée ?

D'une façon générale, la discussion a été traversée par l'idée de la personnalisation du dieu, qui semblait à certains très forte, à travers la façon de (se) le représenter, de lui parler, d'en attendre des choses ; mais qui semblait à d'autres tout à fait erronée, dans la mesure où Dieu ne peut être considéré que comme une idée. Comment se représenter le courage ? Et, pour reprendre ce qui était dit en début de discussion sur le besoin d'un dieu, comment pourrait-on s'adresser à une idée ?

Nous avons plutôt parlé de la conception occidentale de Dieu, personnage central d'une religion présentée comme un monothéisme. Mais en est-ce vraiment un, dans la mesure où le culte des saints, qui ont chacun une spécialité, peut être rapproché de celui rendu dans l'Antiquité aux dieux grecs ou égyptiens ?

Des paradoxes ont également été soulevés, comme celui qui remarque que le dieu de bonté dont parlent les religions semble fort bien s'accommoder des catastrophes, des guerres, des maladies génétiques… Ou celui qui fait remarquer que ce dieu omnipotent, omniscient, doté du don d'ubiquité, a néanmoins laissé naître et se développer de multiples religions, dont certaines, de toute évidence, honorent un dieu différent de lui…

Le 13 janvier 2004

La mort, la mort elle-même

Une étudiante de l'IUFM de Caen m'a posé un jour la question de savoir comment aborder la question de la mort, de la maladie grave avec des enfants. Elle y était particulièrement sensibilisée à cause d'un cas ayant eu lieu dans la classe où elle était stagiaire. Les enfants semblaient préoccupés par l'idée de la mort ou, pour mieux dire, ils n'hésitaient pas à en parler, le dramatique vécu commun ayant fait tomber les barrières de l'autocensure qui verrouille des sujets comme celui-là.

Il me semble qu'il ne peut y avoir de réponse toute faite à une telle interrogation d'un enfant. Si ce n'est qu'il importe de montrer aux enfants que leurs questionnements, ceux-là peut-être plus que tout autre, sont dignes d'être écoutés. Je pense qu'il est très difficile d'aborder un tel sujet du jour au lendemain, face à l'urgence, parce que les événements nous y poussent sans qu'aucun travail préalable n'ait été accompli. Au contraire, il est probablement dommage de nous comporter en permanence comme des coureurs aux yeux bandés qui se précipitent vers le bord de la falaise. Mieux vaut voir le gouffre, le regarder en face, dans les yeux. Mieux vaut, quand on est avec des enfants, ouvrir des espaces de parole, où ils auront le droit de poser de telles questions existentielles, expression d'une angoisse que nous partageons tous. Alors, en cas de malheur, l'urgence sera moindre. Chacun aura au moins des mots pour guérir de ses maux.

Car la parole est fondamentale. Parler de ses difficultés, c'est déjà en guérir. Et il ne faut pas voir là de dérive psychologisante, ni de psychanalyse de bas étage. Dès l'Antiquité, des philosophes, au premier rang desquels Antiphon le sophiste, avaient avancé l'intérêt de la parole pour vivre mieux… La philosophie antique dans son ensemble n'était-elle pas ainsi conçue comme une thérapeutique, pour guérir les maux de l'âme et parvenir au bonheur, au moins à l'ataraxie, ou absence de trouble ? « Le plaisir que nous avons en vue est caractérisé par l'absence de souffrances corporelles et de troubles de l'âme »[54] dit Epicure. Et nous retrouvons la même préoccupation chez les Cyrénaïques, cette école quasiment oubliée (ou volontairement occultée ?) qui fleurit sur le territoire de l'actuelle Libye et dont une des figures centrales est cet Aristippe de Cyrène, dont aucun manuel ne parle, bien qu'il ait probablement largement inspiré Epicure lui-même. « Le Cyrénaïque pratique la philosophie à la manière d'une thérapie, dit Michel Onfray, il pense son action comme celle du médecin : l'homme du commun est malade…[55] »

Ce lundi 12 janvier, veille d'un nouvel atelier à l'Université populaire, je me trouvais dans une classe de CM2, à Cherbourg, pour une séance de discussion. La question posée la fois précédente, et rappelée au tableau, était « Pourquoi y en a-t-il qui sont pressés de vieillir ? » Nous en étions, au cours des échanges, à nous demander quel genre de personnes peut avoir envie de vieillir. Les enfants ? les adultes ? Une des participantes prit alors la parole pour dire qu'à son avis, c'était le cas des personnes handicapées. Je lui demandai pourquoi elle pensait cela. Pas de réponse. Le groupe vint alors à la rescousse, et un des élèves dit : « Les handicapés veulent vieillir parce que, comme ça, ils s'approchent de la mort. » La position de l'élève qui avait proposé cela pouvait donc être précisée. Je commençai la phrase : « On peut donc dire alors que, d'après vous, les handicapés sont pressés de… ? »… « …Mourir ! », répondirent plusieurs voix. Interrogée, la fillette qui avait parlé en premier des handicapés confirma que c'était bien ce qu'elle voulait dire. Je lui demandai alors pourquoi elle n'avait pas employé ce mot. Elle rétorqua que c'était un mot qu'on n'employait pas dans une discussion. Elle faillit d'ailleurs dire que c'était un gros mot.

La question n'est pas de savoir si elle avait raison ou non en affirmant que les handicapés sont pressés d'en finir.

On aurait d'ailleurs pu orienter la discussion en ce sens, et demander aux autres ce qu'ils en pensaient. Mais, encore une fois, et comme le dit Pierre Hadot, « la vraie question qui est en jeu n'est pas *ce dont on parle* mais *celui qui parle.* »[56] Ainsi voici une fillette qui pensait, peu ou prou, que les mots « mort » et « mourir » étaient tabous. Une dérive psychologisante aurait pu pousser un animateur, un enseignant, à faire des commentaires, face à cette enfant, sur ce tabou, ou à essayer de comprendre d'où il lui venait. J'ai choisi de passer à autre chose, et même, de ne pas pousser trop avant la discussion en ce sens avec l'ensemble du groupe. Il me semble suffisant, dans ce cas, que cet interdit, cette autocensure, ait pu s'exprimer de cette façon, venir au niveau conscient, et que cela ait pu se faire de cette manière douce, non contrainte. Le fait que cette enfant ait pu simplement dire, et donc se dire, qu'elle s'interdisait de parler de la mort, est pour moi un premier pas vers la levée de ce tabou. Et c'est probablement, pour elle, pour le groupe, un vrai moment de philosophie. Car la mort en est une notion centrale, depuis ses origines, marquées en Occident par la mort de Socrate, jusqu'aux écrits les plus récents des philosophes contemporains, parmi lesquels mes amis de l'Université populaire, Séverine et Michel[57]. Au mitan de cette histoire de la pensée, écoutons Montaigne, inspiré par la philosophie antique et source inépuisable de référence pour les modernes. Pour lui, Montaigne, « Philosopher, c'est apprendre à mourir »[58]. Cette phrase est le titre même du chapitre dans lequel il précise que, déjà, « Cicéron dit que philosopher n'est autre chose que de se préparer à la mort »[59] ; avant d'ajouter que « toute

la sagesse et le raisonnement du monde se concentrent en ce point : nous apprendre à ne pas craindre de mourir.[60] »
Comment ne plus craindre la mort si on ne la pense pas ? Et comment la penser si on ne la nomme pas ?

Ce bref moment vécu, ce jour-là, à Cherbourg, est-il le début de ce processus philosophique ? En ce sens, aura-t-il des conséquences, j'entends des conséquences bénéfiques ? Comment en être sûr ? Comment le voir ? À quelle échéance ?

Je ne peux que faire le pari, car c'en est un, que de tels moments, renouvelés, auront leur part dans l'élaboration progressive d'une pensée construite, autonome, consciente d'elle-même, ouverte. Libre.

Réflexions

Après la lecture partagée, l'étape suivante va permettre aux participants de relire le texte pour en faire émerger des questions d'ordre général. Celles-ci sont-elles des questions philosophiques ? Le débat est ouvert. Mais qui peut juger du caractère philosophique d'une question ? Un professeur de philosophie ? Un philosophe ? Un enseignant ? Un adulte ?

Ceci me semble difficile à décréter, quelles que soient les compétences de celui ou celle qui porte ce jugement. On peut d'ailleurs légitimement se demander s'il existe des questions proprement philosophiques ou bien si on ne peut envisager qu'un traitement philosophique de toute question soit possible, ce dont nous avons déjà parlé plus haut. Je penche quant à moi pour la deuxième hypothèse, même si certaines questions purement techniques, ou de connaissance, me semblent difficiles à traiter dans notre cadre.

Le mieux, me semble-t-il, et c'est ainsi que je procède, c'est de donner une courte liste de critères simples, et de laisser venir les questions. Quitte, encore une fois, à aller jusqu'au bout du déroulement complet, jusqu'à la fin du cycle de deux séances, et à faire le bilan avec les enfants. Je ne vois pas en quoi le refus par l'adulte de telle ou telle question serait plus formateur que cela, ni même plus efficace. Il serait par contre la preuve à mon sens flagrante de son désir d'hétéronomie – au détriment des enfants, cela va sans dire. Cette fonction de « crible à questions », que sont parfois tentés de prendre les animateurs de discussions, est d'autant moins pertinente que rien n'assure que le type des questions retenues sera garant de la « philosophicité » de la discussion subséquente.

Des critères simples, donc et peu nombreux :

– les questions à chercher doivent être inspirées par le texte, dans son ensemble ou, le plus souvent, par un passage de celui-ci ;

– le traitement de ces questions ne doit pas contraindre à revenir au texte, ce qu'on peut illustrer par la consigne suivante : si un enfant absent lors de la séance de questionnement participe à la discussion, il doit pouvoir le faire sans qu'il ait besoin de relire le texte ;

– les noms des personnages ne doivent pas figurer dans les questions proposées. (On voit ici l'espoir d'un transfert dans le quotidien de nos enfants, qui ne manquent pas de se poser des questions du même ordre, le plus souvent de façon implicite, à partir de leur propre expérience : cette consigne les invite à les expliciter sur un mode généralisant, à les penser en les décontextualisant.)

Cette distinction entre questions personnelles et questions d'ordre général, en elle-même, et en dehors de toute référence à une quelconque et hypothétique philosophicité, me semble très intéressante à mettre en lumière, au travers de cette activité. J'aime à rappeler cette anecdote, survenue au cours de ma première année de pratique dans le cadre scolaire, en 1998. Elle s'appuie sur la remarque faite par un enfant, élève d'une classe où j'animais des discussions philosophiques. Cette année-là, une réunion qui rassemblait le principal et les professeurs du collège du secteur, des parents et l'ensemble des élèves de CM2 avait été organisée pour les futurs collégiens. On devait n'y traiter que des questions générales : fonctionnement du collège, organisation des cours, etc. Or, une maman s'obstinait à parler de son expérience personnelle – de son fils, en fait. Un des élèves de CM2 souffla alors à sa maîtresse « Mais ce ne sont pas des questions d'ordre général qu'elle pose là ! » Preuve que non seulement il avait compris ce que c'est, mais qu'il avait vu que c'était ce type de problèmes qui devaient être débattus dans la réunion en question. Il avait par ailleurs montré qu'il était capable de porter un jugement critique et pertinent sur des propos tenus par un adulte.

Les enfants doivent trouver, ou plutôt inventer des questions d'ordre général inspirées par le texte. Ils doivent, dans cette phase, faire preuve de créativité, d'inventivité, la pensée créative étant, selon Lipman, une des composantes de la pensée d'excellence[61]. Pour cela, pour mener à bien cette recherche, ils disposent d'un temps de réflexion d'une durée de cinq à dix minutes. Ils peuvent, pendant ce temps, discuter entre eux, et prendre des notes. Mais ce ne sont que des possibilités. Il n'y a pas d'obligation, d'aucune sorte.

Pourquoi ce temps de réflexion ? Tout d'abord, parce que je pense que, d'une façon générale, il faut éviter de proposer aux enfants des activités trop longues, trop monolithiques. Pour des questions de concentration, c'est une évidence, mais aussi parce que les enfants, comme les adultes, sont divers, et que certains se sentent mieux, probablement, dans certaines situations que dans d'autres. Dans nos discussions philosophiques, où l'attention, la concentration sont importantes, ménager des temps où les dynamiques changent me paraît donc souhaitable. Plus précisément, et j'y reviendrai dans la description du deuxième temps, celui de la discussion proprement dite, il me semble important de ménager des temps de réflexion qui en soient vraiment.

De même, les enfants peuvent choisir d'écrire les questions qu'ils trouvent. L'acte d'écrire, dans l'éducation en général, et à l'école en particulier, est souvent vidé de sa substance, de son utilité, de sa raison d'être : la communication. Car on n'y écrit, le plus souvent, que pour montrer à un adulte qu'on sait écrire, qu'on a compris, appris. Et les compétences techniques requises sont alors multiples : présentation, soin, graphie, orthographe, syntaxe, tout cela doit être parfait. L'acte d'écrire est donc présenté et vécu comme une fin en soi, alors qu'il n'est qu'un outil. C'est un peu comme si le système scolaire n'était réellement performant que pour former des enseignants, qu'il devenait sa propre fin ; comme si la pensée n'avait d'intérêt que par ou pour elle-même, alors qu'elle doit permettre de vivre mieux…

Certes, on voit se développer depuis un certain nombre d'années des activités où la chose écrite retrouve sa fonction de communication. C'est le cas, par exemple, de la correspondance scolaire et de l'édition de journaux au sein des établissements, faits par et pour les élèves. Deux dispositifs inspirés d'ailleurs de la pédagogie Freinet. Mais il est une dimension de l'écrit que ces ceux-ci ne proposent pas, et qui est par ailleurs très peu présente dans le système scolaire, c'est la fonction d'aide-mémoire, ou d'autres formes où le scripteur et le destinataire sont la même personne, ce qui est une forme de communication qui fait simplement glisser l'écart entre l'un et l'autre de l'espace au temps. On n'écrit pas pour quelqu'un qui serait physiquement distant, mais pour soi-même, plus tard. La prise de notes, le journal intime entrent dans cette catégorie.

C'est l'ensemble de ces considérations, redonner à l'écrit sa fonction, si rare dans l'enseignement, d'outil de communication, et précisément, en l'occurrence, de communication avec soi-même, et l'abstraire de toute intention évaluative, qui me pousse à offrir cette liberté aux enfants, pendant ce temps du dispositif.

Ce jour-là…

Aucun des participants n'avait apporté un objet pouvant servir de support au questionnement. Nous reprîmes donc le texte de Lipman, en offrant toujours la possibilité de poser des questions qui n'en seraient pas issues. Voici le corpus des questions retenues ce jour-là :

Questions proposées à partir du texte :

1. Peut-on deviner les pensées des autres ?
2. Pourquoi certaines personnes sont-elles mesquines ?
3. Les marques d'affection sont-elles nécessaires dans la société ?
4. Pourquoi certaines personnes sont-elles têtues ?
5. Est-ce parce que l'on veut quelque chose que l'on peut le faire ?
6. Comment se fait-il qu'on puisse changer d'humeur en très peu de temps ?

Questions proposées sans référence au texte :

7. Peut-on vivre sans principes ?
8. Pourquoi certaines personnes se laissent-elles avoir par la mode ?
9. Peut-on connaître quelque chose qu'on n'ait jamais vu ?
10. Comment le courage s'exprime-t-il ?
11. Pourquoi les adultes dominent-ils les enfants ?
12. Se doit-on d'être toujours honnête ?
13. Que pensent les animaux ?
14. Est-ce que les animaux pensent ?
15. Le hasard est-il une invention humaine ?
16. Pourquoi certaines personnes sont-elles superstitieuses ?

17. Pourquoi certaines personnes sont-elles stupides ?

À l'issue du vote, deux questions étaient également choisies, « Pourquoi certaines personnes se laissent-elles avoir par la mode ? » d'une part, et « Le hasard est-il une invention humaine ? » d'autre part. Comment faire ? Encore une fois, ce sont les participants eux-mêmes qui ont choisi la règle à laquelle ils se soumettraient : ils me demandèrent de trancher.

J'ai opté pour la première des deux questions. La discussion a donc eu pour thème « Pourquoi certaines personnes se laissent-elles avoir par la mode ? »

Nous avons d'abord tenté de définir le terme de « mode ». Les premières définitions données ont fait référence à des objets fabriqués, surtout des vêtements, en particulier ceux qui portent des marques, entendez des marques commerciales déposées. Cependant, peut-être les façons de penser se soumettent-elles, elles aussi, à des modes. Ce que semble contredire le fait que ne peuvent être assimilées à une mode des idées comme la supériorité de telle catégorie d'humains sur telle autre. Il n'y a pas si longtemps, en Occident, beaucoup étaient convaincus que les Noirs étaient des êtres inférieurs, sans que l'on puisse qualifier ceci de mode.

Notons que l'ensemble de la discussion de ce jour-là a été assez fortement marqué par les préoccupations d'enfants et d'adolescents ; les phénomènes de mode plus adultes (sans que ceci ne revête, bien sûr, aucun caractère de jugement) comme les couleurs dominantes, le fait de savoir si les chaussures des femmes doivent être plus ou moins pointues et autres considérations, ont été laissées de côté. Il n'en demeure pas moins que bien des paroles prononcées en faisant référence à ce contexte précis auraient pu trouver un écho dans un autre.

C'est le cas, par exemple, de la contestable uniformisation de l'apparence que confère le respect d'une mode, uniformisation comparée à celle voulue et imposée par les régimes totalitaires, comme le nazisme ou le communisme de l'URSS. Comme corollaire, on peut se demander pourquoi certains – un grand nombre – suivent de telles modes qui les conduisent à abandonner leur identité, alors que personne ne les y contraint. Faut-il donc voir dans ces comportements un manque de maturité ? D'autant que les articles à la mode, surtout ceux qui portent une marque, présentent l'inconvénient de coûter bien plus cher qu'un article comparable qui en serait dépourvu. Est-ce le prix à payer pour éviter d'être rejeté d'un groupe où l'on veut s'introduire ou se maintenir ? Mais dans ce cas, doit-on parler de peur, peur de la solitude, de la mise à l'écart, ou de stratégie ?

Maïssane semblait porter un jugement moins sévère, dans la mesure où, pour elle, on peut être identique à l'extérieur, mais penser différemment des autres. « À l'intérieur, a-t-elle dit, les gens sont peut-être quand même différents. », alors que d'autres pensaient que ce qui différencie les adeptes de telle ou telle mode c'est seulement les raisons pour lesquelles ils se conduisent ainsi, raisons qui furent énoncées : la stratégie, la peur, déjà évoquée, auxquelles fut ajoutée l'adhésion véritable. Mais, comme nous l'avions déjà dit, la stratégie et la peur ne procèdent-ils pas du même désir d'appartenance à un groupe ?

Plusieurs types d'adeptes des modes furent évoqués :

– ceux et celles qui font preuve de coquetterie vestimentaire, surtout pour le (se) montrer, joliment dénommés par Anne-Lise sous le doux nom de « pétasse » – faute de mieux, nous dit-elle, en insistant pour préciser que des garçons pouvaient faire partie de cette catégorie ;

– les sportifs, ou skateurs, qui réunissent tous les accessoires de type survêtement, jogging, etc. ;

– ceux qui limitent leur adhésion à la mode par l'achat d'objets, d'accessoires, plutôt que de vêtements.

La discussion se termina sur une note plus « politique ». Reprenant le parallèle avec les régimes totalitaires uniformisant l'apparence, la question fut posée de savoir qui impose ces façons de s'habiller. Est-ce la société ? Mais c'est qui, la société ? Nous tous ? On définit aussi une forme de résistance à la mode : si une personne ose se lever contre elle, ne s'y soumet pas, elle pourra peut-être en entraîner d'autres…

Le lendemain de cette discussion, la presse se faisait l'écho d'un sondage réalisé auprès de jeunes et montrant une certaine désaffection pour la politique. Mais les critères retenus étaient plutôt liés à la politique « politicienne » : votes, adhésions à un parti, sympathie. La philosophie, la discussion philosophique avec des enfants et des adolescents peut, à mon sens, développer une approche politique du monde qui serait un peu moins réductrice, et riche, peut-être, de conséquences…

Quelques jours auparavant, Philippe Corcuff avait fait paraître dans Lyon-Capitale un article ressemblant à une profession de foi pour accompagner la naissance de l'Université populaire de Lyon. Celle-ci, d'ailleurs, se présentait clairement comme un essaimage de celle de Caen, et devait comporter également, à ma grande satisfaction, un atelier de discussion philosophique destiné aux enfants. Dans cet article, il écrivait ceci : « La démocratie, comme projet émancipateur, cela signifie-t-il exclusivement mettre de temps en temps un bulletin dans l'urne en laissant des élus s'occuper de nos affaires en notre nom ? Des professionnels de la politique – plutôt des mâles hétérosexuels pré-retraités issus des classes moyennes et supérieures – ont progressivement monopolisé la démocratie. » Il ajoutait, faisant une allusion à peine voilée au vieillissement de nos institutions, qu'elles pourraient bien « prendre de nouvelles couleurs en s'adjoignant des dispositifs de démocratie participative et directe ».[62]

Convergences, encore…

Le 20 janvier 2004

Résurgence des fondements de la démocratie athénienne

La possibilité donnée aux enfants de faire évoluer le dispositif auquel ils sont soumis me semble pouvoir répondre aux demandes de Philippe Corcuff concernant la part plus grande de « démocratie directe et participative » dans les institutions de nos pays. En classe, cette évolution se manifeste principalement sous la forme de l'abandon des textes déclencheurs, comme rapporté ci-dessus. À l'Université populaire, on l'a vu, les enfants ont fait une demande sensiblement différente : ils préfèrent conserver le texte, ou éventuellement un autre support apporté par l'un d'eux, sans se fermer la possibilité de proposer des questions libres, ce qui a d'ailleurs permis d'insérer dans le corpus de questions d'une séance une question non choisie au cours d'une séance précédente.

Mais dans l'un et l'autre cas, il s'agissait de sortir au moins partiellement du cadre assez rigide du recours au texte, pour pouvoir proposer des questions qui n'en seraient pas issues. Notons d'ailleurs qu'une dérive possible du dispositif Lipman « pur», c'est que, quand les enfants ressentent ce cadre comme trop contraignant, ils peuvent proposer des questions inspirées par un mot, un seul. À la limite, la phrase « Tu n'as aucune chance de gagner», extraite de *Elfie* pourrait légitimement produire la question : « Que veut dire "avoir" ? » Dans ce cas, qui plus peut-être qu'une dérive, ressemble fort à un dévoiement du dispositif, pourquoi refuser aux enfants la possibilité de produire des questions sans rapport avec le texte ?

Cette caractéristique du groupe, autorisé à faire évoluer le dispositif qui lui est proposé, m'apparaît comme une transposition assez pertinente d'un des fondements de la démocratie athénienne, l'*isocratie*, entendue comme l'égalité par rapport à l'exercice du pouvoir. Dès lors que le groupe peut choisir de faire évoluer les règles auxquelles il se soumet, le pouvoir est réellement partagé, beaucoup plus que dans un dispositif présenté comme immuable, même s'il se définit comme un « non-dispositif ». De ce point de vue, on peut d'ailleurs se demander s'il n'est pas souhaitable de proposer dans les premières séances un ensemble procédural assez construit, qui se prêtera plus facilement à des amendements successifs, plutôt qu'un dispositif plus ouvert, plus vague, ou rien ne peut être remis en cause, puisque rien n'est réellement fixé. De ce fait, la transposition politique des attitudes développées par les enfants au cours de tels ateliers me semble plus problématique. Nous vivons dans un monde donné, où prévalent des règles, écrites ou non. Parmi ces règles figurent des lois, bien sûr, mais aussi des cadres culturels et religieux, des habitudes de penser et d'agir, parfois dénuées de tout support réflexif, ainsi que des modèles de fonctionnement économique – et j'emploie ici le terme « modèle » dans son sens épistémologique ou scientifique plutôt que comme synonyme de parangon.

Ce qu'on attend de nos enfants en leur permettant d'accéder à l'autonomie, c'est bien qu'ils puissent à terme porter un regard critique sur ces règles (sont-elles bonnes ou non ?), souhaiter en transformer certaines, en conserver d'autres, les décisions prises étant d'ailleurs réversibles, et dépendantes du contexte au sens le plus large possible : lieux, temps, composition des groupes de personnes impliqués en terme de quantité (les mêmes règles ne s'appliquent pas à un groupe de dix personnes ou à une nation de plusieurs dizaines de millions) et en qualité (a-t-on affaire plutôt à des personnes jeunes ou non, issues de milieux sociaux ou économiques ou culturels différents, etc.)

Cette sensibilité au contexte est, notons-le, une des caractéristiques de la pensée critique, qui constitue elle-même un des aspects de la pensée d'excellence dont parle Matthew Lipman.

Outre le principe d'*isocratie*, la démocratie athénienne reposait sur l'*isonomie*, l'égalité par rapport à la loi, et sur l'*iségorie*, l'égalité par rapport à la prise de parole. Si l'égalité par rapport à la loi est au moins proclamée dans nos démocraties, qui se disent « états de droit», il semble que les autres principes soient assez généralement bafoués. L'isocratie, difficile probablement à mettre en place à l'échelle d'une nation regroupant des millions d'individus, pourrait inspirer une réflexion pour, au moins, « refonder la démocratie locale», comme le dit Jeannette Boulay. « Pourquoi l'exemple de la démocratie athénienne est-il transférable à notre époque ? Tout d'abord parce qu'il concerne la cité, il peut fonder la réflexion sur la démocratie locale. L'espace de la cité grecque était assez étroit pour que tout le monde se connaisse, que chacun puisse discuter avec tous ; ainsi, les décisions politiques pouvaient-elles être prises au terme d'un débat général, d'autant que l'information et la communication circulaient facilement dans un espace limité. Ce n'était pas une démocratie sans visage. »[63]

De même, l'iségorie serait davantage assurée en pensant des moyens d'éviter les dérives de la démocratie représentative, au moins, encore une fois, au niveau local, voire, comme le préconisait en son temps le Commandant Cousteau, à une plus vaste échelle, par exemple en utilisant les moyens de communication nouveaux. Quoi qu'il en soit, une des façons de faire émerger des préoccupations de ce type est à l'évidence la mise en œuvre de ces principes dans l'ensemble du système éducatif : non seulement au sein de l'école, et ce, dès les plus petites classes, mais aussi à l'extérieur de celle-ci, dans des lieux très divers, l'Université populaire de Caen fournissant un exemple, parmi d'autres, de ce qui peut être entrepris dans ce domaine. Au-delà même de ces institutions, officielles ou non, on peut envisager que l'étude et la diffusion de ces principes puissent faire positivement évoluer l'attitude éducative de certains parents…

Précisons que, à n'en pas douter, les principes, les fondements de la démocratie athénienne sont à étudier pour infléchir nos modèles éducatifs ou politiques, les uns étant d'ailleurs à mon sens étroitement liés aux autres. Gardons-nous cependant de mythifier cette première démocratie, assez éloignée des nôtres par l'absence de représentation, certes, mais surtout par la très faible proportion des habitants concernés : les femmes sont exclues de toute prétention à la citoyenneté, ce qui disqualifie d'un coup cinquante pour cent de la population, les enfants aussi, bien sûr, ainsi que les métèques, issus de parents non athéniens, et la foule des esclaves… Il ne reste pas grand monde…

La cueillette des questions

Après la réflexion, nous passons à la cueillette des questions : je ne résiste pas à fleurir cet austère exposé en utilisant la charmante expression que nos amis québécois utilisent pour désigner ce temps de la démarche, hérité en droite ligne du modèle lipmanien. Encore que ce terme de cueillette puisse être considéré comme assez impropre, ou qu'il puisse donner une idée quelque peu erronée de ce qui se passe réellement à ce moment.

Il ne s'agit pas, en effet, de demander simplement aux enfants de dire les questions qu'ils ont trouvées et de les noter telles quelles. Ce temps du dispositif est un moment fort d'élaboration de la pensée, de développement de l'attitude questionnante et de renforcement de la cohésion de la communauté de recherche et, plus accessoirement à mon sens, et plutôt comme une conséquence intéressante que comme une intention première, de développement de la maîtrise de la langue. Car si les enfants sont naturellement philosophes, il n'en demeure pas moins que certains, beaucoup dans certains cas, doivent apprendre à poser des questions qui en soient vraiment.

Peu de rapport, entre le travail mené à ce moment et le fait de ramasser des champignons qu'on déposerait au fond de son panier sans autre forme de procès. Chaque question proposée peut être l'objet d'un examen attentif et, là encore, c'est l'ensemble du groupe qui va dire si elle mérite d'être retenue, et sous quelle forme. De plus, l'ensemble du corpus de questions ainsi progressivement élaboré est analysé, au cours de sa genèse puis lorsqu'il est achevé.

J'utilise le tableau. D'une façon générale, c'est moi qui y note les questions retenues par le groupe, pour des raisons purement techniques (vitesse et lisibilité de l'écriture, maniement parfois problématique des craies et feutres, ou hauteur de ces équipements, qui imposerait dans certains cas des acrobaties à base de tabourets dont je préfère me passer). L'idée, c'est de demander aux enfants qui le souhaitent de proposer leurs questions, et de ne les noter qu'une fois que le groupe a donné son accord.

Ce temps est donc un pur moment d'oral. Les règles de prise de parole indiquées plus haut y sont appliquées, et je propose que ce soit un enfant qui la distribue, dès que le groupe est un peu avancé dans la démarche. Dans cette phase, la plus importante de ces règles est celle qui prévoit que priorité est donnée aux enfants qui n'ont pas parlé, ou à ceux qui ont le moins parlé. On peut par exemple, pour s'en assurer davantage, faire un tour de table, ce point lui-même pouvant être discuté, remis en cause ou au contraire être institué comme règle pérenne. Quand un enfant a la parole, il propose sa question. Au groupe, alors, de dire si cette question répond aux critères indiqués, aux consignes données qui sont, rappelons-le, volontairement simples : il ne faut pas que la question comporte le nom d'un des personnages du texte – ni d'ailleurs aucun nom propre ; il ne faut pas non plus qu'on soit obligé de relire le texte pour y répondre. C'est une façon commode d'éliminer toutes les questions de type « lecture silencieuse », très fréquentes à l'école élémentaire, du genre « Qui fait quoi ? où ? comment ? » etc.

Mais l'important, c'est que ce soient les enfants eux-mêmes qui, nantis de ces critères, décident de l'inscription au tableau de telle ou telle question. Car de deux choses l'une : ou l'accord se dégage pour dire que la question proposée répond aux critères fixés, et dans ce cas elle est immédiatement inscrite ; ou l'un des enfants pense qu'elle n'y répond pas, et il doit dire en quoi. On entre dès cet instant dans des processus d'argumentation et de développement de la pensée critique : j'ai entendu une parole prononcée, en l'occurrence une question, et il me faut dire en quoi elle peut ou non correspondre à des critères préétablis. Ce qui suppose une réelle écoute active pour le dire dans les termes de Carl Rogers, et le développement d'une volonté de compréhension des paroles d'autrui. Argumentations, contre-argumentations, impliquant les uns et les autres, et pas seulement l'émetteur initial de la question ou son premier contradicteur, au terme desquelles on se retrouve face à un triple choix : ou bien la question est rejetée après qu'on ait bien dit pourquoi, ou bien on décide de la modifier, ou bien elle est finalement acceptée telle quelle, ce qui suppose qu'un ou plusieurs des enfants aient changé d'avis – et cela mérite d'être souligné.

La capacité à changer d'avis après avoir entendu une argumentation est une attitude à valoriser. Notre monde met plutôt en valeur les personnes qui font preuve de fermeté, voire celles qui campent sur leurs positions en toutes circonstances. Il me semble important, quant à moi, de montrer qu'être capable de changer d'avis quand on se trouve dans une situation équilibrée d'échanges entre pairs est plutôt une qualité.

Si le groupe décide de modifier la question, une phase intéressante a lieu au cours de laquelle une ou plusieurs formulations nouvelles, différant plus ou moins de la question originale, vont être proposées. Le groupe examine ces propositions, dans une réflexion méta-linguistique très formatrice. Il s'agit en effet de se demander si ces façons de dire sont différentes de la première, si elles ont permis de lever les difficultés que la proposition initiale posait, et, au cas où plusieurs enfants en auraient fait, laquelle semble être préférable. Bien entendu, tous les avis émis doivent être argumentés…

Dans les premières classes de l'école élémentaire, les CP et les CE1, il arrive fréquemment que la consigne invitant à ne pas mentionner de noms de personnages dans la question ne soit pas respectée. Ainsi dans cette classe de CE1[64] où j'intervenais, nous avions lu une partie du premier chapitre d'*Elfie*, de Matthew Lipman. Voici la fin du passage utilisé :

« La nuit dernière, je me suis réveillée et je me suis dit : “Elfie, es-tu endormie ?” Je me suis touché les yeux et ils étaient bien ouverts. Alors j'ai dit : “Non, je ne dors pas.” Mais je peux me tromper. Peut-être qu'une personne peut dormir les yeux ouverts. Ensuite, je me suis demandé : “À ce moment-ci, est-ce que je pense ?” Je me le demande vraiment. Et je me suis répondu : “Imbécile !” »

Après la phase de réflexion, un des enfants proposa la question suivante : « Pourquoi Elfie se répond “Imbécile” ? » Le premier travail a consisté à rectifier la syntaxe, pour arriver à une question construite avec un sujet inversé. Le groupe, interrogé sur la pertinence de cette question avec les consignes données, a remarqué que, à l'évidence, le nom d'un personnage y était inclus. Par quoi le remplacer ? Cette fois-là, un des enfants a proposé de mettre le pronom indéfini « on ». Nous sommes donc arrivés à la question « Pourquoi se répond-on “Imbécile” ? »

Ce passage du prénom au pronom indéfini me semble de nature à favoriser une réflexion à tendance universalisante, à ne plus penser le monde et ses difficultés comme centrées sur soi, comme je l'ai déjà dit, mais à voir que celles-ci sont partagées par tous, et qu'on a probablement intérêt, du moins dans certains cas, à les envisager de façon plus générale. C'est d'ailleurs le sens des paroles d'une maman, rencontrée en Corse, pendant la session d'été de l'Université populaire. Son fils avait assisté à trois des quatre ateliers que j'avais animés, quand elle est venue me voir. Je dois dire que son fils s'était montré, à mon sens, assez peu intéressé, et plutôt agité au cours de ces séances. Mais elle me l'a présenté comme un enfant précoce, un surdoué comme on disait naguère, ce que je n'eus pas de mal à admettre étant donné le niveau de réflexion de cet enfant qui devait avoir onze ou douze ans. La maman m'a simplement dit que le fait d'assister à ces ateliers lui avait fait beaucoup de bien, en légitimant les questions qu'il se croyait seul à (se) poser. Il avait vu, non seulement que d'autres se posaient les mêmes, mais qu'on pouvait s'ouvrir de ces questions dans un cadre où aucun jugement n'était posé, et où elles servaient de base à une discussion.

Le passage du nom propre d'une personne à une formule plus générale, pronom indéfini, pronom au pluriel – « nous », par exemple –, ou à des groupes nominaux comme « certaines personnes » procède des mêmes intentions. Telle question que je me pose peut être posée par d'autres, pour d'autres. Nos problèmes sont au moins partiellement communs. Et je peux m'aider de la réflexion des autres pour régler ces difficultés.

Car l'essentiel, répétons-le après Pierre Hadot, est bien *celui qui parle*...

Ce jour-là…

Le déroulement demeura conforme à celui des séances précédentes. Mais le nombre des questions inspirées par le texte fut très limité :

Questions proposées à partir du texte :

1. Est-ce grave de se poser des questions ?

Questions proposées sans référence au texte :

2. Pourquoi certaines personnes veulent-elles se faire du mal ?
3. Qu'est-ce que l'amitié ?
4. Comment le courage s'exprime-t-il ?
5. Peut-on avoir peur de quelque chose que l'on ne connaît pas ?
6. Le hasard est-il une invention humaine ?
7. Qu'est-ce que c'est des vrais amis ?
8. Que pensent les animaux ?
9. Pourquoi certaines personnes sont-elles superstitieuses ?
10. Qu'est-ce que la curiosité ?
11. Pourquoi, dans certains pays, les femmes n'ont-elles pas les mêmes droits que les hommes ?

À l'issue du vote, les enfants ont retenu la question « Qu'est-ce que l'amitié ? »

Les enfants présents se sont tout d'abord demandé si nous avons tous des amis, et ils ont répondu par la négative, dans la mesure où certains ont recours à des êtres dont l'existence n'est pas avérée (personnes imaginaires, dieux, peluches douées de parole et de raison...) qui en tiennent lieu. Si on recherche l'amitié, c'est souvent pour ne plus être seul. Mais les problèmes divers qui nous affectent peuvent nous empêcher de nouer des amitiés, par exemple si on est handicapé, paralysé, si on est atteint de maladie mentale... En revanche, on voit des personnes rechercher le contact des handicapés, justement parce qu'ils le sont. Mais peut-on dire, dans ce cas, que ce sont de vrais amis ?

La discussion a ensuite tourné autour de cette notion de vrai ami, pour laquelle quelques critères ont été proposés. Serait un vrai ami celui avec qui le courant passe bien, celui avec qui on partage les mêmes idées, les mêmes passions, un grand nombre de choses qui fournissent des sujets de conversation. Il y a aussi la question de la fidélité, de l'absence de trahison, et, en particulier de la fidélité à la parole donnée. Il semble aussi qu'il faut passer du temps avec ses amis pour que l'amitié dure. Une des participantes a alors insisté pour dire que cette notion de devoir, d'obligation lui paraissait étrangère à l'idée d'amitié. Elle a repris le même propos quand, plus tard dans la discussion, quelqu'un a dit qu'il ne faut pas être égoïste avec ses amis. Tous sont tombés d'accord pour dire que les obligations étaient incompatibles avec l'amitié, et qu'on devrait plutôt exprimer les choses en termes d'envie : envie d'être avec son ami, envie de ne pas être égoïste avec lui, etc.

Nous nous sommes ensuite demandés si on peut trouver des raisons à l'amitié. Nous avons discuté quelque temps autour de cette question et avons fini par nous dire qu'on ne sait pas pourquoi on est ami avec quelqu'un. J'ai alors donné l'exemple de l'amitié célèbre (et enjolivée, sûrement) entre Montaigne et La Boétie. Quand on demandait à Montaigne pourquoi ils avaient été amis, il répondait : « Parce que c'était lui, parce que c'était moi ». Mais quand on est ami avec quelqu'un, c'est qu'on l'aime bien. N'est-ce pas une raison, ça ?

Faisant une sorte de synthèse de ce qui s'était dit auparavant, Julien a affirmé que, pour sa part, il savait dire quelles raisons déclenchent son amitié, raisons qui tournent autour de la notion de partage : partage des mêmes passe-temps, des mêmes idées. Mais l'ensemble du groupe a estimé que ces raisons pouvaient être nécessaires, mais pas suffisantes.

Les enfants et adolescents présents ce jour-là ont ensuite fait évoluer la discussion autour de la distinction conceptuelle entre ami et copain. Un accord s'est dégagé pour dire que ce n'est pas la même chose, et il s'ensuivit un premier constat : les amis sont plus rares ! Ceux qu'on fréquente, qui sont donc de simples copains, on s'entend moins bien avec eux. L'un des discutants a même précisé que son avis sur ce sujet avait évolué au cours des dernières années : auparavant, il pensait que les deux termes recouvraient en gros la même réalité, mais maintenant il considère qu'il faut distinguer, qu'ami est plus fort que copain, car l'amitié inclut des notions de durée, d'intensité.

Nous avons terminé en faisant écho au cours donné quelques jours auparavant par Séverine Auffret, consacré à ce qu'elle appelle les amitiés compliquées, c'est-à-dire celles qui naissent entre personnes de sexe opposé. Mais, contrairement à ce que pense Séverine, nos jeunes estiment qu'un garçon peut très bien avoir une amie – et inversement. Pour eux, le sexe n'intervient pas, mais plutôt la pensée, les goûts,…

D'ailleurs, dans les couples, on voit le plus souvent des personnes de sexe opposé, mais il existe aussi des couples homosexuels, donc ça prouve que l'amitié entre personnes du même sexe existe. Mais cet argument tient-il ? Dans un couple, n'est-il pas question plus d'amour que d'amitié ? Olivier pense que c'est une question de degré : la copinerie serait le premier de ces degrés, puis, en second, vient l'amitié ; enfin, « t'exploses le record », l'amour !

En fin de séance, plusieurs thèmes ont été proposés, suite à cette discussion, comme pouvant éventuellement en constituer un approfondissement :

– Les étapes décrites à la fin de la discussion : copain, ami, amour, qu'est-ce que c'est ?

– Une discussion spécifique sur l'amour.

Une évolution particulière, parce que non reproductible ailleurs qu'à l'Université populaire, fut proposée par les participants : ne pourrait-on, en fin de séance, aller dans l'amphithéâtre voisin, où se tient le cours concomitant de Michel Onfray et lui poser une question, comme ses auditeurs adultes le font ? Interrogé par les enfants, Michel accepta, disant que ça lui ferait plaisir et que, même, il pourrait inverser les rôles, se mettre dans le public et leur poser des questions, à eux… Restait une question, encore une : oserions-nous tenter cela la semaine suivante ?

Le 27 janvier

Filiations

Quelles prestigieuses filiations trouver à nos démarches ? C'est, bien souvent, Platon qui est cité. Mais qui ne cite Platon ? Cependant, la référence à cette figure emblématique, cardinale, ne va pas sans nous poser quelques problèmes. Et le premier d'entre eux, c'est qu'il refusait catégoriquement à des enfants, et même à de jeunes hommes, la possibilité d'accéder de quelque façon que ce soit à la philosophie. Il dit, par exemple, « Quand ils finiront leur trentième année, tu les tireras du nombre des jeunes gens déjà choisis pour... rechercher, en les éprouvant par la dialectique, quels sont ceux qui, sans l'aide des yeux ou d'aucun autre sens, peuvent s'élever jusqu'à l'être même par la seule force de la vérité »[65]. Bien sûr, il était encore moins question de femmes... Alors que l'atelier que j'anime s'adresse aux enfants (garçons et filles) « à partir de sept ans ». Alors que Ann-Margret Sharp, collaboratrice de Matthew Lipman depuis trente ans, envisage même qu'on puisse commencer ce type d'activités avec des enfants de... trois ans. (À vrai dire, ma surprise a été grande quand elle m'a annoncé un âge aussi tendre, lors d'une conversation que nous avons eue au colloque de Nanterre, en juin 2003). Première difficulté, avec Platon, quant à l'âge du philosopher. Mais convergence tout de même quand on dit de lui qu'il est « d'abord le créateur d'une incitation permanente à la recherche »[66]. Convergence aussi avec Socrate, qu'on peine à dissocier de son illustre élève, quand l'un et l'autre mettent en avant la nécessité de poser des questions. Rôle fondamental des questions, au service de cette recherche permanente. Questions dont l'émergence, avec les enfants, constitue au moins la moitié du temps passé dans l'atelier.

Filiation, aussi, avec Aristote, « ancêtre de tous les scientifiques, de tous les penseurs de la pluralité et de la complexité »[67], quand il définit l'homme comme un *zôon logikon*. Oui, un animal parlant et doué de raison, le terme *logikon* ayant les deux sens. Car, pour nous, c'est bien en parlant, en discutant, que la raison se développe. Seul, parmi les animaux, l'homme dispose d'un langage articulé – les grands singes, nos proches cousins avec lesquels nous partageons 98 % de patrimoine génétique, ne possédant pas la possibilité physiologique de parler. Cette chance spécifiquement humaine explique très probablement pourquoi les hommes, et pas les gorilles, ont créé des civilisations qui en viennent à exterminer leurs si proches parents... Il semble donc bien que la bipédie, libérant les mains et autorisant physiologiquement le langage, soit à l'origine du développement de l'intelligence humaine. Autre chance, peut-être, le fait que les hommes, comme les grands singes, vivent en tribu, en bandes, *zôon politikon*, dit encore Aristote, homme politique, entendez sociable, grégaire. Et là encore, j'adhère, car les discussions philosophiques entre enfants sont menées au sein d'un groupe. C'est la constitution de ce groupe en « communauté de recherche entre pairs » (Lipman) qui garantit l'avancée dans la réflexion collective. « Comme l'a montré Piaget, dit Jean-Marc Lamarre, les échanges avec les autres, avec les autres qui pensent autrement que moi, constituent le facteur principal du développement des capacités de raisonner.[68] »

Contre Platon, encore, voici une filiation un peu maudite : les sophistes. Que n'a-t-on pas dit de ces contemporains de l'illustre fondateur de l'Académie ? Enfin, que ne leur a-t-on pas reproché, en ne faisant que répéter ses médisances ? Car l'élève de Socrate n'a-t-il pas plutôt cherché à se débarrasser de concurrents gênants, en les dénigrant systématiquement ?[69] Au point que, pour les encyclopédies, le mot sophiste a fini par désigner « un disputeur de mauvaise foi », tandis que le mot sophisme devenait synonyme de « raisonnement fallacieux ». On peut au contraire instruire un procès en réhabilitation des sophistes, comme le font, depuis Hegel, un certain nombre de penseurs. En étudiant quelque peu leur œuvre, on est frappé par l'extraordinaire modernité de certaines des thèses qu'ils défendent, comme l'agnosticisme. « Des dieux, disait Protagoras, je ne peux savoir ni s'ils existent ni s'ils n'existent pas, ni quel pourrait en être l'aspect. » Et ce ne sont que quelques-unes des formes de la critique radicale qu'ils exercent. Et qu'ils exercent seuls. Critique radicale revendiquée maintenant par de nombreux philosophes et penseurs. Seuls, aussi, ils ont remis en cause les principes inégalitaires qui prévalaient alors, (« Nous sommes tous par nature en tous points semblables, aussi bien barbares que Grecs », disait Antiphon). Peut-être même, chose exceptionnelle dans l'Antiquité, est-il besoin de le rappeler, les sophistes ont-ils remis en cause l'institution de l'esclavage.

Leur impiété leur vaudra d'ailleurs accusations, mises en procès, destruction de leurs œuvres, comme le *Péri théôn* de

Protagoras d'Abdère, dont est extraite la citation transcrite ci-dessus. « Il ne nous en reste que le préambule, transmis par voie indirecte », dit Séverine Auffret[70], non sans avoir précisé que ce traité « fournit à ses dépens l'occasion du premier autodafé littéraire de l'histoire. On ordonna par décret, et par la voix du héraut, d'apporter sur l'agora tous les exemplaires de son livre achetés par des particuliers ; ils y furent brûlés publiquement ».

Mais cette modernité quasi-laïque des sophistes ne suffit pas, à elle seule, à justifier une filiation entre ces premiers intellectuels et nos démarches. Les parallèles sont plus nombreux encore. En effet, les sophistes sont les premiers éducateurs rémunérés de l'histoire – mais par les usagers. Pierre Hadot dit d'eux qu'ils « inventent l'éducation en milieu artificiel, qui restera une des caractéristiques de notre civilisation »[71]. Il précise : « Jusque là, les jeunes gens étaient formés [...] par la fréquentation du monde adulte, sans spécialisation.[72] » Bref, les sophistes inventent l'enseignement moderne, dont tous les acteurs sont rémunérés et exercent dans des lieux spécifiques. Mieux, leurs visées sont politiques et démocratiques. Politiques, et dépendantes du contexte de l'époque, le Ve siècle avant Jésus-Christ, à Athènes, qui voit la naissance de la première démocratie ayant laissé des traces écrites, et l'invention du mot. Il s'agit bien, pour eux, de permettre à tous un accès aux débats publics qu'exige cette démocratie directe. D'où le développement de techniques vocales, pour se faire entendre, bien sûr sans artifices techniques, au sein d'assemblées réunissant parfois plusieurs milliers de personnes, et plus encore, de procédés de rhétorique permettant de convaincre – pour le moins d'argumenter de façon construite.

Mieux, et si nous pensons que le malheur découle souvent de l'incapacité à abstraire, pour le dire comme Emmanuel Kant, et si, comme je le fais, nous estimons que la réflexion philosophique peut permettre de mieux vivre, de s'engager avec de meilleures chances de succès dans la recherche du bonheur, alors nos visées recoupent celles de nombreuses écoles philosophiques antiques ; certes pas celle de Platon, mais celles d'Epicure, de Zenon, d'Antiphon. Celui-ci a pu être qualifié, avec quelques précautions, d'inventeur ou, pour le moins, de précurseur de la psychanalyse. Son usage du « verbe guérisseur », pour le dire comme Michel Onfray, comporte de nombreuses analogies avec les pratiques des psychanalystes, qu'il serait trop long de détailler ici[73]. Notons simplement que l'interprétation des rêves, l'onirocritique, était un des fondements de la méthode d'Antiphon.

Voici donc nos sophistes : ce sont des enseignants rémunérés pratiquant dans des lieux spécifiques ; ils ont des visées d'éducation large, pour ne pas dire populaire, et souhaitent rompre en tout cas avec la simple reproduction des élites aristocratiques en place ; ils pratiquent la critique radicale, dans un souci de remise en cause des préjugés inégalitaires, peut-être même de l'esclavage, et des traditions théologiques ; ils posent que la réconciliation avec soi permet une vie sociale apaisée ; et l'ensemble de ces principes est fondé essentiellement sur l'art du discours, sur la parole, présentée par certains d'entre eux comme moyen d'accéder à une thérapie de l'âme : pas de doute, nos démarches de discussion philosophique avec des enfants et des adolescents ont les mêmes caractéristiques.

Quelques jours avant la séance dont il va être question dans ce chapitre, une de mes collègues me lança, dans une discussion un peu chaude : « Mais c'est un sophisme, Gilles ! » *Mea culpa* : j'avais dû dire plusieurs choses concernant l'efficacité de nos démarches, en demandant en quoi puisse poser problème le fait qu'une discussion tombe à plat, dans une classe de CP ou de maternelle. Et demandant aussi d'une part, ce que ça pouvait bien signifier qu'une discussion philosophique tombe à plat, et d'autre part, qui pouvait en juger, sinon les enfants eux-mêmes. J'ai déjà rapporté un épisode identique dans un précédent chapitre, je n'y reviens pas, même si ce n'est pas du même qu'il est question ici. Cette fois-ci, j'ajoutai, pour appuyer mes dires que, dans notre pays, l'immense majorité des enfants n'entendent jamais parler de philosophie, ou, dans le meilleur des cas, pas avant l'âge de dix-huit ans, et au cours de l'unique année de terminale ; que donc tolérer que, à l'école élémentaire, une ou des discussions « tombe (nt) à l'eau » ne parait pas une catastrophe majeure, puisque l'ensemble des générations précédentes, parents, éducateurs, enseignants (y compris les professeurs de philosophie) et simples citoyens, ainsi que la plus grande part des décideurs actuels et la quasi-totalité de la population de notre pays n'ont pas paru ou ne paraissent pas considérer comme un manque l'absence de toute activité philosophique à l'école, au collège et dans les premières classes des lycées ; que, par ailleurs, bien malin celui qui pourra affirmer qu'une discussion tombe à l'eau. Comment savoir, en effet, si le petit nombre d'échanges oraux en grand groupe, (parce que, apparemment, c'est là le critère central) comment savoir si ces quelques propos ne produiront pas d'effet ? D'autant qu'ils ont été préparés par une réflexion, et, éventuellement, une phase de travail en petits groupes.

Bref tous ces propos, tenus peut-être avec véhémence, s'étaient vus qualifiés de sophisme. Preuve, s'il en était besoin, que l'état d'esprit que nous appelons de nos vœux dans le travail en communauté de recherche (« Pas de jugements autres que ceux produit par la recherche commune ») fait parfois défaut à ceux qui ont pour mission de le répandre. Mais – magie des mots, travestissement involontaire des intentions, duplicité du langage, renversement des valeurs – ce qui était dit pour blesser pouvait bien, d'une certaine manière, être pris comme un compliment, grâce à cette filiation dont personne, sinon moi, ne veut.

La cueillette des questions, autres considérations

Le passage de questions de lecture, c'est-à-dire proches de celles qu'on pose aux enfants à l'école pour vérifier la bonne compréhension d'un texte, à des questions plus générales dont certaines, au moins, peuvent être philosophiques, n'est pas toujours aisé. D'une certaine façon, c'est plutôt bon signe. Si les enfants parvenaient, dès la première séance de questionnement, à trouver des questions conformes à celles qu'on envisage de voir apparaître, alors notre travail n'aurait pas grande utilité. À quoi bon enseigner la technique de la division à des enfants qui la connaissent déjà ?

J'ai passé la majeure partie de la semaine qui a suivi cette discussion du 27 janvier dans la région de Poitiers, invité à la dixième édition des Journées philosophiques de Vouillé. Il était convenu depuis quelques mois, en fait depuis ma participation à l'édition précédente, que j'intervienne dans plusieurs classes de ce secteur. Mis à part une vingtaine d'enfants, ceux que je rencontrai dans les cinq classes où j'animai des séances n'avaient jamais été confrontés à une telle démarche. Il s'agissait d'ailleurs uniquement d'élèves de Cycle 3, CE2, CM1 et CM2. Dans chacune des classes, sauf une, une fois les consignes énoncées, les enfants proposèrent des questions comportant des formules indéfinies, en utilisant spontanément le pronom « on », ou des formulations du type « certaines personnes », « les enfants », ou encore un verbe à l'infinitif. Les questions choisies dans les quatre premières furent donc :

– Pourquoi être poli envers les autres ?
– Pourquoi dormons-nous ?
– Pourquoi pense-t-on ?
– Pourquoi vit-on ?

Dans la dernière classe, par ordre chronologique, les enfants proposèrent d'abord des questions qui contrevenaient à la consigne demandant qu'il ne soit pas nécessaire d'avoir recours au texte. Ainsi, ils suggérèrent :

– Ce livre a-t-il été publié ?
– Quel est l'auteur de ce livre ?

On voit bien, ici, la contamination par le modèle des questions traditionnellement posées dans les classes d'école élémentaire. Mais c'est sans que j'aie à redire les consignes que les enfants les éliminèrent, comme ne répondant pas à l'une d'elles.

Puis, quelqu'un proposa :

– Est-ce qu'ils sont stupides ?

Nous avions pris, comme texte support, le roman *Elfie* de Matthew Lipman, qui pose de façon régulière la question de l'image qu'on peut avoir de soi, ou du regard d'autrui, au moins dans le premier chapitre que nous avions lu ce jour-là, et dans les quelques chapitres suivants. Tous thèmes liés de près à l'estime de soi, dont le développement apparaît fondamental dans les visées de Lipman, en quoi je le suis absolument. Des livres entiers ont été consacrés à ce sujet[74] et ils montrent, comme de nombreux travaux de psychologues, qu'on ne peut guère espérer éviter les comportements agressifs ou violents chez des gens qui ne s'aiment pas eux-mêmes. Il ressort d'ailleurs de diverses études américaines que la réalisation de cet objectif est l'un de ceux qu'on peut le mieux mettre en évidence chez les enfants qui bénéficient de séances de discussion philosophique. Le chercheur québécois Pierre Lebuis rapporte d'ailleurs que, au cours d'une de ces études, il a utilisé « un test d'estime de soi (Piers-Harris), qui permet d'évaluer des aspects comme l'image de soi, la confiance en soi, l'acceptation de son image corporelle, etc. » Et il précise que « les résultats concernant l'estime de soi ont montré que, globalement, les élèves amélioraient la confiance en leur popularité et en leur intelligence, et diminuaient leur taux d'anxiété.[75] »

Nous en étions donc arrivés à la formulation « Est-ce qu'ils sont stupides ? »

De toute évidence, c'était le mot « stupide », ou la notion de stupidité, qui était l'objet central de la question que nous cherchions à formuler. J'écrivis donc « stupide » au tableau, comme amorce. Restait à trouver les autres mots de la future question. Un temps d'hésitation, de réflexion… Puis un des enfants dit « Pourquoi sont-ils stupides ? » Ma réplique fut classique, je suis amené à l'utiliser très fréquemment dans les groupes débutants. Je demandai donc qui désignait le mot « ils ». Bien sûr, les enfants répondirent qu'il s'agissait encore des personnages du texte, et tout le monde convint que c'était l'élément qui nous empêchait désormais d'entériner la question. J'écrivis donc les autres mots au tableau, où figura alors l'embryon de notre question sous la forme :

– Pourquoi…………… stupide ?

Chacun percevait qu'il manquait l'expression permettant de montrer que celle-ci ne porterait pas sur des personnes particulières, ni les héros du roman, ni les enfants de la classe, ni personne pouvant être nommément désigné. Mais le blocage demeurait réel, et revenait à trouver un pronom ou un nom évitant cette détermination. (Plus qu'un nom, d'ailleurs, et pour reprendre la terminologie usuelle à l'école, il nous fallait trouver un groupe du nom, ou GN, c'est-à-dire un nom commun, accompagné d'un déterminant, article ou autre, et, éventuellement, d'un adjectif qualificatif).

Je proposai alors deux des choix possibles : « on » et « certaines personnes ». Les enfants choisirent le premier, et la question devint :

– Pourquoi est-on stupide ?

Cette phase débloqua les choses, et d'autres questions furent ensuite proposées, parmi lesquelles celle qui fut finalement retenue :

– Pourquoi certains enfants sont-ils pressés de grandir ?

Cette façon de procéder est courante dans les petites classes, en CP surtout. À la suite de la lecture, faite par le ou les adulte(s) présent(s), je demande aux enfants de dire quels sont les mots ou les passages importants du texte, ceux qu'ils retiennent, ceux qui leur posent problème, ceux qui correspondent à des questions qu'ils se sont déjà posées. Ensuite seulement, on passe à l'élaboration de questions. Je reviendrai en détail sur ce cas particulier plus loin.

On voit bien les intérêts de tout ce travail collectif dans le domaine de la maîtrise de la langue : apprendre à poser des questions comportant éventuellement des sujets inversés, faire les accords quand le sujet change, etc. tout ceci gagnant à être mené dans une situation de communication réelle, même si l'émetteur est confondu avec le destinataire, comme dans le cas du journal intime évoqué plus haut, puisque l'exercice n'est pas mené dans un cadre évaluatif ou de simple entraînement, mais bien pour une utilisation réelle des questions ainsi formulées.

Par ailleurs, permettre à des enfants, ou des adultes, de construire des questions sur un mode général, et non centrées sur telle ou telle personne, fictive ou réelle, c'est leur mettre le pied à l'étrier dans l'acquisition d'attitudes qu'on souhaite développer ; celles qui consistent à interroger le monde avec une visée universalisante. Je n'insisterai pas à nouveau sur les avantages que je vois à mener ce travail au sein d'une communauté de recherche entre pairs, avantages qui me paraissent en cohérence complète avec les finalités de développement de l'autonomie, plutôt que de façon surplombante, en refusant par exemple telle ou telle question, d'autorité.

Ce jour-là…

Nous n'avions pas oublié notre rendez-vous avec Michel. Ce fut notre premier sujet de discussion, en début de séance, car il s'agissait de prendre plusieurs décisions : quelle question lui poserions-nous ? Qui la dirait ? Quelles modifications éventuelles de la démarche cela entraînerait-il ? Nous décidâmes de procéder comme auparavant : lecture, questionnement, vote, discussion, mais de tenter d'accélérer l'ensemble du dispositif, car il allait nous manquer ce dernier quart d'heure, alors même que les discussions étaient souvent tronquées par la fin de séance, fixée depuis quelques semaines à dix-neuf heures cinquante-cinq, pour des raisons de disponibilité limitée des personnels responsables des locaux. Comment faire ? Ne s'accorder qu'une courte pause en milieu de séance, au lieu des dix minutes habituelles ? Raccourcir la partie questionnement et commencer la discussion avant la pause ? Mais sur quoi rogner pour que la phase de questionnement soit plus courte ?

Tout ceci devenait d'autant plus problématique que j'avais proposé, la semaine précédente, de lire le compte-rendu que je faisais de chaque séance pour le mettre en ligne sur Internet. Cette innovation avait plu aux enfants, qui souhaitèrent la reconduire, et à moi, dans la mesure où je soumettais mon travail d'écriture à leur approbation tout en étant prêt à le modifier s'ils s'estimaient trahis.

Les propositions furent rares, le problème semblait difficile à résoudre, et le temps que nous passions à l'examiner ne faisait que le rendre plus aigu. Je commençai donc à lire le compte-rendu de la semaine précédente, puis nous reprîmes le texte *Kio et Augustine*, pour une séance au déroulement inchangé, mais, raccourci, même si nous ne savions pas encore comment.

Voici l'ensemble des questions qui furent proposées :

Questions inspirées par le texte :

1. Pourquoi veut-on absolument communiquer ?
2. Pourquoi y a-t-il des guerres dans le monde ?
3. Les humains créent-ils eux-mêmes leur propre disparition ?
4. Pourquoi « nommer c'est créer » ?
5. Comment doit-on réagir dans les pires situations ?

Questions proposées sans référence au texte :

6. Pourquoi n'y a-t-il que des grands dans les cours de philo ?
7. Pourquoi certains pays sont-ils plus riches que d'autres ?

8. Pourquoi dans certains pays les femmes n'ont-elles pas les mêmes droits que les hommes ?

9. Que pensent les animaux ?

10. Qu'est-ce que la superstition ?

11. Pourquoi y a-t-il eu autant de morts pendant la canicule ?

12. Le hasard est-il une invention humaine ?

13. Pourquoi certaines personnes sont-elles mesquines ?

14. Pourquoi y a-t-il des gens bêtes et méchants ?

À l'issue du vote, c'est la question « Les humains créent-ils eux-mêmes leur propre disparition ? » qui obtint le plus de voix. Il semblait par ailleurs que les enfants, discutant entre eux, souhaitaient que la deuxième question, celle qui, mis à part le choix principal, obtiendrait le plus grand nombre de suffrages, serait celle qu'on poserait à Michel. C'est ainsi que fut mise de côté la question : « Pourquoi dans certains pays les femmes n'ont-elles pas les mêmes droits que les hommes ? »

Depuis plusieurs séances déjà, mon rôle au cours de la discussion se limitait à prendre les notes destinées à rédiger un compte-rendu mis en ligne en cours de semaine, sur Internet. Les enfants discutaient sans que j'intervienne, sauf de temps à autre, quand mon aisance très imparfaite en dactylographie m'en laissait le loisir. Et je ne prenais la parole alors qu'après avoir levé la main, et avoir été désigné par le distributeur de parole – ou la distributrice – choisi parmi les enfants volontaires pour assumer ce rôle et, autant que faire se pouvait, différent chaque semaine.

Entamant la discussion proprement dite, nous avons commencé par examiner cette curieuse formule « créer sa disparition ». Cette expression ressemble à un oxymore, ces formules qui comportent une contradiction interne. Pour les enfants et adolescents présents, cette contradiction était rien moins qu'évidente. On peut créer une disparition, dirent-ils, puisque certains se suicident. Ils le souhaitent, puisqu'ils ont des raisons de le faire. Un suicide, on le prépare, on le crée… On le provoque au moins. Entre provoquer et créer, la différence réside dans le souhait. On peut par exemple provoquer des accidents sans le souhaiter.

Les humains dans leur ensemble ne souhaitent probablement pas leur propre disparition : ils ne se rendent pas compte des conséquences de leurs actes. Ceci pose d'ailleurs le problème de la guerre : si tout le monde développe des attitudes belliqueuses, on va arriver à faire disparaître l'humanité. Sur ce point, Marie fut en désaccord : pour elle, les présidents envoient les armées à la guerre pour se défendre. À quoi il fut répondu que certains le font aussi pour attaquer et qu'ils ne veulent probablement pas faire disparaître tous les humains, mais une partie. George Bush n'a pas envoyé ses troupes en Irak pour se défendre. Il devait y avoir autre chose. Peut-on considérer cette attitude comme une réaction de légitime défense face aux attaques terroristes ? Bush est plutôt obnubilé par le pouvoir, les richesses, le pétrole. Et au-delà de cet exemple précis, les arguments liés à l'attaque et à la défense posent le problème de la première cause…

Élargissant le débat, les enfants se demandèrent si on ne devait y faire allusion qu'à la guerre. Ils dirent que celle-ci peut être considérée dans certains cas comme une attitude suicidaire. Mais on peut parler aussi des attitudes autodestructrices, comme la prise de drogue, de tabac, etc. Les gens devraient être conscients des risques qu'ils prennent... Mais est-ce si sûr ? Certains ne pensent-ils pas plutôt qu'à leur plaisir ? Et qui sont les vrais coupables de ces comportements ? On évoque ces gens qui mettent tous les additifs chimiques dans les cigarettes. Mais ne serait-ce pas, en fait, l'inventeur de la cigarette ?

Certaines maladies peuvent faire partie de ces catégories, quand des gens meurent par faute de vaccins, de médicaments. Il ne s'agit plus alors d'autodestruction, les responsables étant distincts des victimes. Dans ce cas, les coupables sont les vendeurs de ces produits. Mais, d'un autre côté, il faut penser aux gens qui vivent de ce commerce, aux ouvriers qui les fabriquent. Dans le cas précis des cigarettes, l'État a aussi sa part de responsabilité, puisqu'il gagne des impôts sur leur vente. Anne-Lise pense d'ailleurs que le prix ne sera jamais assez dissuasif, qu'il se trouvera toujours des gens pour en acheter. Olivier, lui, affirme qu'il ne pourrait jamais faire le métier de buraliste, car il pense que c'est horrible de vendre des choses qui vont causer la mort de certaines personnes. Marie lui répond que, s'il était à la rue, et qu'on ne lui propose que ça comme métier, il finirait peut-être par l'accepter. De plus, d'autres métiers sont comparables : les vendeurs de vache folle, les routiers qui polluent, les métiers de l'armée (les combattants), les restaurateurs qui vendent de l'alcool, etc. Mais sans ces métiers, beaucoup de gens seraient au chômage....

On pourrait aussi faire davantage allusion à tous les problèmes d'environnement, où certains semblent ne pas tenir compte des risques qu'ils font courir aux autres.

Revenant à la question de départ, tout le monde parut d'accord : les humains, au moins certains humains, œuvrent à leur propre disparition. La part d'Internet n'est d'ailleurs pas négligeable dans cette affaire, car il existe des sites où on recrute des terroristes. La mondialisation est en cause aussi, puisque dans les pays en voie de développement, l'espérance de vie a diminué. En fin de compte, les participants en arrivèrent à penser que l'argent, ou son mauvais usage, semble être le facteur principal de tous ces maux.

Un quart d'heure avant la fin du cours de Michel, nous sommes donc allés ensemble, là-haut, dans l'amphi, comme prévu, lui poser la question retenue. À l'unanimité, les enfants présents avaient décidé que ce serait Léa, qui l'avait initialement proposée, qui la dirait. Ce qu'elle fit, micro à la main, devant environ cinq cents personnes. Michel répondit, et les enfants furent ravis, à la fois d'être allés là, et d'avoir entendu une réponse claire, précise, évoquant les différents degrés de civilisation, qui sont autant d'étapes vers l'égalité entre humains. Il évoqua ainsi les grands événements qui, dans notre pays, ont concouru à ces avancées, comme la Révolution française, la Commune, le Front populaire, ou Mai 68.

Les enfants furent satisfaits qu'un dialogue s'engage entre Michel et eux. Les réactions du public adulte furent aussi très positives. Plusieurs personnes présentes me firent part de leur étonnement, de leur satisfaction à voir ainsi des enfants s'intéresser, et de quelle manière, à la philosophie. Tous souhaitaient que nous renouvelions l'initiative.

Michel était d'accord. Mais moi, j'avais un peu l'impression d'abuser, d'en faire trop…

Toute cette partie, et l'habitude prise et approuvée par les enfants de lire chaque semaine, en début de séance, le compte rendu de la séance précédente, nous ont empêchés de mener à bien les phases habituelles de fin de discussion. Plus particulièrement, nous n'avons pas réfléchi sur les thèmes insuffisamment approfondis et susceptibles d'être repris, et nous ne nous sommes pas interrogés sur d'éventuelles modifications du dispositif. Il faut dire que nous venions d'en vivre une, et de taille ! À peine si, en redescendant de l'amphi, nous eûmes un moment pour nous dire qu'il fallait raccourcir la partie questionnement, car le temps de discussion se réduisait, au fil des séances et des aménagements, comme peau de chagrin. L'abandon définitif du texte fut envisagé. Nous en reparlerions…

Le 3 février

Une œuvre d'art ?

S'il s'agit réellement de sculpter sa propre statue, alors un parallèle entre nos démarches et l'art est peut-être à envisager. Plus qu'un parallèle, il s'agit d'une passerelle, d'un pont. D'une analogie. Car qui se veut sculpteur de lui-même ne doit-il pas devenir artiste ?

Aux lendemains de la Première Guerre mondiale, les dadaïstes font de la contestation absolue un mode de vie. Ils réagissent contre l'absurdité de l'époque, où la « Révolution » industrielle, en asservissant des peuples entiers, n'aura permis que de construire des armes toujours plus meurtrières, sans que les penseurs et les artistes aient pu faire quoi que ce soit pour empêcher l'hécatombe. La philosophie, et singulièrement, pour reprendre les termes de Jean-François Chazerans et de ses amis, la « philosophie par tous » (y compris les enfants), n'est sans doute pas contestation absolue – encore que. Elle se veut au moins critique radicale, réaction à l'absurdité de ce monde. Elle veut « nuire à la bêtise «, pour le dire comme Nietzsche.

Le comte de Lautréamont, dont se réclament les dadaïstes, ne disait-il pas « La poésie doit être faite par tous » ? Postulant l'éducabilité philosophique de tous, affirmant avec Montaigne et tant d'autres que la pensée n'a de valeur que mise en actes, l'animateur de discussions philosophiques, cherchant à devenir sculpteur de soi et à proposer aux enfants des outils qui leur permettent le même choix, se donne des moyens comparables, pour des finalités identiques : que les enfants, tous – ou le plus grand nombre – en viennent à se penser eux-mêmes et à penser le monde, à les penser comme imbriqués, au point que le fragment montre le tout. Qu'ils en viennent à prendre conscience qu'ils ont leur avenir, individuel et collectif, entre leurs mains et qu'ils peuvent le modeler comme un potier travaille la terre brute pour la transfigurer en vase, en réceptacle à fleurs.

« La pensée se fait dans la bouche » disait Tristan Tzara, un des chefs de file du mouvement Dada. Quoi de plus opposé à l'idéalisme d'inspiration platonicienne alors tout puissant, malgré les efforts de Nietzsche ? Quoi de plus proche de nos démarches, basées sur l'oralisation de la pensée ? Reprenant, avant sa totale extinction, le flambeau du mouvement Dada, les surréalistes prôneront la libération totale de l'esprit. Pour eux, l'œuvre d'art devient moyen de connaissance : bien qu'absolument non-transmissif en terme de contenu, la discussion philosophique est souvent ressentie par les enfants comme un apprentissage, c'est du moins ce qu'ils en disent. Autre parallèle, le surréalisme, comme l'ensemble de la philosophie antique, est avant tout un mode de vie. Et ce n'est pas la moindre de nos ambitions, répétons-le, que d'espérer voir réinvesties dans leur vie les habiletés développées par les enfants dans nos ateliers. Ainsi, d'une certaine façon, un cycle se met en place, puisque les questions sont issues de leur expérience, de leur vécu, de leur vécu propre ou de celui des héros d'histoires auxquels ils s'identifient, et que la réflexion menée à partir de ce questionnement vise à nourrir ce quotidien. En cela, nous nous opposons radicalement à certaines conceptions de la philosophie qui en font un objet d'étude en soi, coupé du monde.

Dans la même lignée, les situationnistes, parmi lesquels Raoul Vaneigem, proposent une réflexion nouvelle sur l'éducation en général, dans laquelle je me reconnais, au moins partiellement. L'absence de jugement, inhérente à nos démarches, me semble répondre de façon particulièrement pertinente aux thèses de l'auteur belge, reconnu comme un des principaux inspirateurs de la contestation liée aux événements de Mai 68. Et cette absence de jugement est double, si tant est qu'on puisse parler de double absence : non seulement tout jugement est banni de la discussion elle-même, au cours de laquelle aucun des participants ne doit en émettre sur ce qui se dit, comme il a déjà été précisé, mais encore le maître lui-même, l'adulte, l'animateur de discussion philosophique se doit, à mon sens, d'éviter absolument d'en formuler. Aucun jugement pendant la discussion, cela va de soi. Donc, pas de formule du genre « C'est intéressant ce que tu dis », ni, bien sûr, de jugement négatif. Mais, surtout peut-être, aucun jugement à l'issue de celle-ci, ni sur le groupe, ni sur la séance dans son ensemble, ni, cela va sans dire, sur aucun des participants. Ce n'est pas simple et cela nécessite une grande attention, une vigilance constante, surtout dans les premières discussions qu'on anime. Mais ce comportement tendant vers la neutralité est grandement facilité par le retrait de l'animateur ; retrait qui trouve là une justification supplémentaire.

« Chaque jour, dit Raoul Vaneigem, l'élève pénètre, qu'il le veuille ou non, dans un prétoire où il comparait sous l'accusation présumée d'ignorance. À lui de prouver son innocence en régurgitant à la demande les théorèmes, règles, dates, définitions qui contribueront à sa relaxation en fin d'année scolaire.[76] » Le tableau brossé est noir. Il n'en correspond pas moins à une certaine réalité. Même à l'école élémentaire, il est des classes où les enfants sont jugés, notés en permanence. Et quand je dis en permanence, je parle de jugements et de notes délivrés plusieurs fois par jour de classe. De quelles intentions cela procède-t-il ? Que vise-t-on ? Cette « pédagogie » est-elle seulement efficace, par rapport aux objectifs qu'elle se fixe, qui sont eux-mêmes contestables ? Cela reste à démontrer. Ce qui me paraît évident, pour l'avoir constaté en tant qu'élève, en tant qu'enseignant, en tant que parent, c'est que cette obsession du jugement est génératrice d'angoisse, de stress, chez un grand nombre d'élèves, même les bons, c'est-à-dire ceux qui rapportent à la maison un carnet de notes ou un livret d'évaluation élogieux. Imaginons, donc, les conséquences chez les élèves moins à l'aise avec les apprentissages scolaires, pour des raisons qui, chacun le sait, n'ont souvent rien à voir avec l'intelligence, ni même, parfois, avec le fameux Quotient Intellectuel (QI). Car quand on parle d'intelligence, en sous-entendant « aptitude aux apprentissages scolaires », ne réduit-on pas à une seule dimension des habiletés diverses ? Cette posture n'a-t-elle pas des conséquences catastrophiques ? Ne vaudrait-il pas mieux parler d'intelligences, au pluriel ? C'est ce que montrent les travaux de nombreux chercheurs, dont beaucoup sont d'ailleurs nord-américains. Si on en croit des recherches menées au cours de la dernière décennie, l'intelligence émotionnelle, par exemple, représente un atout non négligeable au service de la réussite, tant dans les domaines scolaire ou professionnel qu'au niveau personnel. Selon certains chercheurs, le Quotient Émotionnel (QE) qui donne une mesure de ces facultés, serait plus à même de rendre compte des potentialités d'un individu que le Quotient Intellectuel. C'est la thèse que défend Daniel Goleman[77].

Aux États-Unis, Howard Gardner a mis en évidence la notion d'intelligences multiples. Il en dénombre sept, parmi lesquelles il distingue l'intelligence logico-mathématique et l'intelligence linguistique ou verbale, celles qui sont valorisées à l'école, et d'autres, qui le sont beaucoup moins, comme l'intelligence musicale, l'intelligence kinesthésique ou spatiale, les intelligences intra et interpersonnelles[78], ces deux dernières formes correspondant en gros à l'intelligence émotionnelle de Goleman.

Au Québec, Sonia Fournier a repris cette théorie et elle a édité tout un matériel pédagogique à utiliser en classe. Cet ensemble comprend des tableaux qu'elle a peints, et qui représentent chacun une des formes d'intelligence qu'elle reprend en s'inspirant des travaux de Gardner[79].

Cet aspect lacunaire de l'enseignement, qui laisse de côté des pans entiers des aptitudes des enfants, a de quoi inquiéter si on le regarde avec le souci du développement de l'estime de soi. Les élèves déclarés « en échec » n'éprouvent souvent des difficultés que dans une ou deux des formes d'intelligence citées en premier ci-dessus. J'en veux pour preuve tous ces enfants, dans mon école de ZEP, qui brillent dans les discussions philosophiques par leurs prises de parole pondérées et pertinentes, alors que leur manque d'aisance en mathématiques ou en français en font des abonnés des systèmes d'aide et de soutien mis en place sur le temps scolaire ou en dehors de celui-ci ; ou cette fillette d'un CM2 d'une école voisine, également située en ZEP, et où je suis intervenu plusieurs fois au cours de l'année scolaire précédant celle qui est relatée dans ce journal. Mon rôle s'y limitait bien entendu à animer des discussions philosophiques, et je n'avais donc aucun contact avec ces enfants en dehors de ce cadre. Une importante proportion des élèves de cette classe se montrait tout à fait à l'aise, au point que j'avais pu très rapidement m'effacer. Or l'une d'entre eux était particulièrement attentive, suivait les débats, y participait à bon escient et de façon pertinente, avec un niveau de langage que j'estimais tout à fait satisfaisant.

À mes yeux, elle était une « bonne élève ». Quelle n'a pas été ma surprise d'apprendre, en toute fin d'année, que cette élève était, en fait, en difficulté scolaire, et qu'elle avait été orientée en SEGPA[80], au lieu d'être admise en classe de sixième ordinaire !

Je vois dans ces bonnes surprises, qui sont une constante quand on démarre les discussions philosophiques avec une classe, au moins deux effets induits bénéfiques quant au développement de l'estime de soi.

Le premier de ceux-ci, c'est que des enfants habitués à l'échec, si tant est qu'on puisse s'y habituer, trouvent un domaine où ils se sentent à l'aise, et où, par ailleurs, tout jugement est banni. Le deuxième intérêt, c'est que les enseignants de ces classes considèrent ces élèves sous un nouveau jour, avec un œil neuf, ce qui aura une incidence positive sur leur comportement ; ce qui, par contrecoup, entraînera une restauration plus complète, un développement supplémentaire de l'estime de soi pour les enfants concernés. C'est un effet qui était d'ailleurs inattendu. Je n'imaginais pas que les hiérarchies habituelles entre enfants pourraient être ainsi bouleversées par ces pratiques. Car, bien souvent – mais pas toujours, bien sûr –, les « bons » élèves se montrent déstabilisés par nos discussions. Je parle de ceux qui sont habitués aux questions univoques dont ils ont appris une réponse qu'il leur suffit de régurgiter. Ils sont généralement attentifs, déclarent qu'ils apprécient ces moments de discussion philosophique, mais y parlent peu…

L'école, donc, dans sa forme actuelle, néglige grandement l'estime de soi – quand elle ne la détruit pas purement et simplement -, en portant de façon quasi constante des jugements définitifs sur une petite partie des aptitudes des enfants, dont elle sous-entend qu'elles constituent la totalité de leurs potentialités intellectuelles. Cette tare atteint des sommets dans l'organisation des sacro-saints examens, dont Raoul Vaneigem parle en ces termes : « L'expression "mettre en examen", c'est-à-dire procéder, en matière criminelle, à l'interrogatoire d'un suspect et à l'exposition des charges, évoque bien la connotation judiciaire que revêt l'épreuve écrite et orale infligée aux étudiants ». Il ajoute que « c'est un effet de la volonté de puissance, non de la volonté de vivre, que de prétendre par un jugement décider du sort d'autrui. Juger empêche de comprendre pour corriger. Le comportement de ces juges, eux-mêmes apeurés par la crainte d'être jugés, détourne des qualités indispensables l'élève engagé dans sa longue marche vers l'autonomie »[81].

Là où Raoul Vaneigem affirme, je ne fais que poser l'hypothèse : les pédagogies strictement frontales avec leur cortège d'évaluations et d'examens, cachent-elles un certain désir du maître d'avoir le dernier mot, de garder le contrôle, le pouvoir ? Cette volonté est-elle toujours présente, ou le comportement de certains enseignants n'est-il pas plutôt le fruit d'une longue tradition, qu'on ne songe pas à remettre en cause, à l'image de ces nombreux parents qui font baptiser leurs enfants à l'église, alors qu'eux-mêmes ne sont pas pratiquants, ni même croyants ? Ne peut-on voir la répercussion sur leurs élèves de ce que ces enseignants subissent de la part de leur hiérarchie, comme l'analyse Raoul Vaneigem ?

Loin d'être univoques, cette conception de l'enseignement, ces façons de procéder sont probablement susceptibles de plusieurs interprétations. Mais il m'est néanmoins arrivé de rester pantois devant la réaction de certains collègues face à la proposition de pratiquer les discussions philosophiques dans leurs classes. Un jour, je venais de terminer une intervention dans une classe de CE1, quand l'enseignante avec qui je discutais demanda à un de ses collègues s'il ne souhaitait pas se lancer à son tour, avec mon aide éventuelle. Mais celui-ci répondit qu'il avait « de la géographie à corriger ». C'est-à-dire, c'est du moins ce que je compris à cette réponse laconique, qu'il ne fallait pas perdre de temps avec ce genre de billevesées, que lui-même avait des choses importantes à faire, un programme à boucler, des jugements à émettre, des notes à rendre etc. Or, j'eus l'occasion de constater sur pièces que l'enseignant en question faisait précisément porter les contrôles[82] imposés aux élèves, au moins pour partie, sur des notions complètement étrangères au programme de l'école élémentaire…

« Contre la division des tâches en maître-qui-sait-et-qui-montre et esclave-qui-ignore-et-regarde, la subversion a consisté à donner au spectateur un rôle créateur » dit Michel Onfray, en parlant des situationnistes[83]. Cette façon d'envisager l'œuvre d'art me rappelle cette phrase de Nietzsche, déjà citée : « Le bon maître, est celui qui apprend à ce qu'on se déprenne de lui.[84] » Cette conception de l'éducation me paraît être aux antipodes d'un certain nombre de pratiques pédagogiques. Car beaucoup d'entre elles ne procèdent-elles pas, pour une large part, de la scolastique médiévale, qui prétendait séparer les idées du monde réel et offrait un modèle que l'école de la République, laïque, n'a pas su, ou voulu, remettre en cause ? Rompant avec ce passé aux intentions douteuses, il importe, me semble-t-il, de proposer aux enfants des démarches réellement émancipatrices, en ce sens qu'elles proscrivent absolument tout jugement sur les personnes, et limitent ceux portés sur les idées et les paroles au produit de la recherche commune. Les discussions philosophiques s'inscrivent, parmi d'autres démarches, dans ce cadre.

En ce sens, elles sont bien plus proches de la création artistique que bien des cours de musique dispensés dans les conservatoires, dont le modèle d'enseignement, purement platonicien, s'est propagé vers les écoles de musique, publiques et privées, qui n'ont certes pas (ou ne devraient pas avoir…) les mêmes finalités élitistes, et même vers l'école publique. Ce qu'illustre bien cette anecdote : je discutais un jour avec un brave commerçant qui regrettait que sa fille ait « arrêté le piano » après dix ans de cours. Au fil des échanges, je compris que ce qu'elle avait arrêté, justement, c'était précisément les cours. Mais arrête-t-on d'être musicien, artiste, parce que l'on cesse de prendre des cours ? La qualité d'artiste ne s'acquiert-elle qu'au contact d'un maître, pour s'évanouir dès que ce maître disparaît ? Dans ce cas précis, de deux choses l'une. Ou bien la jeune fille en question va complètement renoncer à sa pratique musicale, et on peut se demander à quoi auront servi ces dix ans de cours, s'ils n'ont pas répondu à une envie, s'ils ne l'ont pas suscitée, entretenue ou, pire, s'ils l'ont éteinte. Ou bien elle va continuer, reprendre un jour ou l'autre et, alors, pour moi, elle ne deviendra réellement musicienne qu'à ce moment. Le cours, le temps de formation n'est qu'une préparation, pas une fin en soi. Que penser d'un professeur de philosophie qui affirmerait que ses élèves ne philosophent que pendant leur année de terminale ? Qu'une fois ces cours dispensés, et puisque le maître n'est plus là, ils arrêtent la philosophie ?

De même, la finalité des ateliers de discussion que j'anime n'est pas tant que les enfants y philosophent. Ils ne sont qu'un moyen pour qu'ils gardent le goût de le faire. En ce sens, il n'y a pas lieu de se féliciter de la réussite de telle ou telle discussion (d'ailleurs, quels seraient les critères permettant de distinguer une discussion réussie d'une autre qui ne le serait pas ?), ou de l'avancée de tel ou tel groupe. Seuls comptent les comportements induits en dehors de tout dispositif contraint, dans l'institution ou, surtout, en dehors de celle-ci. Et j'entends par comportement la capacité à penser par soi-même, à exercer sa faculté de jugement, pour prendre sa vie en main et s'approcher, autant que faire se peut, de l'absence de trouble, l'ataraxie des philosophes antiques.

En ce sens, il faut peut-être même savoir renoncer à cette activité en classe quand elle ne correspond manifestement plus à un désir collectif comme cela m'est arrivé – une fois. Peut-on contraindre à penser, à parler ? Peut-on contraindre à la liberté ?

Jouer d'un instrument de musique peut être un vrai bonheur – je suis moi-même musicien amateur, autodidacte et parfaitement heureux de l'être. Le fait de prendre des cours de musique peut être source des mêmes joies, à condition me semble-t-il qu'ils soient donnés dans la même perspective : plaisir d'être ensemble pour apprendre des choses nouvelles qui serviront plus tard, ailleurs... Sans cette volonté, ces cours risquent de devenir, pour nombre de jeunes musiciens, quelque chose qui s'apparenterait à une corvée.

Pour moi, donc, la discussion philosophique est une œuvre d'art en soi, car elle est non seulement la création collective et jubilatoire d'une pensée, mais aussi un outil permettant à chacun d'être l'artiste de sa propre vie.

Certes l'analogie n'est pas parfaite – une analogie peut-elle l'être ? Le nihilisme ou l'anarchisme intransigeant de certains des mouvements que j'ai mentionnés ici les ont conduits dans l'impasse. Ces excès ne peuvent à mon sens être repris dans nos démarches. Mais le ton est donné. Un ton où dominent l'ironie, l'humour, le rire, la jubilation de penser ensemble. Un ton caractérisé, aussi, par un certain goût pour la provocation et par l'envie de traverser la vie sourire aux lèvres.

La cueillette des questions, suite

Un des aspects fondamentaux de cette étape du dispositif, c'est le travail sur les présupposés. Envisageons deux questions : « Pourquoi l'argent est-il si important ? » et « À quoi l'argent sert-il ? ». À l'évidence, la première comporte un présupposé fort, à savoir que l'argent est important, l'interrogation portant sur le degré de cette importance, et sur les raisons qui la justifient. La seconde, en revanche, pose la question de l'utilité de l'argent, sans postuler cette utilité comme un *a priori*. Il me semble que la capacité à dégager de tels présupposés doit être une visée pour les enfants qui participent à nos discussions. Toute la difficulté consiste à ce que ce soient les enfants eux-mêmes qui prennent conscience de la présence de ces présupposés, et qu'ils proposent eux-mêmes, s'ils le souhaitent, des formulations qui les désamorcent. Car il ne s'agit pas tant de produire systématiquement un discours – des questions, en l'occurrence – qui ne comporteraient pas de présupposés, mais bien d'utiliser ceux-ci volontairement, à bon escient et en toute conscience. D'où l'intérêt, encore, de cette phase de questionnement, toute entière traversée par un regard méta-linguistique sur un nombre relativement restreint d'énoncés, ce qui favorise l'analyse de chacun d'eux. Un tel travail est beaucoup plus difficile à réaliser dans le feu d'une discussion : les paroles dites ne sont pas écrites, sont nombreuses, quelquefois émises de façon hésitante… tout autant de facteurs qui rendent leur analyse moins aisée. À vrai dire, quand c'est l'animateur ou un seul enfant qui apporte une question toute faite, armée de pied en cap comme Minerve sortant de la cuisse de Jupiter, et quand cette question est adoptée sans aucun regard critique sur la façon dont elle s'énonce, je ne vois pas bien à quel moment peut s'effectuer ce travail.

Car savoir manier le présupposé apparaît comme une habileté fondamentale, si nous nous plaçons dans une perspective rhétorique, voire sophiste, de maîtrise de la langue ou, pour le dire dans des termes répondant mieux à l'air du temps, si nous avons des finalités d'éducation citoyenne. C'est non seulement un outil qu'il peut être intéressant d'avoir à sa disposition en tant que locuteur, mais c'est précisément parce qu'on en dispose ainsi qu'on peut mieux percer à jour ceux qui en font un usage immodéré, politiques, publicitaires, démagogues et journalistes de tout poil.

Ainsi, d'une phrase comme celle qui suit, maintes fois entendue dans scs diverses déclinaisons : « Le moral des Français est au beau fixe, puisque la consommation des ménages a encore augmenté au cours du dernier semestre, entraînant derrière elle une croissance en hausse de 2,5 % sur l'ensemble de l'année, et permettant la création de 1 500 emplois. » On voit que les présupposées y sont légion : le moral de la population d'un pays est présenté comme intimement lié à la consommation, et plus spécifiquement à une consommation en hausse ; la croissance elle-même apparaît comme un phénomène à rechercher à tout prix et dont dépendrait le bien-être, presque le bonheur, de millions de personnes ; enfin, l'emploi semble être une valeur aussi universelle qu'incontestable, lié à la consommation, et au bonheur. Le travail rendrait-il vraiment libre, en fin de compte ? Libre de consommer à tout le moins ?

Il n'est pas dans l'intention de cet ouvrage de discuter le bien fondé de telle ou telle de ces assertions, même si j'envisage de développer une soif d'être, plus que d'avoir. Mais ce qui m'importe surtout, c'est que les enfants qui participent aux discussions philosophiques que j'anime, que j'ai en charge, pour être plus précis, que ces enfants deviennent à terme des adultes, des majeurs intellectuels pour le dire comme Emmanuel Kant, capables de voir ce que ce type de déclaration cache. Libres à eux, alors, de porter un jugement sur le sens premier du discours, sur ses sens cachés, et sur ceux qui profèrent de tels énoncés. Cette liberté-là, à mon sens, n'est pas factice, parce qu'elle ne contient aucune supercherie, aucune duperie.

Ce n'est pas chose aisée que de prendre conscience que des discours peuvent ainsi être inducteurs, que les mots disent parfois bien plus qu'il n'y paraît. Ceci requiert du temps. Là encore, je pense que ce n'est pas à l'adulte de crier gare, de dire que telle question est piégée, ou d'indiquer où se trouve la chausse-trappe. Ni de le faire dire par un enfant, en sortant un quelconque lapin pédagogique de son chapeau. D'une part parce que l'animateur reprendrait ainsi sa position de surplomb, que je compte éviter le plus possible, on l'aura compris. D'autre part parce que cela me paraît tout bonnement inefficace.

Il vaut mieux à mon sens conserver une attitude ouverte, demander à chaque fois qu'une question est proposée si elle convient, si on peut l'écrire telle quelle. Avec le temps, grâce aussi au travail de discussion sur les questions retenues au cours du deuxième temps de la démarche, l'analyse se fait plus fine, les présupposés sont plus aisément débusqués. Petit à petit, les enfants arrivent à voir qu'une question comme « Pourquoi Dieu tolère-t-il le mal ? » présuppose l'existence de Dieu, ce qui n'est pas le cas de « Dieu existe-t-il ? ».

Lors d'une séance de questionnement, dans un CM2 de l'école où j'exerce, quelqu'un a proposé la question « Pourquoi ne peut-on jamais faire ce qu'on veut ? » Aussitôt, un autre enfant a dit que cette question n'allait pas, parce qu'il y a des moments où on peut faire ce qu'on veut. J'ai alors sollicité le groupe pour qu'il amende la question, et que cette difficulté soit levée. Plus précisément, j'ai demandé si la question ainsi écrite comportait un mot ou une expression particulière qui posait ce problème. À l'évidence, c'est le mot « jamais ». Sur proposition d'un enfant, la question est donc devenue « Pourquoi ne peut-on pas toujours faire ce qu'on veut ? » Ce qui, dans ce cas précis, montre bien que les mots « toujours » et « jamais », habituellement présentés comme des contraires, peuvent ne pas l'être selon la façon dont ils sont employés. Il y a là une initiation aux subtilités de la langue qui m'apparaît bien plus importante que la maîtrise de règles d'orthographe et de grammaire qui ne sont que conventions, mécanismes, à la portée du premier ordinateur venu.

Car une machine peut lire, écrire sans erreur d'orthographe, compter avec une précision et une vitesse redoutable. Mais pense-t-elle ? Peut-elle opérer des choix de vie, pour elle-même et ses congénères ? Est-elle à même de développer sa capacité de jugement ? A-t-elle conscience d'elle-même ? A-t-elle des aspirations au bonheur ? Peut-elle même discourir sur un tel concept ? Peut-elle devenir artiste, en faisant de façon autonome les choix esthétiques que cela suppose ? Non, à l'évidence. Et seuls de très rares animaux, dits supérieurs, peuvent approcher certaines de ces aptitudes. Qui deviennent, de fait, spécifiquement humaines. Qu'il s'agirait, osons l'affirmer, de placer au centre de nos préoccupations éducatives. Mieux vaut, à mon sens, penser sans savoir lire que le contraire. L'idéal étant, bien sûr, de permettre à nos enfants de développer ces deux habiletés. Mais les hiérarchies sont claires. Apprendre à penser devient une priorité, la priorité. Tous les autres apprentissages doivent, me semble-t-il, être réorientés dans cette perspective. La philosophie, en ce sens, ne doit, ne peut être instrumentalisée pour servir des objectifs plus scolaires (apprendre à compter, résoudre des problèmes, améliorer ses capacités en lecture etc.). C'est bien de l'inverse qu'il s'agit. Tous ces apprentissages ont pour but de penser le monde, de l'appréhender dans toute sa complexité. Le comprendre, y être présent pour ne pas le subir, pour faire des choix conscients, pour « développer sa capacité de jugement »[85]. Sans prétendre être une panacée, un remède définitif, nos démarches placent ces préoccupations au cœur de leurs finalités. Ce qu'atteste la forme même qu'elles prennent. Car, en alternant les phases de réflexion individuelle, de retour sur soi, et les temps de discussion collective en communauté de recherche, elles tentent de développer, en un mot, ce qu'il y a de plus humain en l'homme : « L'humain, dit Michel Onfray[86], se manifeste dans la relation, la liaison, le lien : avec le réel, son intimité, son Je, avec les autres. [...] Un être humain cesse d'être un humain dès qu'il ne sait plus à quoi ressemble le monde, à quoi il ressemble et à quoi ressemble une relation avec l'un de ses semblables. »

Ce jour-là, les enfants avaient donc proposé, revenons-y, « Pourquoi ne peut-on jamais faire ce qu'on veut ? » qui était devenu « Pourquoi ne peut-on pas toujours faire ce qu'on veut ? ». Je leur ai demandé pourquoi la question s'était d'abord exprimée de cette manière, pourquoi elle contenait un tel présupposé. [87] « On n'a pas assez réfléchi ! » a dit quelqu'un. Et là encore, plutôt que d'être dans la peau du maître qui enjoint aux élèves de réfléchir, j'aime mieux cette attitude où la nécessité de la réflexion apparaît d'elle-même… Une anecdote, rapportée à la fin du présent chapitre, montrera s'il en était besoin à quel point cette attitude injonctive est ancrée chez beaucoup d'adultes, même dans des cadres où l'on ne s'y attendrait pas !

En posant cette question sur le présupposé, j'escomptais une réponse qui n'est pas venue, évoquant une impression de n'être jamais libre. Si cette impression s'était exprimée, j'aurais pu amorcer un nouveau développement, pour savoir si elle était partagée par tous et si, alors, il y avait lieu de modifier à nouveau l'énoncé de la question, ou d'en proposer une autre, etc.

Car il m'importe aussi de montrer que ce qui est inscrit au tableau ne l'est pas dans le marbre. L'écrit apposé sur le sacro-saint tableau noir, même magnifié par l'écriture experte du maître, prend ainsi une valeur toute relative, puisqu'il peut à tout moment être remis en cause. Le maître, l'adulte quand il parle, quand il écrit, et même quand il écrit au tableau, ne détient pas la vérité…

Ce jour-là…

Au cours des précédentes séances, dans le cadre de ce dispositif que je souhaite évolutif, nous sommes arrivés à la décision suivante : à chaque séance, on utilisera un support, que ce soit un objet apporté par un des participants ou, à défaut, la suite du roman de Lipman ; les questions proposées ensuite pourront être soit inspirées par l'objet ou le texte, soit être des questions « libres ».

Ce jour-là, comme d'habitude, les enfants avaient apporté chacun un petit goûter : bonbons, barres chocolatées, boissons. Mais Julien n'avait rien, et il a donc décidé d'aller au distributeur proche. À la suite d'une erreur dans le numéro tapé, au lieu des biscuits attendus, il revint avec un paquet de bonbons à la fraise d'un rose aussi fluorescent que produit sans aucun doute par des colorants artificiels, au goût improbable, qu'il nous proposa généreusement de partager avec lui.

Me souvenant d'une discussion avec Michel, je suggérai que nous partions de cette « dégustation » pour poser des questions. Enthousiasme mitigé des enfants, dont l'un proposa de s'inspirer plutôt de la canette de Coca-Cola qui trônait sur la table, ce que les autres participants acceptèrent.

Comme nous n'oubliions pas que nous avions rendez-vous vers 19h45, dans l'amphithéâtre, avec Michel, pour lui poser une question à laquelle il répondrait devant son public, il nous fallait raccourcir les premiers temps de notre atelier. Nous convînmes donc d'abandonner le texte, au moins pour cette fois, les questions libres étant encore admises.

Le corpus de questions fut donc arrêté comme suit :

Questions proposées à partir de la canette de soda :

1. Pourquoi certaines personnes veulent-elles acheter des objets de marque ?
2. Pourquoi certaines personnes ne pensent-elles qu'à elles ?

3. La mondialisation est-elle néfaste pour notre vie quotidienne ?

4. Pourquoi l'humanité n'est-elle pas capable de se mettre d'accord ?

5. Pourrions-nous nous passer de cette mondialisation ?

Questions sans support :

6. Pourquoi certaines personnes ont-elles peur de la mort ?

7. Pourquoi certaines personnes sont-elles mesquines ?

8. Le hasard est-il une invention humaine ?

9. Pourquoi certaines personnes veulent-elles se venger ?

10. Qu'est-ce que la superstition ?

11. Quel est le sens le plus important ?

12. Que pensent les animaux ?

C'est la question « Qu'est-ce que la superstition ? » qui fut retenue.

Pour lancer la discussion, Olivier dit qu'il estimait qu'un rapprochement est à faire entre la superstition et la religion. Puisqu'on dit « Ça porte malheur » c'est qu'on trouve qu'il y a une différence entre le mal et le bien. Mais avec quel type de religion peut-on faire le parallèle ? Une vague croyance en quelque chose ou une religion établie ? Ce qui revient à se demander si les personnes superstitieuses sont croyantes.

Nous nous sommes alors demandés quels types de personnes sont superstitieux. Plusieurs réponses ont été apportées : les personnes les plus pauvres, les personnes timides, celles qui se cachent, qui ne sont pas bien dans leur peau, comme celles qui se maquillent énormément pour se cacher ; on a aussi parlé aussi de celles qui ont des problèmes physiques. Pour plusieurs, il a semblé que quand on a été habitué depuis son enfance à la superstition, on se laisse plus facilement avoir par elle.

Revenant sur quelques-uns des profils évoqués, nous avons insisté sur le cas des pauvres. Pourquoi seraient-ils superstitieux ? Les pauvres n'ont pas beaucoup de chance, donc la superstition pourrait être un facteur d'espoir de s'en sortir. Mais puisqu'ils sont pauvres, dit quelqu'un, ils ne peuvent pas acheter de porte-bonheur ! C'est oublier qu'au temps des Grecs, il y avait des oracles qui interprétaient le vol des oiseaux, le vent.... La superstition n'est donc pas nécessairement liée à l'achat d'un objet. On peut aussi trouver un trèfle à quatre feuilles, ou récupérer des magazines avec horoscopes. L'argent n'est pas un problème, dans cette situation. Cependant, si on pense que les gens les plus pauvres sont dans les villes, qu'ils vivent dans les rues, ils auront du mal à trouver un trèfle...

Il y a, semble-t-il, beaucoup d'inconvénients à être superstitieux. De nombreux signes peuplent notre vie quotidienne, ce n'est pas une bonne chose pour notre sérénité que d'être toujours à l'affût de ceux-ci, et de s'inquiéter pour l'avenir. Mais, à l'inverse, on peut aussi être rassuré : si on traverse une mauvaise passe, on achète une patte de lapin, et le simple fait de croire en son pouvoir de porte-bonheur peut aider à s'en sortir.

Le cas de l'horoscope retint notre attention, car si on prédit dans l'horoscope que la journée va être très mauvaise, ça risque d'inciter à tout voir en noir. À cela, quelqu'un répondit que les horoscopes ne prédisent jamais rien de mal… parce que ça nuirait à leur business. D'ailleurs, est-ce que c'est vrai un horoscope ? Leurs phrases sont tellement générales qu'on peut tous les interpréter de façon différente. Les personnes croient que ça marche, et continuent à l'acheter… Il y a des gens qui « font un fric fou » avec ça.

Anne-Lise demanda si l'un des participants s'estimait superstitieux. Tous répondirent par la négative. Comme dans le cas de la religion, évoqué dans la discussion du 6 janvier, cette situation fut jugée embarrassante, car personne alors ne pouvait argumenter en faveur de la superstition.

Est-ce de la superstition que d'interpréter le vol d'un oiseau ? Dans le même ordre d'idée, Olivier nous dit que parfois, certaines choses se produisent qui le font espérer qu'un élément positif va survenir, qu'il va avoir une bonne note etc. Est-ce de la superstition ? Ce serait plutôt des rapprochements qu'il fait entre différents événements. Mais nous ne pûmes guère aller plus loin, car il ne se souvint pas d'un exemple précis de ce type de mise en relation.

Anne-Lise nous parla alors d'une de ses copines qui fait une croix sur le pain avant de le couper. À son avis, c'est de la superstition ! Olivier n'était pas d'accord. Ne serait-ce pas plutôt une pratique en rapport avec la religion ? Mais on pourrait ranger dans cette même catégorie les images pieuses qu'on trouve parfois à l'entrée des maisons, qui demandent à tel saint ou sainte de protéger ses occupants… Est-ce la même chose que de croire au pouvoir des fers à cheval ? Julien pense que non. Pour lui, c'est plutôt de la religion. Léa pense que cette croix sur le pain pourrait être la survivance d'un temps où on faisait des marques d'appartenance sur la nourriture. Peut-être aussi que les gens qui continuent à le faire maintenant l'ont vu faire quand ils étaient jeunes, et qu'ils poursuivent cette pratique, vidée de son sens, sans être capables de la remettre en cause. Julien avança que c'est peut-être un choix, que les parents qui ont transmis cette habitude sont croyants et aimeraient bien que leurs enfants le soient. Pour Olivier, ce qui est dommage, c'est de ne pas être capable de s'en défaire, de voir qu'on a évolué…

Précisément, cette transmission des modes de pensée des parents aux enfants est-elle une bonne ou une mauvaise chose ? Et si c'est une mauvaise chose, comment agir pour s'en défaire ? C'est une mauvaise chose, dirent plusieurs, car les enfants voudront peut-être faire leurs propres choix. Mais la réflexion sur ce sujet peut être différente selon qu'on envisage que cette transmission intervienne dès le plus jeune âge des enfants, ou plus tard. Pour tous, c'est une mauvaise chose, dans le cas où cet embrigadement commencerait dès le plus jeune âge, car alors les parents ne laissent pas le choix aux enfants. Mais ceux-ci pourront sans doute, à partir d'un certain âge, se faire leur propre idée. Si c'est le cas, à quel âge cela pourrait-il se produire ? vers 14-15 ans ? Mais il semble pourtant que pas mal de personnes maintenant âgées sont restées dans l'idéologie de leurs parents !

La question de la digression fut à nouveau posée : étions-nous encore en train de débattre de la question du jour ?

Le groupe se montra divisé : le désaccord persista entre ceux qui pensaient que nous en vivions une et les autres…

En fin de séance, plusieurs thèmes ont été proposés, suite à cette discussion, comme pouvant éventuellement en constituer un approfondissement, ou un prolongement :

– La religion.

– La transmission parent/enfant.

***

L'heure était venue de monter à l'amphithéâtre, pour poser une question à Michel. Ce fut, à nouveau, celle qui, mis à part la question du jour avait recueilli le plus de voix, à savoir : « Pourquoi certaines personnes veulent-elles acheter des objets de marque ? » Après qu'un des enfants l'eût énoncée dans le micro, Michel demanda si quelqu'un dans la salle voulait répondre. Une dame prit la parole. Elle se lança dans une explication que je n'ai pas retenue, mais termina sa démonstration par une adresse en direction des enfants : « Vous devriez réfléchir à cela », dit-elle. Ce que les enfants reçurent mal ; ce que, moi, je ne me permettrais jamais…

Oui, la route est encore longue pour que les enfants soient considérés comme des êtres à part entière, capables de penser par eux-mêmes. En retournant vers nos voitures, alors que le public se dispersait, Michel, avec qui nous échangions quelques mots, nous dit qu'il ne donnerait plus la parole au public après la question des enfants…

Le 24 février

Le plaisir comme motivation

Ma fonction de « personne ressource » auprès du rectorat de Caen m'a été confiée en septembre 2002, à l'époque même où j'ai rencontré Michel pour la première fois et où nous avons convenu ensemble qu'il y aurait un atelier de discussion philosophique pour enfants au sein de l'Université populaire, et que je l'animerais. L'année scolaire relatée dans le présent ouvrage est la deuxième où j'exerce cette fonction au sein de l'Éducation nationale et, à l'heure où j'écris ces lignes, il m'est encore impossible de savoir si ce sera la dernière, ce qui semble probable, ou bien si je serai autorisé à poursuivre cette action pendant une ou plusieurs autres années scolaires. Ce qui, soit dit en passant, n'est pas vraiment une incitation à planifier des actions à long terme.

Ma tâche, dans l'équipe du rectorat, consiste entre autres à sensibiliser de nouveaux enseignants à ces pratiques. Une des modalités de ce travail est l'animation, devant les collègues intéressés, de quelques séances de discussion philosophique. Je choisis volontairement de procéder ainsi, plutôt que de reproduire la fonction d'inspecteur, de m'installer au fond de la classe, d'assister à une séance et d'émettre ensuite un jugement. Même si on sait qu'outre les inspecteurs, nombre de personnels censés participer à la formation initiale ou continue des enseignants – ce qui, d'ailleurs, est aussi au moins partiellement la mission des inspecteurs proprement dits – adoptent la même attitude de surplomb. C'est le cas de beaucoup de conseillers, de maîtres formateurs – pas de tous, heureusement… Je préfère donc prendre le risque de me soumettre à la critique, ce qui n'est pas toujours chose facile, et pratiquer devant les collègues qui font appel à moi et sont bien souvent des débutants absolus dans ce type de démarche. J'insiste bien pour leur dire alors que ce que je fais n'a aucune intention modélisante, comme je l'ai déjà indiqué au début de cet ouvrage, et qu'il leur appartient de diversifier leurs sources d'information pour mettre au point leur propre démarche, en s'inspirant plus ou moins – ou pas du tout – de la mienne.

Or, quelqu'un m'a dit un jour : « Pourquoi aller pratiquer devant des collègues ? Pour leur faire plaisir ? » Cette remarque, associée à la lecture des livres de Michel, m'a poussé à développer ma réflexion sur la place du plaisir comme moteur de nos actions, d'une façon générale.

Pourquoi donc fait-on ce qu'on n'est pas obligé de faire ? pour l'honneur ? par sens du devoir ? par civisme ? par altruisme ? parce qu'on a la certitude d'être indispensable ? ou irremplaçable ? parce qu'on est sûr de détenir la vérité ? Le plaisir, et l'évitement du déplaisir, m'apparaissent à moi comme fondamentaux. D'ailleurs ne sont-ils pas des fins assignées à bien des systèmes philosophiques, en particulier les sagesses antiques, présentées par Pierre Hadot, à bien des égards, comme des thérapeutiques[88] ? Plus particulièrement, comme dit François Busnel, « L'épicurisme se propose de nous délivrer de l'angoisse, de nous mettre à l'abri du danger et de la souffrance »[89]. D'autres grands systèmes philosophiques, ou philosophico-religieux, comme le bouddhisme, ont les mêmes intentions. À l'inverse, le mépris du plaisir, son côté presque tabou, sont à n'en pas douter issus de la formidable prégnance en Occident de la pensée chrétienne, de sa « haine du monde, [...] des passions, des plaisirs », comme le dit Michel Onfray[90]. C'est aussi pourquoi je pense qu'il est temps d'oser considérer le plaisir comme une motivation centrale, y compris, et peut-être surtout, dans l'éducation. Et même dans la formation de formateurs. Ne serait-ce que pour tenter d'en finir avec ce carcan judéo-chrétien, et, par là, pour faire progresser la laïcité, voire, ensuite, la dépasser...

Alors, oui, probablement, les enseignants auprès desquels j'interviens en animant une séance dans leur classe y éprouvent, et moi aussi, un certain plaisir. Plaisir qu'on peut d'ailleurs décliner sous la forme d'un soulagement de voir que « c'est faisable », même pour un enseignant n'ayant pas de formation philosophique universitaire (c'est mon cas...), de voir aussi que les enfants réagissent, dans la grande majorité des cas, de façon positive, et au-delà, qu'ils surprennent, c'est le mot qui revient souvent dans la bouche des enseignants qui voient leur classe dans cette situation pour la première fois, que les enfants surprennent, donc, par la pertinence des questions qu'ils posent, par leur capacité à s'interroger, à s'écouter, à interagir, à tenir, osons cet autre « gros » mot, des propos philosophiques. Car, comme le dit justement André Comte-Sponville : « la philosophie n'appartient à personne. Qu'elle demande des efforts, du travail, de la réflexion, c'est une évidence. Mais elle ne vaut que par le plaisir qu'elle offre : celui de penser mieux, pour vivre mieux.[91] »

La toute première satisfaction que je retire de ma participation à l'Université populaire est sans conteste ce plaisir pris à philosopher avec des enfants, ou tenter de le faire. Une de mes autres satisfactions, l'un des intérêts induits de la chose, c'est que j'y rencontre des enseignants, qui viennent me voir, assistent éventuellement à l'atelier, et me demandent parfois ensuite de venir dans leur classe. De telles rencontres sont aussi permises par ricochet, puisque l'Université populaire a été l'objet de nombreuses émissions de télévision et de radio, ainsi que d'articles de presse, et qu'elle est présente sur le net grâce à un site web très visité.

Les discussions qui ne manquent pas de suivre mes interventions dans les classes sont par ailleurs un temps fort de mutualisation. Répétons que loin de me présenter comme démonstrateur d'une démarche à appliquer telle quelle, ou comme porteur de vérités définitives, j'explique aux collègues que ce que j'ai fait devant eux n'est qu'une des multiples façons de procéder, et qu'il leur appartient de n'en retenir que ce qui leur convient, et, avec mon aide éventuelle, de se documenter sur les autres types de pratique. Je leur précise aussi que j'évolue moi-même constamment, dans certaines limites que je tente de préciser avec eux, et que je n'anime pas ces séances maintenant de la même façon que je le faisais il y a deux ou trois ans. Ce moment de retour, qui permet un regard critique sur ce que nous venons de vivre, comme d'ailleurs l'animation elle-même, face à un groupe nouveau, dans un contexte différent, est sans nul doute aussi formateur pour moi que pour les enseignants dans les classes desquels j'interviens.

Ces remarques valent aussi pour un grand nombre d'autres situations, formelles ou non, au cours desquelles je suis amené à parler de ma pratique : échanges avec des enseignants en formation initiale ou continue, avec des journalistes, avec des collègues engagés dans un travail universitaire, ou d'autres qu'on rencontre au cours des colloques, pendant les temps formels mais aussi (surtout ?) en marge de ceux-ci, etc.

L'ensemble du travail d'écriture requis par mon poste (rédaction d'articles, mise à jour des sites Internet, échanges par mail, dans le cadre de listes de diffusion ou en dehors), demande le même type d'effort, finalement, que s'exprimer dans une discussion philosophique, et cela a les mêmes effets bénéfiques sur la clarification de la pensée. On écrit toujours pour quelqu'un, et ce quelqu'un, défini précisément, dans le cas des courriels par exemple, ou plus vaguement, dans le cas d'un article, ou d'autres écrits plus longs comme celui-ci, est un auxiliaire précieux de formation. La mutualisation apparaît donc là à nouveau, quoique de façon moins directement perceptible.

Ces précisions montrent, je pense, ce que j'entends par ce terme, qui va bien au-delà du sens assez restrictif de simple échange de pratiques, voire de recettes. Il s'agit bien de rompre avec l'image du professeur dispensateur d'un savoir dont il serait le seul détenteur, et dont il consentirait à offrir une part à un public qu'on suppose, même si c'est à tort, avide de le faire sien. Il importe, me semble-t-il, de cesser de considérer le professeur ou, en l'occurrence, le formateur, comme une sorte de robinet de cuisine qui voudrait remplir, parfois à l'aveuglette, des réceptacles qu'il voit largement ouverts. Non, la vraie mutualisation suppose cette prise de conscience que chacun, tour à tour, peut être maître et élève ; que cette distinction, à la limite, n'a même plus lieu d'être ; que, dans certaines circonstances, le prétendu formateur apprend autant, et même davantage, que ceux qu'il est censé former. Toutes remarques qui convergent avec les propos tenus plus hauts, à propos de l'art…

Cueillette des questions, suite

Je vois un autre intérêt du travail sur les présupposés, travail déjà évoqué dans le chapitre précédent, c'est de permettre une vision plus nuancée du monde, en donnant les outils langagiers et réflexifs pour penser la complexité et, particulièrement, éviter les généralités, les amalgames et les jugements à l'emporte-pièce. Ainsi de cette question proposée par une des participantes de l'atelier du 20 janvier : « Pourquoi les gens veulent-ils se faire du mal ? » Conformément à l'habitude, l'assentiment du groupe a été demandé avant que la question ne soit écrite au tableau. Et, comme je le constate dans beaucoup de groupes qui acquièrent une certaine expérience dans la démarche, la formulation trop générale, qui tendrait à dire implicitement que de telles pulsions sont présentes chez chacun, a été rejetée. Il lui a été préféré « Pourquoi certaines personnes veulent-elles se faire du mal ? », qui ne comporte pas un tel présupposé. Ce qui ne préjuge pas qu'on puisse en fin de compte aboutir à l'idée que ces pulsions sont générales… ce qui d'ailleurs apparaît dans la discussion sur la cruauté de ce 24 février.

L'étude des questions proposées par les enfants ne se limite pas au seul regard porté sur chacune d'entre elles.

Il importe aussi de voir comment les différentes questions résonnent les unes avec les autres, comment l'étude de l'une d'elles peut remettre en cause la formulation d'une autre etc. Relatons, pour illustrer ceci, un échange entre enfants de CM2. Ce jour-là, un élève proposa la question « Pourquoi est-on obligé de lire ? » Un autre déclara préférer « Pourquoi sommes-nous obligés de lire ? » Une discussion s'ensuivit pour savoir ce qui avait changé d'une formulation à l'autre, si elles étaient différentes, en quoi elles le seraient et, en conséquence, pour déterminer laquelle des deux il était souhaitable de retenir. Ensuite, après que plusieurs autres questions ont été écrites au tableau, une élève suggéra celle-ci : « Pourquoi est-on obligé de manger, de dormir ? » Elle fut rejetée par la classe, car la réponse semblait évidente, et relevait du domaine scientifique : si on ne dort pas, si on ne mange pas, on risque d'être malade, de mourir. Mais une remarque fut faite, portant sur la similitude de construction de celle-ci, comparée à la première, qui commencent l'une et l'autre strictement par les mêmes mots : « Pourquoi est-on obligé de… » La seconde ayant été rejetée, cette éviction et les ressemblances entre les deux ne devaient-elles pas nous amener à rejeter également la première ? Bien sûr, le groupe tomba d'accord pour dire que non, dans la mesure où celle-ci n'admettait pas une seule réponse, de nature scientifique, mais qu'il pouvait y avoir débat, désaccords, etc.

Une fois encore, nous voyons que ce moment du questionnement est l'occasion d'étudier de façon attentive des formulations proches, de voir ce qui les distingue éventuellement. Ces études, répétées, permettent d'opérer des choix d'énonciation pertinents et de se doter d'outils performants d'analyse des discours.

Poursuivant l'étude de ce temps de questionnement, je souhaiterais maintenant examiner deux modalités de son fonctionnement utilisées par certains des enseignants utilisant une démarche proche de celle préconisée par Matthew Lipman.

La première de ces modalités veut que chaque participant, chaque enfant propose une question, et une seule. Les raisons qui les poussent à faire pratiquer de la sorte me demeurent obscures. Il s'agirait, si j'ai bien compris, de mettre les enfants en position de faire un choix, de telle manière que la question proposée par chacun soit vraiment très fortement investie. Les élèves qui en proposeraient plusieurs sont donc contraints d'opérer une sélection rigoureuse. Ceux qui n'en auraient aucune doivent impérativement en trouver une, ce qui constituerait pour eux une espèce de stimulant.

On aura compris que, pour faire dans la litote, je ne suis pas un fervent adepte de ce genre de stimulant coercitif. La liberté de parler, inhérente à nos démarches, s'accompagne pour moi de toute évidence de la liberté de se taire – dont d'aucuns devraient d'ailleurs, à mon sens, faire un plus grand usage… De plus, la règle qui veut que parlent en priorité ceux qui ont le moins parlé assortie du temps limité de la séance fait qu'il arrive régulièrement, dans les groupes habitués à la démarche, que les enfants qui ont beaucoup de questions sont amenés à faire des choix. Enfin, je serais tout à fait admiratif de voir un animateur (ou une animatrice) de discussion philosophique appliquer avec succès un tel fonctionnement dans une classe de maternelle, voire en CP. Généralement, et surtout dans les groupes vierges de toute pratique, il faut s'estimer heureux quand le groupe entier parvient, en trente minutes, à produire quatre ou cinq questions. Pourquoi imposer une règle qu'on sait inapplicable ? Par contre, je ne vois aucun inconvénient à solliciter quelqu'un qui ne demande pas la parole. À condition de respecter scrupuleusement sa volonté éventuellement renouvelée de se taire. J'ai vu ainsi des participants relativement passifs, du moins du point de vue de la prise de parole, non pas devenir loquaces, mais se lancer dans une intervention construite et pertinente ; ce qui n'est pas toujours le cas, il faut bien le dire, de ceux qui parlent le plus... Car ne pas intervenir régulièrement dans la discussion ne signifie pas qu'on ne la suit pas, bien au contraire. Je me souviens ainsi d'une élève qui, quand elle était en CM1, prenait la parole très souvent, mais toujours « à côté ». Jamais elle n'était dans le fil de la discussion, elle ne répondait pas à ce qu'on lui demandait etc. L'année suivante, quand elle fut en CM2, ses prises de parole devinrent plus rares, mais beaucoup plus pertinentes...

La seconde des modalités auxquelles je n'adhère pas, c'est celle qui consiste à noter, à la suite de la question écrite au tableau, le nom de l'enfant qui l'a proposée. Cette pratique est très répandue dans la mouvance Lipman – dont je m'éloigne encore en ne l'adoptant pas. Car ceci n'est-il pas contradictoire avec la volonté de construire une communauté de recherche entre pairs ? Chaque question proposée étant soumise à l'approbation du groupe, elle n'est plus celle d'un seul de ses membres, mais celle de tous.

Mieux, elle devient celle de l'ensemble de la communauté de recherche. D'autant que, dans beaucoup de cas, plusieurs enfants ont participé à son élaboration, en en proposant des formulations différentes, en l'amendant du point de vue syntaxique, etc. Le fait d'attribuer chacune des questions à son auteur original, qui n'est souvent que celui ou celle qui a pu la proposer en premier dans le jeu des prises de parole, me semble de nature à trop personnaliser le vote qui suivra. On risque de ne plus voter pour telle question qui paraît intéressante, mais pour l'enfant qui l'a dite. Et demandons-nous quel serait l'impact sur la cohésion du groupe, sur l'estime de soi de ses participants, si certains des enfants voyaient leurs questions régulièrement choisies, ou, au contraire, régulièrement écartées. Tous avatars complètement imprédictibles quand on débute le travail et qu'on en pose les règles. Ces inconvénients que j'estime majeurs me poussent à ne pas proposer cette personnalisation des questions, même en envisageant, en espérant même, que les enfants pourraient souhaiter abandonner cette règle plus tard.

Ce jour-là…

Ce mardi-là, Olivier apporta un bâton d'encens, et l'alluma. Conformément aux décisions prises précédemment, les enfants purent proposer soit des questions inspirées par cet objet, soit d'autres, librement inventées.

Questions proposées à partir du bâton d'encens :

1. Pourquoi certaines personnes fument-elles ? À quoi ça sert de fumer ?
2. Pourquoi le mal nous fait-il parfois rire ?
3. Le mal fait-il partie de l'instinct humain ?
4. À quoi ça sert de faire griller la viande ?

Questions proposées sans support :

5. Qu'est-ce que la mort ?
6. Peut-on rire de tout ?
7. Sommes-nous créateurs de notre bonheur ?
8. Qui nous a créés ?
9. La violence sert-elle à quelque chose ?
10. Le hasard est-il une invention humaine ?
11. Peut-on apprendre à philosopher ?
12. Sommes-nous tous philosophes ?
13. Les professeurs sont-ils des élèves malgré eux ?
14. Par rapport à quoi choisissons-nous notre métier ?
15. Pourquoi le monde paraît-il cruel à certaines personnes ?

C'est la question « Pourquoi le monde paraît-il cruel à certaines personnes ? » qui fut retenue. Celle qui arriva en deuxième, que nous réserverions donc à Michel, fut « Sommes-nous tous philosophes ? »

L'ensemble de cette séance, dans ses différents moments (questionnement, vote, discussion) comme la plupart des précédentes, fut placée sous la présidence d'enfants volontaires. Je me contentais depuis plusieurs semaines de rester assis parmi les discutants, sans proposer de question, sans prendre part au vote, et en n'intervenant que rarement dans la discussion en demandant la parole. Ce qui présentait l'incomparable avantage de me permettre de prendre des notes, en vue de la rédaction de ce que vous tenez entre les mains... Et ce qui permet de prouver que le retrait quasi-absolu est possible, et pas seulement dans un cadre non-institutionnel, comme celui de l'Université populaire, où ne viennent que des enfants volontaires, donc plutôt réceptifs à ce type de pratique, et dont la moyenne d'âge tourne, pour cette année, autour de dix ou onze ans. Car je suis parvenu à un retrait comparable dans plusieurs des classes que j'ai suivies, dans la ZEP caennaise où j'exerce depuis bientôt vingt-cinq ans, dont cinq années consacrées en partie à la discussion philosophique. Pour le moment, je n'ai pu pleinement réaliser cette auto-suppression que dans des classes de cycle trois, avec des enfants de huit ans, au minimum. Mais l'histoire n'est pas achevée...

Revenons à la séance du jour. Les enfants commencèrent par dire que la cruauté c'est négatif, méchant, c'est faire du mal. C'est même faire du mal en faisant exprès, ajouta Maïssane ; et ça se rapproche de la jalousie. Les douleurs infligées peuvent être mentales autant que physiques, mais ce point ne reçut pas l'accord de tous : faire mal, ça ne reste pas dans la tête. Tout le monde sembla cependant d'accord pour dire que c'est quelque chose de réfléchi, qu'il y a une cause. Par exemple, nous dit encore Maïssane, si on vit mal et qu'on veut se déchaîner. Pour Anne-Lise, c'est une façon de se venger. Mais pour d'autres, la vengeance n'entre pas dans la cruauté.

Léa précisa que la cruauté ne s'exerce pas seulement à propos des personnes : on peut aussi être cruel envers un pays, dans les guerres par exemple. Ce qui n'empêche pas qu'il y ait une cause.

La cruauté est-elle innée ? Maïssane affirma que oui, car il y en a qui veulent tout détruire sans raison. Ce qui évoqua un reportage vu récemment montrant un enfant de deux ou trois ans qui semblait vouloir dominer, y compris par la force, l'ensemble de ses camarades de crèche. Le caractère inné de la cruauté aurait pour Virginie la conséquence fâcheuse que, si on naît ainsi, on le sera toujours. Olivier affirma quant à lui que ce caractère n'est pas toujours présent.

Revenant sur l'exemple du petit garçon dans la crèche, Anne-Lise dit que, puisque celui-ci a un tel comportement pour avoir des amis, c'est qu'il y a bien une cause. Pour elle, on ne tenait pas là une preuve du caractère inné du tempérament violent. Olivier, qui avait amené l'exemple, ne se souvint pas qu'il ait dit que le petit garçon cherchait à se faire des amis, mais que son comportement avait pour but de « se faire respecter ». Anne-Lise n'en démordit pas et dit que ceci constitue tout de même une cause.

Virginie estima que la cruauté ressemble à une émotion ou à un instinct. Donc, peut-on dire que ça arrive à tout le monde ou à certaines personnes seulement ? Il semble bien que tout le monde en ait un fond mais que certains ne le font pas ressortir ; mais, à une question de Léa, tous répondirent que ce n'est pas une affaire d'âge : certains enfants sont cruels, mais les guerres sont faites par les adultes.

Je demandai alors si certains des discutants avaient des exemples de cruauté gratuite. Après quelques instants de palabres et de creusement de tête, c'est Virginie qui dit que, quand on prend une mouche et qu'on lui arrache des pattes, on n'a pas de raison. Hélène lui répliqua que, si la mouche nous tourne autour, nous agace, ou si nous sommes effrayés par une araignée, c'est peut-être une raison pour lui faire du mal. À quoi Virginie répondit que ses frères avaient fait subir ce genre de traitement à des insectes alors qu'ils n'en avaient pas peur. C'était juste pour s'amuser… Anne-Lise dit que la cruauté, ou plutôt la conscience qu'on est cruel est peut-être une notion à apprendre. Et que les frères de Virginie ne l'avaient pas intégrée…

Maïssane, conservant son idée que la cruauté peut se passer de cause, dit que les adultes peuvent être cruels par plaisir et Virginie ajouta que, même s'ils n'en ont pas la notion, c'est cruel… Olivier ajouta que les enfants aussi sont cruels par plaisir, qu'ils sont cruels pour s'amuser. Mais que signifierait « ils s'amusent », dans ce cas ? Peut-être que ce sont des gens qui s'ennuient, ou que ce comportement répond à un désir…

Un quart d'heure avant la fin du cours, nous sommes allés ensemble poser une question à Michel, là-haut, dans l'amphi. Ce fut donc « Sommes-nous tous philosophes ? » La réponse fut brève et ne surprendra pas ceux qui connaissent déjà ses écrits : oui, nous naissons philosophes, mais seuls certains le demeurent. Les autres sont « fermés » par l'éducation reçue dans les familles, à l'école ou ailleurs.

Puissent les discussions philo menées avec des enfants, par moi ou d'autres, contribuer à maintenir la flamme allumée.

Cette participation des enfants à l'heure de discussion suivant le cours de Michel fut l'objet de quelques échanges entre lui et moi, ce soir-là et au cours de la semaine qui suivit. Devions-nous maintenir une intervention systématique des enfants, pendant quinze minutes, ce qui monopolisait le quart du temps consacré aux questions par un groupe d'enfants qui représentait à peine deux pour cent de nombre d'adultes présents dans l'amphithéâtre ? Certains commentaires de ceux-ci avaient été plutôt positifs : bonne initiative, moment de fraîcheur, intérêt des questions des enfants et de leurs réponses aux sollicitations de Michel ; mais celui-ci avait aussi entendu d'autres sons de cloche, c'est le cas de le dire : rupture de rythme, moment plaqué, dont on se demande ce qu'il vient faire là, etc.

Nous décidâmes donc, d'un commun accord, de surseoir aux prochaines interventions des enfants dans l'amphi. Nous reprendrions plus tard, éventuellement.

Le 2 mars

Philosophicité des questions

À quelle(s) condition(s) une question peut-elle être dite philosophique ? Toutes le sont-elles ? Ou bien peut-on dire qu'il n'existe pas de questions proprement philosophiques, mais seulement des traitements philosophiques de toute question possible ?

Avant d'examiner cela, posons à nouveau quelques constats qui bornent toute discussion sur ce type de sujet.

Le premier, c'est que, en filigrane, c'est la question d'une définition possible de la philosophie qui apparaît. Comment peut-on savoir si une question est philosophique ou non avant même de savoir réellement ce qu'est la philosophie. Y a-t-il philosophie dès qu'il y a pensée consciente de soi ? pensée tout court ? pensée logique, fondée sur des arguments, étudiant des problèmes, utilisant des concepts ? la philosophie passe-t-elle nécessairement par l'écrit, par la dissertation ou l'étude de textes d'auteurs ? mais, dans ce cas, lesquels choisir (et qui les choisira ?) ?

Le deuxième constat, c'est que ces questions, et bien d'autres du même tonneau, ont autant de réponses que de philosophes diplômés. Et qu'il convient de se demander si ceux-ci sont seuls fondés à s'en emparer, ce que, personnellement, j'aurais tendance à remettre en cause. Car si nos institutions prévoient que, au sein de l'école et singulièrement en terminale et à l'université, les choses doivent se passer de telle ou telle manière, que, donc, l'enseignement de la philosophie à ces niveaux est soumis à l'aval d'un nombre (très) limité de personnes choisies par le pouvoir en place, les prescriptions de ces hiérarques, ou oligarques comme on voudra, ont-elles légitimité à être reçues comme telles par l'ensemble de la population ? Leur définition de la philosophie devient à mon sens caduque dès qu'on franchit les portes du système scolaire, et elle doit être au moins discutée, voire remise en cause en son sein, surtout dès qu'on envisage ce que pourraient être des activités philosophiques menées à l'école primaire ou au collège.

Ceci posé, peut-on dire ce qu'est une question philosophique ? Non, probablement, s'il s'agit de dégager une définition censée faire consensus. À chacun d'apporter ses réponses, en fonction de sa sensibilité, de ses lectures, etc. On peut néanmoins tenter une typologie sommaire des questions envisageables à l'école.

Passons rapidement sur les questions que pose le maître, et dont il connaît les réponses : « Combien font deux plus deux ? À quel groupe de conjugaison le verbe ouïr appartient-il ? Quel est le PIB du Ghana ? Quelles sont les causes de la Première Guerre mondiale ? » Avons-nous, d'ailleurs, affaire ici à des questions ? Car celles-ci perdent de leur statut, de leur essence, dès que celui qui les pose en connaît la réponse. Comment espérer développer une attitude questionnante face au monde en ne posant, à l'école, que des questions ainsi vidées de leur substance ?

Voyons maintenant les questions de type plus ouvert, posées dans le cadre d'une activité proche de celle que cet ouvrage tente de décrire, c'est-à-dire proposées par les enfants eux-mêmes. Il arrive, il peut arriver que des questions factuelles, scientifiques, techniques soient posées par les enfants. Qu'ils proposent donc des questions « susceptibles d'une seule solution (la "bonne") ; d'une réponse factuelle, de connaissance (Qu'est-ce qu'un conseil municipal ?) ; technique (Comment fabrique-t-on un cerf-volant ?) ou scientifique (Comment poussent les plantes ?).[92] »

À nouveau, une des options possibles, que je conseillerais d'explorer au moins de temps à autre quand une telle question est posée, proposée, notée au tableau et choisie – circonstances que je n'ai trouvées réunies que très rarement – c'est de laisser faire. D'organiser la discussion sur une telle question. Et bien sûr, d'être attentif à mettre en place une phase de bilan : « La discussion a-t-elle été satisfaisante ? Pourquoi ? etc. » En espérant que des enfants diront que non, qu'une telle question ne permet pas l'expression d'avis divergents, qu'une seule réponse était possible, qu'il suffisait de la chercher dans un livre, dans un dictionnaire… Cette attitude me paraît bien plus riche que le refus pur et simple, par l'animateur, de ce type de questions quand elles apparaissent. Je dis bien *par l'animateur* : tout le monde voit que les choses sont radicalement différentes si c'est un enfant qui, au moment où la question est proposée, insiste sur son côté factuel, fermé, n'ouvrant pas à la discussion contradictoire. Parce que, dès lors, l'animateur peut rebondir et demander si tout le monde est d'accord pour rejeter cette question. L'idéal étant bien sûr que les discutants le fassent sans son intervention en s'efforçant de savoir pour quelle(s) raison(s) cette question serait rejetée. C'est à ce prix, me semble-t-il, que se constituera progressivement, dans l'esprit des enfants, la distinction entre des questions qui souffrent discussion, et celles qui n'en souffrent pas.

Le plus habile des philosophes ne s'interrogera certes pas sur la distance Terre-Lune, sur la date de naissance du Général de Gaulle, même si les choses ne sont peut-être pas aussi cloisonnées que cela. Une question de type scientifique, au premier abord, peut être à l'origine de grandes interrogations. Prenons « Comment le Soleil brille-t-il ? » Ne sommes-nous pas proches de « Pourquoi le Soleil brille-t-il ? » Voire de « Pourquoi y a-t-il un Soleil plutôt que rien ? »

D'une certaine façon, l'attitude qui propose de ne refuser aucune question, quand on est animateur, est une façon de plus de montrer que la communauté de recherche est souveraine (comme le peuple…). Et quelle contradiction que de dire : « Pensez par vous-mêmes » en ajoutant « Mais attention, c'est moi qui vais vous dire sur quelles questions je vous autorise à penser » ! Car quels risques prend-on à lancer une discussion sur une question lue comme factuelle, technique ou univoque par l'animateur ? Le risque de se trouver face à un groupe muet ? d'avoir une discussion qui tourne court ? Et alors ? Qui cela gêne-t-il, en dehors de l'animateur lui-même ? Ca ne fait que remettre en cause l'image quasi stakhanoviste qu'il a de son rôle et qui veut que les enfants soient toujours actifs. Ou l'injonction qu'on lui a faite de toujours dominer la situation. Mais pourquoi dominer ? dans quel but ? avec quel objectif éducatif ? Ou l'obligation qu'il se donne de respecter comme un dogme des plages horaires imposées. Où est le problème de ne passer qu'un quart d'heure sur une activité planifiée pour durer cinquante minutes ? Et si cette situation gêne les enfants, tant mieux ! À condition qu'on leur permette d'exprimer cette gêne, de réfléchir dessus, de leur demander comment on pourrait faire pour éviter une nouvelle occurrence de l'événement qui l'a provoquée.

C'est aussi en ce sens que toute question peut être dite philosophique. Une question factuelle, de connaissance peut être dite philosophique parce qu'elle nous apprend ce qu'une question philosophique n'est pas. À mon sens, je l'ai déjà dit, nos démarches ne peuvent se penser que sur le moyen ou le long terme. Ce qui n'interdit d'ailleurs pas de tenter l'expérience sur une ou deux séances. Mais les effets escomptés ne peuvent guère se manifester d'emblée dans leur ensemble même si, et les témoignages abondent, on sent les choses évoluer dès la deuxième séance de pratique.

Si, donc on envisage les choses sur plusieurs années scolaires, ou sur de nombreuses séances, comme à l'Université populaire, le moins que l'on puisse dire c'est qu'on a le temps de laisser des habiletés s'installer. En ce sens, d'ailleurs, l'observation d'une seule séance, en direct ou en différé, ou la description de celle-ci, est souvent trompeuse. Car seule importe la dynamique mise en place. Ainsi, un observateur assistant à une discussion courte, basée sur une question univoque, et aboutissant sur un constat d'insatisfaction exprimé par les enfants, pourra porter un jugement négatif sur l'ensemble de la démarche. Sauf s'il prend le temps de creuser, pour voir que l'expression de ce constat est un temps de formation irremplaçable, celui où se définit, par petites touches, progressivement, lentement, le portrait des questions qu'il semble plus intéressant de traiter. Cette lente et patiente émergence de critères définis par le groupe me semble infiniment plus souhaitable que le rejet pur et simple, par l'adulte, de telle ou telle question. Car le groupe, vraie communauté autonome, se fixe alors lui-même les règles de fonctionnement auquel il se soumettra.

Ce qui est sûr, et je parle d'expérience, c'est que les questions factuelles, de connaissance, n'apparaissent que très rarement, dès que les groupes sont un peu rôdés. J'affirme à ceux qui en douteraient que les enfants *comprennent*...

La cueillette des questions, fin

Il me semble important de montrer que ce qui est écrit au tableau n'est pas inscrit dans le marbre. Tout est discutable. L'écrit vécu de cette façon se montre comme un outil de travail, avec fonction d'aide-mémoire, et non comme une façon de transmettre des paroles définitives. Et ceci peut avoir des conséquences bénéfiques sur d'autres apprentissages. Qui n'a entendu un professeur de lettres se lamenter du fait que les élèves ne savent pas composer un texte au brouillon, avec toutes les corrections, reprises, repentirs et amendements que cela suppose ? Mais ces mêmes professeurs, quand ils écrivent devant leurs élèves, c'est-à-dire, dans l'immense majorité des cas, quand ils écrivent au tableau, produisent d'emblée des phrases parfaites, sans erreur d'orthographe ni de syntaxe – la plupart du temps – sans oubli de majuscules ou de signes de ponctuation. Ils écrivent donc sans rature, sans modification ultérieure de ce qu'on pourrait considérer comme un premier jet. L'incitation à l'utilisation pertinente d'un brouillon est donc souvent faite sur le mode de l'exhortation, alors que, comme chacun sait, l'exemple a une valeur bien plus persuasive. « Longue est la voie des préceptes, dit Sénèque, courte et infaillible, celle des exemples.[93] » Prenant le contre-pied de cette attitude qui, là encore, promeut une façon de faire qui serait correcte *pour les autres*, ce moment d'élaboration progressive du corpus de questions établit le caractère non achevé et sans cesse perfectible de l'écrit comme lui étant consubstantiel.

Voici un autre exemple de cette élaboration collective. Dans un CM2, un jour de cette année scolaire, une question fut proposée sous la forme : « Pourquoi ne pouvons-nous jamais faire ce qu'on veut ? » Un enfant, Marvin, prit la parole pour proposer ce qu'il estimait être une nouvelle question : « Pourquoi ne pouvons-nous pas faire certaines choses ? » Abdullah intervint alors en disant que, pour lui, les deux façons de dire étaient équivalentes. Mais Marvin, qui avait dit la seconde, expliqua que l'une faisait référence au droit, et l'autre aux capacités. La première question relevait pour lui de l'autorisation, l'autre des possibilités, des aptitudes. Plutôt que de demander à Abdullah s'il avait compris, je lui ai suggéré de nous redonner l'argumentation de son contradicteur, telle qu'il l'avait comprise, ce qu'il fit. Je soumis cette redite à l'assentiment de Marvin, qui le donna. Il estima que ses propos n'avaient pas été déformés. Abdullah convint alors du caractère non redondant des deux questions ainsi précisées, qui purent rester l'une et l'autre inscrites : nous évitons généralement de maintenir deux questions qui, sous des formes différentes, exprimeraient exactement la même chose. Dans ce cas précis, le travail collectif déboucha sur le maintien de deux questions différentes. On ne cherche pas à tout prix, c'est une évidence, à raturer, effacer, corriger…

Dans les petites classes, ce travail de recherche collective peut prendre une autre forme, préparatoire à celle qu'on utilisera dans les autres niveaux. J'entends par petites classes celles où les enfants n'ont pas encore appris à lire, et celles où cet apprentissage est en cours. Dans ces cas, le recours au texte est d'évidence problématique, et la capacité à poser des questions syntaxiquement correctes ne va pas de soi.

La lecture initiale ne peut pas alors s'effectuer selon la technique de la lecture partagée. C'est l'adulte présent qui se charge de l'oralisation, même si le texte est distribué aux enfants pour que ceux qui le peuvent, ceux qui le souhaitent, suivent la lecture. Suit un temps de réflexion, suivant les principes énoncés plus haut (possibilité de travailler à plusieurs, de prendre des notes, si certains élèves en sont capables, etc.). Mais la consigne diffère quelque peu quant à la tâche à accomplir. Je demande aux enfants, plutôt que de proposer des questions – ce dont ils seraient majoritairement incapables –, de relever les mots ou expressions qui leur posent problème, qui leur semblent importants, ceux auxquels ils ont déjà réfléchi, dont ils ont déjà discuté. Quand un de ces mots ou expressions est proposé, je l'écris au tableau.

Il s'agit alors de bâtir collectivement une question. La communauté de recherche entre pairs se met à l'œuvre. Dès ces niveaux (je parle ici de la grande section de maternelle, du CP, du CE1, donc des enfants qui ont entre cinq et sept ans) je demande que soient respectés à la fois la correction syntaxique des questions et le recours aux formulations indéfinies. Ainsi, plutôt que de me contenter de « Pourquoi Elfie elle a perdu ses bonnes manières ? », l'ouvrage est remis sur le métier jusqu'à obtention d'une formulation du genre « Pourquoi perd-on ses bonnes manières ? »

C'est parfois long, parfois très court. Le pronom « on » est assez souvent proposé par les enfants. S'il ne l'est pas, et que les formulations avec nom(s) propre(s) demeurent indépassables, je le suggère.

Ainsi, je suis intervenu dans une classe de CE1 le matin même de la séance relatée à la fin de ce chapitre. Ce travail d'élaboration progressive a été réalisé pour le premier mot proposé. Ensuite, les autres questions ont été données sans difficulté par les enfants selon le modèle de la première, avec une construction correcte et une tournure impersonnelle.

Et quand bien même on n'arriverait en fin de cette première séance qu'à obtenir trois ou quatre questions, quand bien même on passerait trente minutes à n'en élaborer que deux, en quoi cela constituerait-il un problème ? Car le temps passé là n'est certes pas perdu et, dès la séance suivante, on constate les acquis.

On voit par ailleurs que cette élaboration collective requiert, du moins dans ses premiers moments, un certain guidage de la part de l'animateur. Est-ce contradictoire avec sa volonté affichée de se mettre en retrait ? Peut-être. Je pense quant à moi, et les expériences comparables menées par d'autres, ailleurs, me confortent dans cette idée, que l'autonomie de nos élèves, de nos enfants, n'est pas donnée. Elle est à construire. Il lui faut quelques règles, quelques habiletés, quelques aptitudes. Tentons simplement de les réduire autant que nous pouvons, et visons l'effacement… Alors s'ouvre progressivement un espace de réelle liberté.

Ce jour-là…

Ce jour-là, deux des participants ont décidé de prendre une calculette comme élément déclencheur du questionnement. Comme à l'accoutumée, les questions proposées furent de deux types :

Questions proposées à partir de la calculette :

1. À quoi nous sert la technologie ?
2. L'évolution de l'homme est-elle une bonne chose ?
3. La compréhension existe-t-elle aux yeux de tous ?
4. L'éducation est-elle une bonne chose ?
5. À quoi sert le calcul ?

Questions proposées sans support :

6. Pourquoi certaines personnes sont-elles égoïstes ?
7. La honte est-elle destructrice ?
8. Pourquoi certaines personnes ne veulent-elles rien changer ?
9. Pourquoi ne sommes-nous pas toujours sûrs de nous ?
10. N'y a-t-il qu'une seule vérité ?
11. Les professeurs sont-ils des élèves malgré eux ?
12. Pourquoi l'humiliation est-elle maintenant omniprésente à la télévision ?
13. Pourquoi grille-t-on la viande ?
14. Qu'est-ce que la mort ?
15. Pourquoi le regard des autres gêne-t-il certaines personnes ?

À l'issue du vote, ce fut la question « Pourquoi le regard des gens gêne-t-il certaines personnes ? » qui fut retenue.

Rappelons que la participation des enfants de l'atelier à la deuxième partie du cours de Michel avait été au moins provisoirement abandonnée, pour diverses raisons. L'une de celles-ci, outre celles évoquées plus haut, était que nos deux heures d'atelier se réduisaient comme peau de chagrin. La partie de la séance consacrée au questionnement était de plus en plus longue, les discussions étant serrées, et concernait autant les formulations des questions proposées que leur adéquation aux règles progressivement élaborées.

De plus, les participants avaient souhaité que je leur donne lecture du compte-rendu que je rédigeais à chaque séance pour le mettre en ligne, ce dont je m'acquittais de bonne grâce, ne serait-ce que pour leur permettre de rectifier mon texte au cas où ils auraient estimé qu'il n'était pas fidèle aux échanges de la semaine précédente. Souvent, la première partie de la séance, celle qui est consacrée aux questions, débordait de son heure comme un obèse de sa chemise, réduisant par là même le temps consacré aux discussions. Et celles-ci étaient passionnées, nourries, passionnantes, aux dires des participants, mais aussi à mes yeux à moi, qui n'en étais que spectateur. Certaines des questions posées, des propos échangés me confortaient, semaine après semaine, dans la certitude que les enfants ont un naturel philosophe, comme nous l'avait redit Michel la semaine précédente. Comment qualifier une question comme « N'y a-t-il qu'une seule vérité ? », autrement que comme une interrogation philosophique, surtout quand elle est dite par une enfant de dix ans ? Alors que Michel répondait, quelques semaines plus tôt, à la question « Pourquoi, dans certains pays, les femmes n'ont-elles pas les mêmes droits que les hommes ? », il demanda à Léa, qui tenait le micro et avait été le porte-parole de ses camarades, si elle aimerait être entièrement voilée comme les femmes de certains pays islamistes. Elle répondit que non, évoquant une question d'identité. Elle avait, ce jour-là, neuf ans et trois jours… Et ce ne sont que quelques exemples parmi bien d'autres. « La philosophie, disait Montaigne […] on a grand tort de la peindre inaccessible aux enfants […] Puisque la philosophie est celle qui nous instruit à vivre, et que l'enfance y a sa leçon, comme les autres âges, pourquoi ne la lui communique-t-on pas ? On nous apprend à vivre quand la vie est passée. Certains écoliers ont pris la vérole avant que d'être arrivés à la leçon d'Aristote sur la tempérance. Ôtez de la dialectique toutes ces subtilités épineuses, les discours de la philosophie sont plus aisés à concevoir qu'un conte de Boccace. Un enfant en est capable, au partir de sa nourrice, beaucoup mieux que d'apprendre à lire ou à écrire.[94] »

Bref, du temps passé à discuter, de la passion, sans compter les interventions, avant la séance ou au cours de la pause, d'adultes intéressés par la démarche, de collègues enseignants, de parents d'enfants présents, de grands-parents contrits de ne pouvoir amener leurs petits-enfants, scolarisés loin de Caen, ou de journalistes, comme ce fut le cas ce jour-là…

Pour cette fois, nous avions donc tout notre temps, enfin deux heures pleines. Seul ombre au tableau, un petit trouble de santé, bénin, qui m'obligea à m'absenter quelques instants pendant la discussion. À mon retour, les enfants dirent que les échanges avaient été très riches, pendant ces quelques minutes où ils avaient été seuls. Je ne réalisai qu'après coup que je venais d'atteindre pleinement mon objectif de disparition de l'animateur. La discussion avait continué, riche, enflammée, alors que je n'étais même plus présent physiquement dans la pièce.

Mais revenons au début de la discussion, dont le présent compte-rendu restera lacunaire à cause de cet incident. Nous avons commencé par nous demander de quel genre de gêne il s'agissait. Virginie nous dit que ça pouvait être une gêne par rapport au physique, un handicap… Olivier répliqua qu'il ne comprenait pas le rapport avec la question. Virginie précisa alors : le regard des gens peut embêter certaines personnes, par exemple si on est enrobé… À quoi Olivier répondit : « Pour moi, tu donnes des causes. Quand on pose la question « De quel genre de gêne s'agit-il ? », on ne s'intéresse pas aux causes. »

Ce type de regard semble différent de celui qu'on a habituellement. C'est en fonction de ce que fait la personne qui regarde qu'on peut être gêné. Mais on peut mal interpréter certains regards. Quand quelqu'un ricane, c'est ça qui gêne… On est donc gêné par rapport à ce que fait la personne. Mais une mauvaise interprétation reste toujours possible. Par exemple si on a des vêtements qu'on nous a obligé à porter, qu'on n'aime pas trop, on sait avant d'arriver devant les autres qu'on va être gêné.

Quelles sont les personnes qui seraient plus disposées à être gênées ? Les personnes qui ne sont pas très bien dans leur peau, celles qui ont des complexes, qui ont des soucis. Justine dit que, pour elle, ce n'est pas forcément des personnes complexées qui sont gênées : parfois on nous regarde avec un regard neutre et c'est nous qui créons les problèmes.

Maïssane évoqua le cas des vêtements à la mode : si beaucoup de personnes portent des vêtements de marque sauf une, cette personne va être regardée méchamment. Dans ce cas-là, ce serait plutôt de l'intolérance. Mais si une personne qui ne porte pas de vêtements de marque ressent de la gêne, c'est un vrai problème. Car si elle n'en porte pas, c'est qu'elle le fait exprès, elle sait très bien ce qu'elle fait. Et si on prend le cas d'une personne qui ne fait pas exprès, tout cela lui est égal.

Cette partie des échanges sembla un peu digressive à certains, mais pas à tous, puisqu'ils reprirent sur le même thème, en disant que si cette personne a des amis qui la laissent tomber à cause de ça, elle va se sentir gênée. Dans ce cas, cependant, peut-on considérer que ce sont là de vrais amis ?

Doit-on exprimer tout ce qu'on pense ? Non, semble-t-il. Plusieurs des participants dirent qu'on doit être assez mûr pour savoir que certaines choses ne doivent pas être dites, de peur de blesser les autres. Mais est-ce valable aussi dans le cas d'une amitié ? Probablement, car c'est un peu facile de dire que les amis doivent nous apprécier pour ce que nous sommes, et ainsi se permettre de tout dire. Il faut plutôt cacher un peu ce qu'on pense, le garder pour soi.

Il apparut par ailleurs que la gêne ne peut pas disparaître comme par enchantement. Julien dit que tout le monde en ressent au moins une fois dans sa vie, et Justine ajouta que quand on est gêné maladivement, on peut guérir grâce à nos amis, à notre famille… car quand on est gêné, on n'a plus confiance en soi. Mais l'aide des amis, de la famille est-elle indispensable, ou peut-on se guérir de cette gêne par soi-même ? Justine affirma que le recours aux proches est nécessaire et que s'affranchir de la gêne c'est comme bénéficier d'une liberté nouvelle. Car, comme l'exprima

Julien, quand cette gêne est maladive, on se renferme. Même si, pour Virginie, cette façon de se renfermer dépend des personnes. Justine insista sur une idée qu'elle avait déjà émise et dit qu'on perd forcément confiance en soi, donc on se renferme.

Olivier fit alors état d'une anecdote : il raconta qu'il lui était arrivé de discuter avec une personne proche, quelqu'un qu'il aime beaucoup, mais que les avis étaient très tranchés sur des sujets précis. Il pense que, dans ce cas, il ne faut pas se retenir d'exprimer ses opinions. Car ce n'est pas la peine d'être doué d'intelligence, de parole, si on n'ose pas dire ce qu'on pense. Justine se déclara en accord avec cela, dans un cas comme celui-là, où on a affaire à des divergences d'opinion sur un sujet. Mais quand on touche la famille, ou un sujet délicat, il faut essayer d'aller dans le sens de la personne avec qui on parle, à un certain moment. D'après elle, quand on donne son opinion, on juge un peu. Parfois, il faut simplement écouter, et garder son opinion pour soi. Certains des enfants déclarèrent que, s'ils ne disent pas ce qu'ils pensent, ils ont l'impression d'être mal, d'« imploser ». Mais n'est-ce pas égoïste de préférer s'épargner soi, quitte à faire du mal aux autres ?

À la question traditionnellement posée en fin de discussion tentant de dégager des thématiques abordées au cours de celle-ci mais insuffisamment développées, une seule proposition fut faite : « Qu'est-ce que la stupidité ? » Insuffisamment remis de mon malaise, peut-être, ou pressé par l'heure, j'avoue ne pas avoir bien compris quelle partie des échanges avait déclenché cette nouvelle interrogation.

Mais peut-on toujours tout comprendre ? Est-il nécessaire de toujours vouloir tout maîtriser ?

Le 9 mars

L'âge du jeu

L'enfance, c'est pour moi l'âge du jeu. Est-ce contradictoire avec le fait d'être un enseignant, d'avoir un programme à respecter, de maintenir les élèves dans des temps contraints ? Car qui dit jeu dit liberté, participation volontaire, émancipation, épanouissement. L'école garde-t-elle ces valeurs parmi ses finalités ? Les a-t-elle même jamais eues ? Quel serait alors le sens de l'obligation scolaire ? Dans ses premières décennies d'application, dans nos pays, celle-ci a sans conteste permis des avancées notables, fondamentales. Les enfants qui n'allaient pas à l'école étaient à la mine, ou dans les champs. C'est d'ailleurs pour cela que les congés scolaires d'été sont si longs : il fallait des bras pour les moissons, ceux des enfants étaient indispensables. L'obligation scolaire a permis de sortir les enfants des classes les plus modestes d'une condition inacceptable, proche de l'esclavage. Car bien sûr les enfants des classes dominantes n'étaient pas soumis à cet enfer. L'obligation scolaire libérait de fait les enfants des tâches pénibles qu'exigeait d'eux la production industrielle et agricole d'alors. Et de plus, comme le dit François Galichet, l'idée qui prévalait était que « le savoir est générateur d'égalité » et qu'« un minimum de savoir est nécessaire pour être autonome vis-à-vis des gens même beaucoup plus savants »[95].

Ces temps, cependant, ne sont plus. Et François Galichet de poursuivre : « Mais aujourd'hui que ce minimum éducatif est, dans une société développée comme la nôtre, pratiquement assuré à tous, le savoir reprend une fonction principalement discriminante et inégalitaire. Il redevient, peut-être plus qu'avant l'école gratuite et obligatoire, un principe de pouvoir et de domination : dans un monde technologique, le clivage principal est entre, d'une part, les « manipulateurs de symboles », d'autre part ceux qui sont cantonnés aux tâches manuelles et répétitives.[96] »

Il trouve dans cette analyse pertinente des raisons supplémentaires pour pratiquer la discussion philosophique dès l'école primaire. Et aussi en dehors, ajouterai-je : dans des centres de loisirs, dans des cafés, dans des Universités populaires, au sein même des familles… Le rapport non-dogmatique au savoir, la prééminence de la posture questionnante au détriment de la culture de la réponse qu'on sait omniprésente à l'école et ailleurs, culture que dénonce justement Michel Tozzi[97], tous ces éléments consubstantiels à la discussion philosophique sont de nature, par la « mise en commun de nos ignorances », à « prendre conscience de notre égalité fondamentale qui seule peut justifier l'égalité politique. »[98]

Certes, l'obligation scolaire a encore tout son sens, en ce début de troisième millénaire, dans des régions du monde où les enfants sont livrés à eux-mêmes, abandonnés aux guérillas, aux trafics, à la misère. Pour eux, il nous faut la revendiquer. Pour les nôtres, ici, est-ce encore nécessaire ?

L'école est-elle encore le facteur de justice sociale que bien des enseignants, bien des parents, bien des citoyens voudraient qu'elle demeure ? La question mérite, pour le moins, d'être posée...

En tout état de cause, et quelle que soit la réponse apportée à cette interrogation, je pense qu'école obligatoire doit cesser de signifier posture unique de l'enseignant, cours magistral avec silence intégral et prise de notes. L'école, l'école élémentaire surtout, n'est pas la Sorbonne et ne veut pas s'inspirer du seul modèle scolastique fourni par l'université médiévale que Séverine Auffret caractérise ainsi : « Dans la pensée scolastique de l'École, de la « Sacrée Sorbonne», Aristote jouera le rôle d'un maître qu'on commente, mais ne discute pas («C'est vrai, parce que le Philosophe l'a dit») »[99]. En ce sens, les discussions philosophiques et le jeu y ont toute leur place.

En éducation sportive par exemple, toute la pédagogie pourrait être d'inspiration ludique si l'on consentait à se débarrasser de l'obsession de l'élitisme, de la volonté de former des champions, des futurs médaillés olympiques pour la plus grande gloire de... la patrie. De se débarrasser, donc, de la dictature de la performance rapportée au temps, à la mesure, aux points. Car à quoi servent les élites sportives ? de modèles, quand le spectacle sportif obéit aux lois du marché avec les dérives qu'on connaît (dopage, budgets pharaoniques, gestion quasi-mafieuse de certains clubs sportifs, scandales...) ? de facteurs d'émulation, alors que les méthodes sélectives employées pour les former, et ceci même à l'école élémentaire et au collège, détournent une fraction importante des adultes en devenir d'une pratique sportive ludique, équilibrée, et nous promettent des générations d'obèses ?

Si on compare aux comportements des animaux, on peut d'ailleurs penser que le jeu est un des moyens naturels d'apprentissage – le seul, peut-être. Qui n'a observé son chat jouant avec une bobine de fil, une souris mécanique, une ombre ? Chacun sait que ce genre de jeu est un entraînement, spécialement pour les jeunes, destiné à maîtriser des gestes indispensables. En ce sens, non seulement le jeu est-il libérateur, garant d'une autonomie progressivement conquise, mais aussi, comme le montre Séverine Auffret dans un de ses livres[100], il peut être à la fois prophylactique et thérapeutique.

Considérer la vie comme un jeu, et plus spécifiquement comme un jeu d'échecs, et multiplier les occasions de jouer participent donc, me semble-t-il, d'une attitude saine. C'est pourquoi je me plais à considérer les discussions que j'anime comme un jeu, où des règles sont données mais susceptibles d'évoluer suivant la décision des joueurs, comme c'est le cas de bien des jeux enfantins spontanés. Il importe alors d'y maintenir des caractéristiques qui évitent l'abus de langage, comme ces prétendus « jeux de lecture » et autres artifices pédagogiques qui n'ont de jeu que le nom : pour qu'un jeu soit digne de s'appeler ainsi, il ne faut pas lui assigner un enjeu qui le dépasse, qui le dénature, qui l'instrumentalise : donc pas de notes, pas d'évaluation, pas de finalités didactiques expressément identifiées. Un jeu est sa fin en soi. Il doit s'effectuer dans la bonne humeur, et non avec un air compassé. Il est générateur de jubilation, pas de morosité. Il suppose la franchise et la libre adhésion. De ce point de vue, le jeu, en tout cas le jeu social, le jeu à plusieurs, peut être considéré comme une modalité de l'apprentissage de la vie en commun.

C'est pourquoi aussi, à l'école, il me semble important de réserver une place de choix aux jeux, sous plusieurs formes. Dans le domaine de l'éducation physique, particulièrement, toute la gamme des aptitudes à développer, adresse, équilibre, force physique, peut l'être grâce à des jeux, en abandonnant définitivement, répétons-le, la référence à des performances chiffrées, qui ne servent à rien, si ce n'est à montrer les intentions élitistes de ceux qui les imposent aux enfants et à dégoûter à vie certains d'entre ceux-ci, déclarés « mauvais en sport », de toute pratique sportive. Et on peut aussi, à l'école encore, réserver des temps spécifiques à des jeux débarrassés de toute intention d'apprentissage disciplinaire, comme les jeux coopératifs que j'utilise depuis de nombreuses années et qui me semblent absolument complémentaires des discussions philosophiques, dans leurs intérêts.

En effet, ces jeux ont pour but, non de mettre les autres joueurs en difficulté, de les éliminer ou de les battre d'une façon ou d'une autre, mais au contraire de collaborer avec eux pour tenter d'atteindre un objectif commun. Ils sont donc très intéressants du point de vue de la socialisation, de la valorisation de chacun, et permettent l'émergence d'attitudes d'estime mutuelle et de non-violence. Par ailleurs, pour avoir un maximum de chance de gagner, il est nécessaire de s'entendre, donc d'instaurer un vrai dialogue afin d'élaborer une stratégie commune. L'une des organisations que j'ai choisies pour les mettre en œuvre renforce encore ces aspects : des élèves de CM2 apprennent dans un premier temps à jouer à ces jeux, en lisant les règles de façon autonome, puis en jouant eux-mêmes. Dans un second temps, des jumelages entre leurs classes et celles du cycle 2, CP et CE1, sont mis en place. Une fois par semaine, des grands vont chercher des plus petits pour leur apprendre à jouer et pour tenir le rôle d'arbitres.

Si les jeux coopératifs me semblent particulièrement dignes d'être utilisés dans les écoles et ailleurs, d'autant qu'ils sont pratiquement encore inconnus en France, tous les types de jeux méritent d'être revalorisés. Car, comme le note le sociologue Pierre Parlebas : « non seulement [ils] développent les capacités cognitives et physiques de l'enfant, mais ils transforment sa façon d'entrer en relation : les jeux et les sports facilitent ses capacités d'adaptation et de socialisation en le faisant communiquer avec les autres avec, par exemple, un ballon ou une épée. En acceptant les règles, l'enfant assimile la notion de contrat : l'acte fondamental d'une démocratie qui est l'acceptation d'un contrat se retrouve ainsi dans le jeu. Les jeux provoquent également des situations de rencontre où l'enfant est amené à jouer des rôles différents, d'agression, de soutien ou d'entraide, qui lui apprennent à agir par rapport à autrui. Le jeu sollicite aussi la prise de décision, et enseigne à l'enfant comment maîtriser la victoire comme l'échec. »[101]

D'une certaine façon, les discussions philosophiques peuvent être considérées comme des jeux coopératifs : entraide, échanges harmonieux et absence d'enjeux comme principes ; jubilation, plaisir partagé, sourires et connivence comme modalités…

Le corpus de questions est quasiment établi. Il reste à exercer un nouveau regard distancié sur cet ensemble. Est-il satisfaisant ? N'y a-t-il pas des redondances, des questions mal formulées, d'autres ne répondant pas aux consignes et qui auraient échappé à la vigilance du groupe ? Certains enfants veulent-ils argumenter en faveur (ou en défaveur) de l'une de ces questions pour dire en quoi elle leur paraît digne (ou indigne) d'être retenue pour la discussion ? J'ai déjà fait allusion à cette phase dans la présentation générale de la démarche[102], et il est superflu d'y revenir. Précisons cependant à nouveau que cette attitude réflexive me semble essentielle, tant d'un point de vue philosophique que pédagogique. Ce moment du dispositif, comme d'autres, met les enfants en situation de s'observer, de se regarder, de prendre conscience d'eux-mêmes et de leurs actes. Et, surtout, de prendre conscience que cette réflexion leur permet de *modifier* le réel. Réfléchir avant d'agir est certes important, c'est pourquoi je maintiens les phases de réflexion qui se placent chronologiquement avant la cueillette des questions, puis avant le début de la discussion. Mais on a aussi droit à l'erreur, à l'amendement, au repentir, comme l'artiste face à son œuvre. Une bonne partie des actes commis, les paroles dites, les écrits couchés sur le papier sont potentiellement modifiables. Et plutôt que travailler toujours sur le mode de l'injonction ce que font beaucoup d'enseignants, de parents, d'éducateurs, – moi le premier – en disant aux enfants des phrases comme « Relisez votre copie ! », peut-être n'est-il pas inutile d'ajouter ce mode nouveau de retour réflexif sur soi, dépourvu d'enjeu – d'enjeu immédiat j'entends : pas de notes, pas de jugement, pas d'évaluation, pas de conséquence sur la suite de la carrière scolaire…

L'élaboration de l'ensemble des questions requiert un temps relativement long, et je dois dire qu'il a tendance à le devenir encore davantage à mesure que j'avance dans la pratique. Au point que, dans les séances de l'Université populaire, il occupe presque une heure, sur les deux dont nous disposons, et que le temps nous manque souvent pour emmener la discussion de la deuxième partie aussi loin que nous le souhaiterions. Il arrive aussi que quelques-unes des phases évoquées soient parfois écourtées, ou absentes. Ce qui conduit d'ailleurs parfois les enfants à me le signaler, à réclamer telle phase que j'aurais omise, et, par-là, à exercer de façon toujours plus nette leur responsabilité collective dans la mise en œuvre du dispositif.

Cette longueur explique que, dans le cadre scolaire, l'activité est présentée sous la forme d'une suite de deux séances séparées de quelques jours – on appelle cela une séquence, dans le jargon pédagogique. Quand l'élaboration des questions a nécessité trente ou quarante-cinq minutes, voire plus, je me vois mal enclencher directement sur la discussion, surtout avec des élèves jeunes, n'en déplaise à certaine grande prêtresse lipmanienne, rencontrée dans un colloque.

Voici venu, donc, le moment de faire le choix. Une seule des questions figurant au tableau pourra être retenue pour la discussion de la deuxième partie. Une sur dix, quinze, vingt parfois. Ceci a d'ailleurs l'avantage de montrer que le champ de la réflexion est immense et que, même en pratiquant très régulièrement, deux heures par semaine, comme le font les habitués de l'atelier, seule une infime partie des thèmes envisagés peut être traitée, et de façon sans cesse perfectible.

Après une phase de réflexion individuelle pour que chacun puisse déterminer ses choix, nous procédons donc à un vote, à deux tours, à main levée. Les enfants peuvent voter pour autant de questions qu'ils veulent au cours du premier tour. Généralement, deux questions se dégagent, qui sont plus choisies que les autres. En cas d'égalité, si, par exemple, une question recueille quinze voix et deux autres chacune onze, c'est aux enfants de décider comment on va procéder pour départager ces deux dernières. Au cours de la présente année, plusieurs solutions ont été appliquées : tour intermédiaire, choix remis entre les mains d'un adulte qui se trouvait là, moi y compris, ce que je préfère éviter d'ailleurs (il va sans dire que je ne prends pas part au vote). La règle veut que nous ne gardions que deux questions pour le second tour. À vrai dire, celle-ci peut être également remise en cause. Pourquoi ne pas en garder trois ou plus ? Je n'y vois que des raisons techniques : plus on garde de questions, plus les risques d'égalités sont importants, surtout dans des petits groupes. Ce qui ne ferait que remettre après le deuxième tour la procédure qui a parfois lieu entre les deux, mais en la rendant probablement plus fréquente et allongerait d'autant ce moment, dont l'intérêt est seulement qu'il ait lieu… Au deuxième tour, donc, les enfants n'ont qu'une voix. L'abstention est admise, mais je demande généralement de la justifier. Ce phénomène est assez rare, et n'entraîne pas de commentaire : on n'entre pas dans la discussion à propos du choix de chacun à ce moment. Mais la possibilité de s'abstenir pourrait, comme toutes les autres règles, être discutée et remise en cause par les enfants, ce qui ne s'est encore jamais produit, si j'ai bonne mémoire. Inutile de s'étendre, en ces temps de désaffection électorale, sur l'intérêt qu'il y aurait à mener une telle discussion.

Bien sûr, des enfants sont parfois déçus de ne pas voir leur question choisie. Et quand je dis leur question, ce n'est pas nécessairement celle(s) qu'ils ont proposée(s) ; c'est plutôt celle vers laquelle allaient leurs préférences. Mais je pense que cette frustration n'est pas à éviter pour, au moins, deux raisons. La première, c'est que nous vivons dans une société démocratique, et que ces frustrations y sont fréquentes. Ce n'est pas toujours la liste, le candidat que nous appelions de nos vœux qui sort vainqueur du scrutin. Peut-être n'est-il pas trop tôt, à l'école élémentaire, au collège et aux âges correspondants, pour se préparer à ce genre de désillusion, et éviter ainsi que celle-ci ne remette en cause, aux yeux des électeurs déçus, l'intérêt du système dans son ensemble. La deuxième raison, c'est qu'une telle frustration, comme un certain nombre d'autres, peut être un moteur du désir. Si des enfants ressortent d'une telle activité en disant qu'ils auraient souhaité parler de tel thème qui n'a pas été retenu, je pense que nous avons avancé sur la voie qui les mène à devenir des penseurs autonomes, avides de s'interroger, de discuter, de s'informer, de comprendre. À mes yeux, ce levier de la frustration comme déclencheur d'envie pourrait à lui seul justifier cette longue partie du dispositif, consacrée au questionnement. En faisant porter son attention non sur ce dont on parle, mais sur celui qui parle, il me semble qu'un animateur de discussion philosophique ne peut qu'être réjoui d'entendre un enfant de dix ans quitter la salle où se tient l'activité en disant, d'un ton boudeur : « C'est pas juste, on n'a même pas pu parler de la question *La honte est-elle destructrice ?* »

Et si, dans ma description, j'ai aussi longuement insisté sur cette partie du dispositif, c'est que, à ma connaissance, seule une très petite proportion de la littérature, en soi assez limitée, a été consacrée à ce sujet, pour la simple et bonne raison que la plupart des autres approches, celles qui ne dérivent pas de la démarche Lipman pourrait-on dire pour faire court, ne prévoient pas de temps spécifiques d'élaboration des questions. Ce qui fait qu'on s'intéresse beaucoup à la discussion proprement dite, sans trop se soucier de la façon dont les thèmes surgissent…

L'ensemble de ce processus de questionnement peut paraître long, fastidieux. Encore faudrait-il savoir pourquoi il serait nécessaire d'aller plus vite… Cette lenteur (choix d'un support, réflexion en petits groupes, mise en commun en vue de l'élaboration collective d'un corpus de questions, retour réflexif sur celui-ci, votes) me semble de nature à permettre l'émergence de questions qui soient vraiment celles du groupe, j'entends de questions qui font sens par rapport à son histoire, à sa composition, à ce qu'il est. Et des questions dont le traitement, et, avant cela, le fait même qu'on puisse les poser dans un temps institutionnel conséquent, lui permettra de vivre mieux, plus sereinement. Car, grâce à ce dispositif, les questions n'émergent pas au hasard. Ainsi de cette classe d'une petite école de bord de mer, en ce mois de mars, où est apparue et a été choisie la question : « Pourquoi veut-on ressembler à quelqu'un qu'on trouve mieux que nous ? » La responsable de cette classe m'a dit à quel point cette interrogation collait au vécu de la classe, où une des élèves était précisément une sorte de modèle pour les autres, car elle réussissait en tout, et où cette prépondérance posait problème à certains…

Ce jour-là…

Deux objets furent proposés par les enfants : une bille de verre et une montre. Conformément aux décisions prises précédemment, ils purent proposer soit des questions inspirées par ces objets, soit d'autres, librement inventées.

Questions proposées à partir de la bille de verre :

1. Qu'est-ce que l'impermanence ?
2. Peut-on représenter la pureté ?
3. Pourquoi notre image nous gêne-t-elle parfois ?
4. Pourquoi y a-t-il différentes sortes de billes ?
5. Qu'est-ce que la transparence ?

Questions proposées à partir de la montre :

6. Sommes-nous prisonniers du temps ?
7. La technologie nous est-elle indispensable ?
8. L'esthétique sert-elle à quelque chose ?
9. Pourquoi certaines personnes veulent-elles que leur vie soit totalement sous contrôle ?
10. Pourquoi certaines personnes ont-elles du dégoût envers d'autres ?

11. Pourquoi est-ce que le concept de la mort nous est-il si inconnu ?

Questions proposées sans support :

12. Pourquoi certaines personnes sont-elles égoïstes ?

13. Pourquoi certaines personnes n'arrivent-elles pas à aimer ?

14. Pourquoi oublie-t-on la mort ?

15. Pourquoi certaines personnes sont-elles racistes ?

16. Les activités de notre vie ne sont-elles pas une attente de notre mort ?

À l'issue du vote, c'est la question « Sommes-nous prisonniers du temps ? » qui fut retenue. Notons que deux des enfants présents choisirent de ne pas voter au deuxième tour.

D'emblée, un premier avis fut donné : il y a semble-t-il dans cette question l'idée d'un rapport à la mort. On peut interpréter cela de la manière suivante : on a un temps à vivre, donc on ne peut faire que certaines choses dans le temps qui nous est donné. Un désaccord apparut sur ce point, certains disant qu'on nous a donné la vie, et pas un temps précis…

Cependant, faisant écho au vote blanc de deux participants, plusieurs enfants se demandèrent comment on allait pouvoir débattre de cette question.

Virginie fit ensuite une synthèse des deux positions en disant que, pour elle, on a un certain temps mais qu'on ne sait pas quand on va mourir. Pour Anne-Lise chaque chose que l'on fait, on le fait en fonction d'un certain temps, mais ça se termine. Léa pense qu'on est toujours emprisonné : on trouve qu'on n'a pas assez de temps pour vivre, mais c'est parce que ce qu'on fait le plus dans la vie c'est travailler : dès qu'on rentre à l'école, il n'y a plus que ça, le travail.... Olivier renchérit en disant que dans notre société, il n'y a que le travail qui compte, surtout avec le gouvernement qu'on a ; c'est le régime politique qui impose ça. Virginie interpelle alors Léa et lui demande si elle veut dire qu'on se met à travailler dès qu'on arrive au monde. Léa précise : « Non, on ne fait que ça de travailler à partir de l'école primaire. J'ai l'impression qu'on a moins de vacances que de travail ». Virginie et Justine soumettent à Léa leur interprétation de ses paroles, en disant qu'à leur avis, elle veut dire qu'on n'a pas assez de temps pour nous, pour profiter de notre vie. Léa acquiesce.

Anne-Lise réplique en disant qu'elle ne voit pas cela de cette façon. Elle précise : « Par exemple, ici on a un temps limité pour débattre, d'autres activités, comme les programmes de télé, sont basées sur le temps. Certaines personnes, qu'on peut qualifier de "baba cool" profitent plus de leur vie car ils prennent le temps. Mais même là, il y a une fin. » Revenant sur l'idée du travail, Virginie affirme que le temps qu'on prend à travailler peut être important pour nous aider aussi.

S'ensuit un échange entre Olivier et Anne-Lise sur la notion de limite que celle-ci a mise en avant : Est-ce que tout est vraiment limité ? « Oui dit Anne-Lise, tout a une fin, tout est limité, tout est le temps.... » Avant de conclure en disant qu'elle va réfléchir à nouveau à tout cela. Olivier répond qu'il est d'accord en ce qui concerne l'espèce humaine, les animaux : ils ont un temps limité. Mais si on prend l'univers, on voit que les scientifiques ont créé un faux début, le big bang…. Mais lui aussi dit avoir besoin d'un temps supplémentaire de réflexion. Anne-Lise enchaîne : « Là on parle de science, mais nous on n'a pas les ressources pour en parler. » Olivier n'est pas de cet avis, et pense qu'un sujet pareil, même étiqueté scientifique, peut être discuté. Pour lui, c'est inconcevable, comment imaginer que l'univers ait eu un début ? On ne peut pas le mesurer ! Comment imaginer que ça disparaisse, puisque d'après Anne-Lise, tout a une fin ? Anne-Lise lui fait une objection : « Tu dis, après la fin de l'univers, il n'y aura rien, mais c'est quoi, rien ? »

Léa dit alors que, en ce qui concerne le programme télé, s'il y a une fin, c'est fait exprès. Le programme est fait pour avoir une fin, mais l'univers ne disparaîtra jamais… Julien émet l'hypothèse qu'il y aura un autre big bang. Anne-Lise dit alors qu'on n'a pas le temps de faire autre chose que de prendre le temps.

Olivier envisage le cas des autres êtres vivants, et exprime que, pour lui, l'être humain est une des seules races qui puisse penser, qui puisse donc avoir un rapport aussi précis avec le temps. C'est une des rares espèces à savoir qu'il y aura une fin à sa vie. Les végétaux et les minéraux n'ont pas tous le même rapport au temps ; les espèces animales autres que les humains ne doivent donc pas être prisonnières du temps. Mais Eugénie objecte qu'on ne peut pas le savoir, puisque nous n'avons jamais été des animaux. Léa se déclare en désaccord avec Olivier quand il dit que l'espèce humaine est la seule qui parle. Pour elle, quand il dit que les animaux ne peuvent pas parler, c'est comme s'il disait que les Espagnols ne peuvent pas parler. Ce qui différencie les animaux des humains, dit Anne-Lise, c'est la conscience. Mais Justine ne semble pas d'accord pour dire que les animaux communiquent. Et ce n'est pas parce qu'on communique qu'on a une idée précise de ce qui nous entoure. Les jeunes enfants par exemple ne savent pas ce que c'est que la mort. Virginie pense, elle, que les animaux ont conscience de la mort. Ils restent parfois près de cadavres. Un cheval par exemple qui voit un autre cheval qui ne bouge plus, reste là et essaie de le faire bouger. Léa revient sur une idée déjà émise pour dire qu'on ne sait pas ce que les animaux ont dans la tête, donc qu'on ne peut pas savoir.

Justine souhaite alors rectifier ce qu'elle a dit : certains animaux ont la conscience qu'ils vont mourir, les éléphants par exemple. Elle pense aussi qu'il n'est pas nécessaire d'être dans la tête des animaux, qu'on peut les étudier pour comprendre ce dont ils ont conscience.

Virginie voit dans le fait que les animaux fuient à l'approche d'un prédateur une preuve de leur conscience de la mort. Quand un prédateur arrive, certaines espèces ont des systèmes d'alerte. Mais pour Olivier, ce cas fait référence à une mort par une cause extérieure. Il pense par contre que les animaux n'ont pas conscience qu'ils vont mourir de mort naturelle. Léa ajoute que quand un dinosaure herbivore entendait un cri de carnivore, il savait qu'il allait mourir, sinon il n'aurait pas couru pour se mettre à l'abri. Il avait conscience de la mort, mais plus par des prédateurs que par mort naturelle. Virginie ajoute que, quelque part, nous sommes nous aussi des animaux, qu'on fait partie de ce cycle-là. Puisque nous avons conscience de la mort, certaines bêtes peuvent en avoir conscience aussi. Léa dit que nous, les humains, nous sommes au sommet de la pyramide. S'il y avait quelqu'un d'autre au-dessus de nous, ce ne serait sûrement pas une race animale.

La fin de la discussion fut occupée par un débat entre Julien et les autres participants, autour de la question de la première fois. En gros, il s'agissait de savoir si le premier herbivore qui s'est fait attaquer a fui ou non, ce qui confirmerait une certaine conscience de la mort. Circonstances dont il est difficile de tirer des conclusions, semble dire Virginie, car l'herbivore en question a bien vu ses congénères qui couraient… Plusieurs minutes d'échanges ne parvinrent pas à épuiser le sujet…

Comme suite à cette discussion plusieurs thèmes ont été évoqués comme pouvant faire l'objet d'autres échanges :

– Est-ce que les animaux pensent comme les humains ?

– Est-ce qu'un animal domestique peut toujours ressentir son instinct sauvage ?

– Est-ce que les animaux vivent mieux en groupes ou solitaires ?

Le 16 mars

Une posture pédagogique innovante

Les activités proposant aux enfants de participer à des discussions philosophiques ont ceci de très nouveau que l'animateur ne possède pas la réponse aux questions posées. Pas plus, en tout cas, que n'importe lequel des enfants qui discutent. Et dans les faits, l'adulte, ou les adultes, présent(s) lors du débat s'interdisent, la plupart du temps, d'y participer. Si une réponse doit être apportée, ce ne sera JAMAIS par un adulte. Et ceci est très nouveau. Ce retrait, cet effacement, tend d'ailleurs, pour un certain nombre de praticiens dont je suis, à être radical. Nous visons à ne pas intervenir du tout. J'ai bien dit *nous visons.* Comme je l'ai déjà relaté, cet effacement est réel dans le groupe d'enfants qui participent à l'atelier de l'Université populaire. Il l'est moins ailleurs, en particulier quand le groupe est constitué d'enfants plus jeunes et/ou débutants dans la démarche. Mon expérience de l'Université populaire montre aussi que le groupe peut être hétérogène de ces deux points de vue, sans que cela nuise à la possibilité pour l'animateur de s'effacer. Les enfants qui ont assisté cette année à l'atelier avaient entre huit et quinze ans, et certaines des séances en ont vu cohabiter qui étaient complètement débutants avec d'autres qui avaient déjà vécu plus d'une trentaine de discussions, sans que cela pose le moindre problème.

Dans les dispositifs qui ne visent pas l'effacement de l'animateur, celui-ci n'apporte jamais de réponse, même s'il intervient davantage pour orienter le débat, reformuler, faire conceptualiser, problématiser, argumenter…

Or, depuis longtemps, les didacticiens prônent de délaisser les approches trop frontales, où l'enseignant, seul détenteur du savoir, le déverse du haut de la chaire à des élèves qu'on suppose, assez souvent à tort, avides de l'entendre et de l'intégrer. On tend au contraire de plus en plus à travailler à partir de l'expression par les enfants de leurs représentations, pour les infirmer ou les confirmer au moyen d'un dispositif adéquat. Et partir des représentations des enfants ne signifie pas qu'on souhaite bâtir un autel à la spontanéité, comme certain ministre a voulu nous le faire croire récemment, dans une analyse quasi-tendancieuse, et pour le moins réactionnaire, des pédagogies actives. Non, il s'agit avant tout de savoir où les enfants en sont, ce qu'ils ont compris, et on ne peut le savoir qu'en le leur demandant.

C'est le principe, par exemple, des activités dénommées « Ateliers de questionnement de texte » conçues par l'équipe qui travaille à l'université de Paris V avec Alain Bentolila et Jean Mesnager dans le cadre du Réseau des observatoires locaux de la lecture[103]. Dans l'enseignement des sciences, les écrits bien connus de Raymond Tavernier ou, plus récemment, les préconisations de Georges Charpak dans le cadre du programme « La main à la pâte » utilisent le même type de démarche. Les objectifs des promoteurs de ce dispositif sont d'ailleurs clairement affichés : on souhaite calquer la pédagogie des sciences sur ce qui se passe quand on est un vrai chercheur (émission d'hypothèses, construction de modèles qu'on soumet à la validation de l'expérience), pour mieux former de futurs scientifiques.

Mais ce qui distingue fondamentalement une classe au travail de la communauté scientifique, c'est que, dans l'immense majorité des cas, le professeur connaît, lui, la « bonne » réponse. Il ne peut pas laisser passer un contresens sur un texte, quand des élèves qui, par exemple, ont mal maîtrisé la chaîne anaphorique, ont compris qu'un récit mettait en scène quatre personnages quand il n'y en a que deux ; ou laisser s'installer l'idée que les aimants attirent le plastique si les enfants n'ont pas l'idée de couper un « magnet » avec leurs ciseaux, pour se rendre compte qu'il comporte une fine armature de métal. Dans ces cas, avec plus ou moins de subtilité (ou de sincérité, ou d'honnêteté intellectuelle, comme on voudra) il lui faudra bien, à un moment ou à un autre, rétablir la vérité, ou la faire rétablir, ce qui, finalement, revient au même.

Or, si on examine l'intention de faire vivre aux élèves des situations comparables à ce qui se passe dans la communauté scientifique, on voit bien que l'analogie est loin d'être parfaite. Personne ne dira en effet aux chercheurs en médecine ou en astrophysique qu'ils se trompent. Si ce n'est d'autres chercheurs, ailleurs, ou plus tard ; ou qu'eux-mêmes soient amenés à corriger leurs erreurs. Tous savent bien que les vérités qu'ils énoncent sont provisoires, que de nouvelles études peuvent les remettre en cause : l'histoire des sciences regorge de ce genre de rectifications. Au moment même où ces lignes étaient écrites, les astronomes se demandaient s'ils ne venaient pas de découvrir une nouvelle planète, située au-delà de Pluton. Mais était-ce bien une planète, ou un objet de Kuiper ? Cette interrogation elle-même remettait en cause l'identification de Pluton comme une planète. Cet astre n'est-il pas, lui aussi, un objet de Kuiper ?

On le voit, beaucoup de scientifiques, à un moment ou à un autre, sont amenés à dire : « Je ne sais pas, nous ne savons pas. » Un professeur de lettres, de physique, de biologie le dit-il, autrement que de façon anecdotique, quand il parle de la matière qu'il enseigne ?

C'est un des sens qu'il faut donner à l'expression « communauté de recherche entre pairs », employée par Matthew Lipman pour désigner le groupe d'enfants au travail dans une séance de ce qu'il appelle « philosophie pour enfants ». Comme dans la communauté scientifique, il s'agit pour les élèves engagés dans ce type de démarche de choisir une question, de la traiter de la façon la plus rigoureuse possible, dans tous ses aspects, de constater des désaccords, d'en régler certains et de progresser (ou non…) vers une vérité qu'on sait éphémère. Aucune autre activité menée avec des enfants, que ce soit dans les écoles ou dans d'autres cadres, ne réunit ces caractéristiques. En ce sens, et de façon faussement paradoxale, aucune ne prépare mieux les élèves à devenir des scientifiques accomplis. Comme le dit Gaston Bachelard, « pour un esprit scientifique, toute connaissance est une réponse à une question. S'il n'y a pas eu de question, il ne peut y avoir de connaissance scientifique.[104] »

On le voit donc, la question est première, indispensable à l'élaboration de toute connaissance scientifique. Et celle-ci ne peut qu'être corrompue et rendue stérile par la prétention de fournir des réponses définitives. Toutes ces caractéristiques – rôle primordial des questions, absence de réponses définitives – sont présentes à l'évidence dans nos démarches de discussion philosophique, dont elles constituent le fondement, et absentes ailleurs, même dans les dispositifs cités.

C'est peut-être ce côté impermanent, dans le sens bouddhiste du terme, cette relativité absolue, qui déstabilisent nombre d'enseignants quand ils sont confrontés pour la première fois à ces activités. Car le fait que le maître ou l'animateur ne connaisse pas les réponses leur est consubstantiel. Il s'agit bien, à travers elles, de développer une véritable « culture du questionnement », comme le dit Michel Tozzi. « Pourquoi ne voir dans l'enfant, précise-t-il, que celui qui répond par l'opinion et le préjugé, et non celui qui questionne sur le sens ? À ne pas prendre au mot ses questions, [...] à différer scolairement leur prise en compte, on prive l'enfant d'une culture du questionnement, on condamne l'école à une culture de la réponse.[105] »

Cette mise en lumière de l'intérêt du questionnement est radicalement nouvelle. Comme dans les romans de la Table ronde, c'est au sein d'un groupe dans lequel aucune prééminence ne doit se manifester, animé par un personnage au rôle secondaire, que naît la volonté de mener une quête. Et chacun voit bien que la Quête elle-même est plus importante, plus formatrice, que son objet. Et que c'est précisément dans les moments où les membres de la communauté ne sont pas réunis qu'elle prend tout son sens. La recherche reste personnelle, la communauté n'est qu'une aide, un soutien, une instance de partage qui aide à prendre conscience que tous ses membres cherchent... sans toujours trouver... et que leurs recherches, en bien des points, leur sont communes. Arthur, Gauvain, Lancelot et les autres ne sont pas chevaliers pendant les seuls temps où ils sont réunis. C'est l'ensemble de leur vie, de leurs actes qui leur confèrent cette dignité. Il en va de même pour les philosophes en herbe… Déjà, au IIe siècle de notre ère, Plutarque écrivait : « La plupart des gens s'imaginent que la philosophie consiste à discuter du haut d'une chaire et à faire des discours sur des textes. […] Socrate ne faisait pas disposer des gradins pour les auditeurs. […] Il fut le premier à montrer que, en tout temps et en tout endroit, dans tout ce qui nous arrive et dans tout ce que nous faisons, la vie quotidienne donne la possibilité de philosopher.[106] »

Entre deux

Que peut-il, que doit-il se passer entre les deux séances, entre celle qui s'achève avec le vote et celle qui verra le groupe prendre la question retenue comme sujet de discussion ? Je serais tenté de dire : rien. Rien de formel, d'induit, rien d'exigé – surtout pas. La question revient souvent, posée par les enseignants dans les classes desquels j'interviens. Faut-il préparer, et comment ? Faut-il demander aux enfants de faire quelque chose, et quoi ?

En tant qu'enseignant, plutôt que préparer, je dirais qu'il faut « SE » préparer. C'est-à-dire que l'animateur de discussions philosophiques doit plutôt, me semble-t-il, tenter de devenir lui-même philosophe. Et là, pas de recette miracle. Penser sa vie, lire, être conscient de soi et des autres, de sa présence au monde, devenir sculpteur de soi, artiste de sa vie, artiste tout court, aller au spectacle, au cinéma, au musée, manger, boire, jouir enfin, en reconnaissant le plaisir comme moteur essentiel de nos actes – plaisir que le philosophe hédoniste souhaite débarrassé de toute tentation solipsiste ; et pratiquer des discussions philosophiques avec ses élèves, ses enfants, ses amis, au café philo ou ailleurs… Pas de lieu spécifique, pas de temps dédié, pas de circonstances particulières. Chaque acte de la vie consciente est l'occasion de devenir philosophe, et, donc, l'opportunité de se préparer à l'animation de discussions philosophiques ; discussions dont les effets – positifs – se font sentir dans chaque acte de la vie consciente…

Plus précisément, que préparer, pendant l'interséance, si on vise, comme d'autres et moi-même le font, un retrait aussi absolu que possible ? Essayer de faire un tour exhaustif de la question ? Mais qui peut prétendre à l'exhaustivité, sur aucun des thèmes soulevés, par exemple, dans les questions qui figurent dans chacun des chapitres de cet ouvrage ? Alors, être moins ambitieux, et essayer seulement de dégager quelques pistes ? Mais pourquoi celles-là, plus que d'autres ? Parce que l'animateur les juge essentielles ? Selon quels critères, sinon les siens propres ? En quoi moi, simple mortel, animateur éphémère de discussions philosophiques, puis-je m'estimer fondé à déterminer qu'une direction est à privilégier quand une question est posée ? Ce qui m'apparaît en revanche évident, c'est qu'une telle posture contreviendrait radicalement à l'accès à l'autonomie pour les enfants qui participent à la discussion. Car si on envisage d'aborder la question sous tel ou tel angle, d'explorer telle ou telle thématique qu'on estime induite, et que les enfants ne s'y dirigent pas, que fait-on ? Que peut-on faire, sinon l'imposer ? Et si on se refuse à imposer un plan soigneusement préparé, pourquoi passer du temps à l'élaborer ?

Certes, le retrait n'est jamais absolu. Il n'est d'ailleurs qu'une visée, peut-être ne l'ai-je pas encore suffisamment rappelé. Dès que l'animateur parle, il induit. Une seule solution, parler peu, le moins possible. Proposer éventuellement des pistes de réflexion, mais ne pas se formaliser si elles ne sont pas suivies. Par contre, privilégier systématiquement le retour réflexif sur la discussion avec les enfants eux-mêmes. La discussion s'est-elle bien passée ? Qu'est-ce qui vous le faire dire ? Si elle s'est mal passée, comment pourrait-on faire pour que les prochaines se déroulent mieux ? Les pistes que j'ai proposées ont-elles été suivies ? Si ce n'est pas le cas, est-ce un problème ? etc.

Je comprends que des animateurs, des enseignants, surtout dans leurs premières discussions philosophiques, aient besoin de se rassurer en préparant la séance de discussion. Mais qu'ils aient bien conscience alors, et qu'ils aient l'honnêteté intellectuelle de dire, que leur préparation n'est utile qu'à eux, que c'est leurs difficultés qu'ils gèrent ainsi, leur insécurité face au groupe, leur peur du vide, leur appréhension de l'inspecteur, et pas d'hypothétiques besoins des enfants. Cette distinction entre problèmes des adultes et problèmes des enfants est d'ailleurs à mon sens fondamentale dans l'éducation en général, comme l'a montré Thomas Gordon[107].

Ajoutons que si on insiste sur la nécessité de préparer la discussion, j'entends de la préparer de façon formelle, au sens où on l'entend en sciences de l'éducation, en rédigeant une fiche où figurent objectifs, déroulement, suites éventuelles etc., on jette un discrédit implicite sur les démarches qui ne prévoient pas de temps spécifiques de questionnement. J'ai déjà dit que le dispositif élaboré par Matthew Lipman, s'il est probablement le plus ancien, puisque mis au point au début des années 1970 et employé depuis aux États-Unis et ailleurs, il est loin d'être la seule démarche utilisée, notamment en France. Il n'est même pas majoritaire, à ma connaissance. Or, ce dispositif est le seul à prévoir explicitement deux séances, ou au moins deux parties distinctes dont la première est consacrée à l'émergence et au choix d'une question. Le seul qui puisse matériellement permettre une préparation de la discussion. Dans la majorité des autres cas[108], la question est proposée en début de séance, et la discussion est lancée aussitôt. Présenter une préparation formelle, à la séance, comme une étape indispensable pour tous, revient en fait à affirmer que seule la démarche Lipman peut et doit être appliquée. Ce qui, du même coup, nie toute autre possibilité, ôte aux enseignants une grande part de leur liberté pédagogique, fige la recherche et barre d'un trait de plume désinvolte les nombreux travaux menés dans d'autres perspectives.

Car dans la configuration extrême, mais tout à fait envisageable, qui verrait l'animateur proposer lui-même un thème ou une question, ce qui lui aurait permis une préparation éventuelle, puis lancer immédiatement la discussion et la diriger selon un plan précis qu'il aurait prévu, il me semble qu'on ne pourrait plus guère parler de moment d'échanges, mais plus simplement de cours. Entendons-nous bien. Je n'ai rien à reprocher au cours, en tant que tel. J'ai déjà dit que les cours ont leurs avantages : j'en ai suivi et en suis encore, de façon volontaire (ce qui, peut-être, induit une nuance de taille…). Ils sont pour moi importants, autant, et peut-être plus, que la lecture de livres, par exemple. Mais autant appeler un chat un chat…

Enfin, dans le cas très précis de mon atelier de l'Université populaire, comme d'ailleurs, dans celui de certains lipmaniens que j'ai rencontrés – si je les ai bien compris –, les deux temps se suivent, séparés éventuellement d'une courte pause. Quand on ne dispose pas d'un battement de quelques jours, comment faire pour préparer ?

Puisque nous en sommes là, arrêtons-nous un instant sur ces quelques jours. Y a-t-il une durée précise à respecter ? Certes non. J'ai pratiqué des intervalles allant de dix minutes à trois ou quatre semaines, sans ressentir de problème particulier, sans que les enfants s'en disent gênés.

Dans la démarche Lipman, ces intervalles sont mis à profit pour effectuer avec les enfants des exercices divers, sensés développer des habiletés de réflexion, liées en particulier à la logique formelle. Je n'ai jamais utilisé ces exercices, pour de multiples raisons. Ils sont en effet décrits dans des guides d'accompagnement très volumineux, comptant plusieurs centaines de feuillets, et par ailleurs difficiles à trouver en Europe. L'application du programme qu'ils contiennent prendrait beaucoup de temps. À l'Université populaire, où les deux heures hebdomadaires suffisent tout juste à contenir les deux parties que sépare notre intervalle, il serait impossible de les caser. Et il me paraît hors de question de trouver une solution de moyen terme, qui ferait alterner, d'une semaine sur l'autre, une séance de discussion et une séance d'exercices. D'abord parce que, puisque les enfants sont volontaires, il n'est pratiquement jamais arrivé que j'aie exactement le même groupe deux semaines de suite. Ensuite, et surtout, parce que ces exercices sont véritablement des travaux dirigés, et qu'il m'est difficile, pour ne pas dire odieux, d'être un guide, dans une telle activité.

J'ajoute que la notion de programme elle-même, chère à Matthew Lipman, me paraît un peu suspecte. Y aurait-il des étapes bien repérées à franchir, des exercices ciblés et calibrés, des méthodes à suivre, pour parvenir à l'autonomie de sa pensée ? Suivre, toujours suivre, pour être libre un jour ? Je pense aussi que cette idée de programme est plus adaptée à la mentalité nord-américaine qu'aux incorrigibles latins que nous sommes. Et qu'elle se désamorce d'elle-même quand on n'a aucune assurance, comme c'est le cas en France, que le programme puisse être appliqué dans son entier. À quoi bon imposer le dixième d'un programme à un demi pour cent de la population scolaire ? Car dans les écoles et les collèges, nos démarches ne sont pour le moment appliquées que par une infime minorité d'enseignants et le temps alloué par les Instructions Officielles pour des activités proches ne permettrait probablement pas de mener à terme un ensemble aussi vaste et ambitieux.

Faut-il demander aux enfants, cette fois, de faire quelque chose entre les deux parties de la séance, entre l'émergence de la question et la discussion qui la prendra comme thème ? Leur demander quoi ? de réfléchir ? d'en parler avec leurs parents, avec leurs camarades ? Je ne vois pas vraiment l'intérêt de présenter la nécessité de la réflexion comme une injonction, ce qui me rappellerait un peu trop la réaction de cette dame lors du cours de Michel, le 3 février. Mieux vaut, je pense, tenter de donner l'envie, mais ne pas imposer. L'envie, d'ailleurs, n'est-elle pas systématiquement chassée par l'injonction ? Celle-ci ne crée-t-elle pas plutôt le désir de transgression ? Quand on se met dans la position du parent normatif, pour reprendre les termes de l'analyse transactionnelle, on prend le risque de susciter des réactions d'enfant, enfant adapté ou enfant créatif[109]. Bref, l'idée de demander aux enfants de réfléchir, ou de discuter avec qui que ce soit, ne me semble pas vraiment cohérente avec l'ensemble de la démarche, et plutôt inefficace. Comment contrôler que cette réflexion ou ces discussions ont bien eu lieu ? Quant à demander aux enfants d'écrire quoi que ce soit, à la maison, outre que c'est interdit à l'école élémentaire, je n'en vois vraiment pas l'intérêt.

Ce jour-là…

Un objet fut proposé par les enfants : un « chouchou » noir et rouge, sorte de parure pour cheveux portés par les enfants et les jeunes filles. Conformément aux décisions prises précédemment, ils purent proposer soit des questions inspirées par cet objet, soit d'autres, librement inventées.

Questions proposées à partir du chouchou :

1. L'esthétique sert-elle à quelque chose ?
2. L'art peut-il nous permettre de nous exprimer ?

3. Pourquoi certaines personnes disent-elles que les suicidés sont lâches ?

4. Pourquoi certaines personnes ne veulent-elles pas d'amis ?

5. Qu'est-ce que la beauté ?

Questions proposées sans support :

6. Par rapport à quoi choisissons-nous notre métier ?

7. Est-ce que la télé peut influencer les gens ?

8. Qu'est-ce que la morale ?

9. Pourquoi critique-t-on les gens pour ce qu'ils ne sont pas ?

10. Pourquoi avons-nous des *a priori* trop vite sur quelqu'un ?

11. Est-ce une bonne chose que n'avoir « ni Dieu, ni maître » ?

12. Pourquoi le rire nous fait-il déstresser ?

13. Avons-nous une liberté ?

14. Pourquoi fait-on des blagues sur les blondes ?

15. Est-ce que les comiques ont le droit de tout dire ?

16. Pourquoi y a-t-il différentes sortes de billes ?

17. Pourquoi avons-nous des goûts différents ?

À l'issue du vote, les enfants ont retenu « Pourquoi avons-nous des *a priori* trop vite sur quelqu'un ? »

Cette séance fut curieuse, dans la mesure où les échanges informels qui ont souvent lieu à la pause se poursuivirent au-delà de l'heure que nous avions fixée pour le début de la discussion. J'indiquai par exemple, grâce à un petit calcul que je venais de faire, que les filles représentaient environ soixante-cinq pour cent des présences à l'atelier depuis le début de l'année, ce qui me semblait une proportion importante. Quelle explication lui donner ?

D'autres échanges eurent lieu ensuite dont le thème central fut, en gros, « Quel pouvoir les adultes ont-ils sur les enfants ? » Mais comme c'était une discussion tout à fait informelle, j'y participai, et omis donc de prendre des notes… Ce qui suit est donc restitué de mémoire.

C'est une parole d'une des habituées du cours de Michel qui fut le point de départ. Peu de temps avant le début de la séance de ce mardi-là, elle me disait en parlant de l'atelier de discussion philosophique pour enfants que cette initiative était intéressante, mais que certaines des personnes auprès desquelles elle était intervenue pour qu'elles y amènent leurs enfants lui avaient rétorqué qu'ils s'en abstenaient car ils avaient peur, en le faisant, de perdre le contrôle, le pouvoir qu'ils avaient sur eux… Ce qui, au passage et sans que je l'aie sollicité le moins du monde, corroborait un certain nombre des thèses émises plus haut dans cet ouvrage quant aux raisons qui pouvaient pousser des enseignants à se méfier de ces activités, ou à ne les exercer que dans la mesure où ils restent d'une certaine façon aux commandes… J'en vins donc avec les enfants et les adolescents de l'atelier à me demander ce que ça voulait dire « avoir du contrôle », et à quelles fins les adultes souhaitaient en avoir sur leurs enfants, en particulier dans le déroulement de leurs études. Est-ce une question d'image, comme le suggérèrent certains des participants, dans la mesure où des parents seraient fiers de voir leur progéniture occuper un rang social qu'eux-mêmes n'avaient pu atteindre (« Ils seront pharmaciens parce que Papa ne l'était pas », chantait Jacques Brel) ? Est-ce une question d'aisance financière, une bonne situation, comme on dit, pouvant être le gage que les enfants aideront leurs parents vieillissants ? Nous nous sommes perdus en conjectures. Je marquai ma surprise de voir de tels comportements perdurer, après toutes ces possibilités amenées par l'augmentation générale du niveau d'étude, par la percée d'idées nouvelles dans la mouvance de Mai 68, qui ne date pourtant pas d'hier, et par l'information disponible pour le plus grand nombre grâce aux moyens de communication de masse. Et m'étonnai aussi d'avoir été élevé, moi, selon des principes que je revendiquerais : très peu d'injonctions, la possibilité toujours ouverte de discuter, de faire le métier que je souhaitais, d'aller volontairement au catéchisme pendant trois ans, puis de le quitter quand le travail demandé faisait une concurrence indue à celui qui relevait de mes études au collège. Et considérant que tout ceci avait eu lieu entre 1960 et 1975, il y a maintenant plus de trente ans, je m'étonnai à nouveau que de tels principes éducatifs ne se soient pas davantage répandus depuis…

Les jeunes voulaient continuer cette discussion, mais j'avais vraiment l'impression de parler de moi, d'imposer mes vues, et de faire le contraire de ce que je prône. J'ai insisté pour revenir sur la question du jour, en reprenant le fonctionnement habituel. Je me suis remis au clavier de l'ordinateur, je me suis tu, et nous avons désigné une distributrice de parole.

Pour Virginie, un *a priori*, c'est quelque chose qu'on dit sur une personne, en pensant qu'elle est comme ça, alors qu'elle ne l'est pas… Plusieurs des discutants affirmèrent avoir souvent des *a priori*, en regardant les personnes par exemple. Et certains dirent que leur premier jugement se révèle souvent exact. Bien sûr, ce jugement peut être positif ou négatif. Le prénom est souvent révélateur, nous dit Olivier, et le mode vestimentaire aussi, ajouta Hélène.

Pour Justine, les *a priori*, ce sont des préjugés. C'est peut-être vérifié, dans certains cas, mais ça ne lui plaît pas qu'on en ait car on fait des généralités et que ça peut jouer des mauvais tours. D'autant que les gens qu'on juge ainsi peuvent avoir en retour des *a priori* sur nous. Olivier précisa que, quand il a des *a priori*, il attend un peu pour considérer son jugement comme définitif, et qu'il ne s'est jamais trompé.

Plusieurs dans le groupe insistèrent alors pour dire qu'il faut se méfier des *a priori*, Justine estimant par exemple qu'on met en route un cercle vicieux. Pour elle, il faut aussi prendre les gens tels qu'ils sont, sans faire attention au prénom ou aux vêtements. C'est le critère de ce jugement qui pose problème à Hélène. Elle pense qu'on ne peut pas se baser sur le prénom, mais que le mode vestimentaire montre des choses quand même : si on est calme, on ne met pas de choses fluo par exemple. Léa sembla d'accord puisqu'elle dit que le mode vestimentaire fait référence au goût des personnes, alors que le prénom, ce sont les parents qui le choisissent. Mais un contre-exemple fut donné par Virginie, qui parla de cette jeune fille appelée Lolita et qui a le type de personnalité qui va avec ce prénom : elle est souvent en compagnie des garçons.

Hélène indiqua aussi qu'il arrive que des gens cachent des choses, ou cachent leur jeu, comme le dit Virginie.

Justine revint alors sur l'ensemble de la discussion et dit que, depuis le début, on semblait présupposer que les *a priori* sont quelque chose de mauvais. Mais, pour elle, c'est aussi une façon de se protéger ; il ne faut pas ouvrir cette barrière trop vite. Faisant une synthèse des deux précédentes remarques, Hélène dit qu'il y a des gens qui nous poussent à faire des choses qu'on ne voudrait pas faire, ils nous trompent en ne se montrant pas tels qu'ils sont réellement.

Se posa alors le degré de certitude accordé à un *a priori*. Il semble que l'apparence extérieure d'une personne détermine un certain nombre de choses, au moins dans le premier contact. Quand on voit de nouvelles personnes, à la rentrée des classes, par exemple, on se pose des questions sur elles, mais on ne porte pas de jugement. On a quand même un peu une première idée : on pense savoir avec qui on va discuter, avec qui on va faire des bêtises. Mais il n'y a pas de certitudes.

Hélène reprit alors l'argument émis par Léa, en disant qu'il ne faut pas avoir des *a priori* par rapport au prénom puisque c'est les parents qui le choisissent avant la naissance. Virginie sembla affirmer le contraire : elle connaît une autre Virginie qui voudrait être styliste. Elle vient en classe avec une montre à la cheville, des bandeaux dans les cheveux… Olivier déclara ne pas comprendre où Virginie voulait en venir avec cet exemple. Celle-ci répondit que cette autre Virginie ne passe pas son temps à rire, comme elle, mais qu'elle passe tout son temps sur son aspect extérieur.

Justine déclara alors qu'elle essaie de ne pas avoir d'*a priori*. Pour elle, il faut lutter contre ça, même si tous les Kévin qu'on a rencontrés étaient comme ceci ou comme cela. D'autant, ajouta Hélène, qu'on détermine son mode vestimentaire d'après son caractère et non le contraire. Argument battu en brèche par Justine, puisque dans la cour on voit tout le monde habillé de la même façon : ce n'est donc pas le caractère qui transparaît.

Revenant sur l'exemple de l'autre Virginie, le groupe sembla être globalement d'accord pour dire que ce genre de comportement, l'adoption d'un mode vestimentaire excentrique, est assez rare, et prouve que la personne en question se moque de l'avis des autres ; c'est une façon de se faire sa propre personnalité, sa propre façon d'être. Ceux qui osent avoir un look, en règle générale, osent sortir du lot...

Le 23 mars 2004

Où l'on privilégie Dionysos

La diffusion de nos démarches, qui me semble souhaitable, suppose une forme ou une autre de formation. Difficile de demeurer sur le mode injonctif (encore...), et de dire simplement : « Nous avons trouvé quelque chose d'intéressant, à vous de faire. »

Le Colloque national de Nanterre des 4 et 5 juin 2003, intitulé « Philosopher : pratique élitiste ou objet de formation ? » a amplifié une réflexion sur ces dispositifs de formation. Doit-on parler d'accompagnement, comme le fait Michel Tozzi ? Il m'est apparu au cours des travaux du colloque qu'une désignation possible de ces actions pourrait être « recherche-formation mutualisée ». En effet, les échanges, pour prendre un terme aussi large que possible, entre praticiens et chercheurs[110] ne prennent que très rarement la forme d'un cours dispensé du haut de la chaire. C'est ce qu'on pourra voir grâce à ce petit tour d'horizon :

– une bonne part de la littérature consacrée à ces démarches, en particulier les ouvrages coordonnés par le même Michel Tozzi ou d'autres, ainsi que les revues comme Diotime, sont écrits à plusieurs mains ;

– les ressources du Web ont la même caractéristique. Je pense particulièrement au site « Pratiques philosophiques » créé et animé par Jean-François Chazerans et à la liste de diffusion qui en est le prolongement[111]. Ce site, cette liste, permettent aux praticiens-chercheurs d'échanger, de discuter, bref de se former mutuellement ;

– les colloques[112] organisés régulièrement prennent trois formes principales : la table ronde, la courte allocution, l'atelier. Très souvent, les échanges sont sollicités, même dans les temps en séance plénière, au cours des tables rondes ou à la suite des allocutions. En ce qui concerne les ateliers, le petit nombre de participants est voulu pour permettre des échanges, des réactions aux présentations qui y sont faites. Notons d'ailleurs qu'un grand nombre de ces ateliers sont consacrés à des « mises en pratique » où les participants vivent en vraie grandeur ce qu'on envisage d'organiser en classe ;

– la plupart des temps de formation organisés au sein des IUFM[113] ou dans les circonscriptions, par les inspecteurs ou les conseillers pédagogiques, ont recours également à la mise en pratique, voulue comme pivot de réflexion ;

– dans ces mêmes temps de formation, du moins ceux dans lesquels j'ai été investi, comme intervenant ou participant, les autres moments (apports d'information, analyses de pratiques ou de textes supports,...) sont aussi, le plus souvent, soumis à discussion.

Insistons particulièrement sur la discussion philosophique en communauté de recherche envisagée comme moyen de formation. Elle peut en fait revêtir deux formes, complémentaires : l'animation par les futurs animateurs de séances avec des enfants ou de discussions organisées au sein d'un groupe d'adultes. L'intérêt de cette dernière modalité, que je propose systématiquement lors de mes interventions, me semble capital pour au moins deux raisons :

1. les adultes appelés à animer des discussions avec leurs élèves vivent ainsi de l'intérieur une démarche qu'il est peut-être illusoire de ne tenter de définir qu'avec des mots, aussi bien choisis soient-ils. Ils ont ainsi des éléments leur permettant de mieux comprendre ce qui se joue au cours de ces moments, et ils peuvent déterminer de façon plus pertinente le type d'animation qui sera le leur, en particulier en ce qui concerne le nombre et la nature de leurs interventions.

2. la discussion semble être un outil irremplaçable, et singulièrement efficace, pour développer la capacité à penser par soi-même (Tozzi) ou à utiliser la pensée critique (Lipman). Ce qui, en plus d'être une bonne chose en soi,

permettra aux enseignants d'intégrer le contenu des lectures qu'ils seront amenés à faire, ou des cours qu'ils entendront, de façon plus responsable, en les passant à la moulinette de leur jugement ou, pour dire les choses autrement, en reprenant les mots de Pierre Hadot sur les Stoïciens, avec « cette attention continuelle, qui est une tension constante, une conscience, une vigilance de chaque instant »[114]. Ceci sera très précieux pour les lectures, par nature non discutées, et pour les cours qui ne prévoiraient pas de temps d'échanges, et seraient donc, de ce fait, en opposition avec ce qu'était la philosophie à ses origines : « Lorsque Aristote fait un cours, dit encore Pierre Hadot, [...] il ne s'agit pas d'informer, de transvaser dans l'esprit des auditeurs un certain contenu théorique, mais de les former, et il s'agit aussi de mener une recherche commune [...] Aristote attend de ses auditeurs une discussion, une réaction, un jugement, une critique. L'enseignement reste toujours fondamentalement un dialogue.[115] »

Mais la discussion philosophique suffit-elle ? Est-ce, comme le défendent certains, le seul mode de formation à envisager ? À vrai dire, je pense que la réponse à cette question peut varier suivant les individus, et singulièrement en fonction de leur formation philosophique préalable. Les enseignants d'école élémentaire et de collège, sans cursus philosophique universitaire, dont je suis, fournissent le plus fort contingent d'animateurs de discussions de ce type, toutes structures confondues, et ils sont particulièrement demandeurs d'apports théoriques. Et ces demandes ne concernent pas seulement des présentations des différentes démarches, de leurs finalités, de leurs modes de mise en œuvre, mais bien des temps d'initiation à la philosophie, à ses courants, à ses grands textes, à ses grands noms, à ses notions fondamentales.

À la suite d'un stage ou d'une sensibilisation plutôt axée sur la pratique en classe, beaucoup de ces enseignants demandent, par exemple, quels livres de philosophie on peut lire pour parfaire sa culture. N'est-ce pas faire acte de formation que de prendre en compte ces demandes et d'y répondre ? Certes, bon nombre de professeurs de philosophie diplômés animent des ateliers avec des enfants. Ceux-là pourront peut-être se contenter de participer à des mises en pratique, voire de fréquenter un café philo. Mais, à moins de souhaiter laisser nos démarches dans la situation d'extrême confidentialité qui les caractérise actuellement[116], on ne peut que penser qu'elles seront à terme menées majoritairement par des enseignants n'ayant pas de formation philosophique universitaire. Il me semble d'ailleurs plutôt encourageant de voir des maîtres d'école, des professeurs de collège, se mettre à lire des ouvrages de philosophie après un stage de sensibilisation à nos démarches, alors que beaucoup n'en avaient plus ouvert depuis leur année de terminale. J'y insiste : je vois pour ma part comme une complémentarité entre le fait de participer à des discussions philosophiques, et celui d'acquérir des savoirs théoriques, en assistant à des cours ou en lisant des livres. Les outils réflexifs acquis lors des discussions seront précieux pour intégrer les savoirs nouveaux que chacun sera alors davantage en mesure d'accueillir avec un regard critique. Et plutôt qu'advenir comme une couche supplémentaire qu'on apposerait sur un substrat immuable, à l'image d'un simple vernis, ces savoirs nouveaux, joints aux habiletés réflexives développées par la discussion philosophique, constitueront une panoplie permettant à chacun de devenir sculpteur de soi.

En France, le cours de philosophie traditionnel a été le modèle dominant du philosopher pendant cent cinquante ans. Au point que, pour beaucoup, faire de la philosophie se résumait à entendre un cours, à lire des livres, et, en rapport avec ces deux activités, à écrire des textes, commentaire ou dissertation. Si opposition il y a eu à ce modèle, elle a été très ténue, ou efficacement muselée, ce qui semble être heureusement en cours d'évolution, grâce, entre autres, au talent de quelques penseurs reconnus. Cependant, pour prendre d'une certaine façon le contre-pied de cette transmission verticale de savoirs, gardons-nous de ce que j'appelle le syndrome de Clovis, pourtant tellement répandu dans l'Éducation nationale qu'on peut se demander s'il n'est pas contagieux. Et qui peut être résumé dans ces paroles de l'évêque Rémi adressées au roi susnommé, alors qu'il le convertissait au catholicisme par un baptême public aux lourdes conséquences : « Adore ce que tu as brûlé, brûle ce que tu as adoré ! » Le cours, qui présente des notions, des auteurs, des œuvres, des courants de pensée, ne me semble pas en soi plus condamnable que la lecture de livres qui ont le même objet. Évitons simplement d'assimiler le philosopher à ces pratiques, qui n'en sont qu'une partie. Proposons le cours, la lecture de livres, comme un choix possible, et non une obligation. Enfin, insistons sur le rôle central de la discussion entre pairs, qui développe l'esprit critique et la faculté de « penser par soi-même », et qui me semble devoir être matériellement présente, comme dans l'enseignement d'Aristote, après tout exposé théorique. Ce moment de discussion ne doit donc pas seulement être invoqué de temps à autre par l'orateur comme un vœu pieux, sur un mode quasi-incantatoire, mais il doit être prévu, organisé, planifié, comme c'est le cas à l'Université populaire de Caen[117], pour les cours de mes amis philosophes, Séverine Auffret, Michel Onfray et Gérard Poulouin, cours qui sont constitués d'un exposé d'une heure, suivi d'une discussion de même durée. En ce sens, et pour reprendre les mots de Alain Trouvé parlant des discussions menées avec les enfants, « ce nouveau genre de philosopher peut avoir non seulement un rôle propédeutique à l'enseignement de la philosophie lui-même, mais encore peut sans doute servir de modèle à ce même enseignement. »[118] Conçu de cette façon, le cours retrouve l'aspect mutuel, ou mutualisé, qui me semble incontournable dans le cadre d'une formation à nos démarches, aspect qu'il n'aurait d'ailleurs jamais dû perdre.

Toutes ces caractéristiques, auxquelles s'ajoutent, à l'Université populaire, l'absence revendiquée de tout dispositif de contrôle des acquis, de toute exigence ou délivrance de diplôme à l'entrée comme à la sortie, ont bien des points communs avec les processus d'apprentissage de l'autodidacte. Car, contrairement à ce que pourrait laisser supposer l'étymologie, on n'apprend jamais réellement seul. Certes l'autodidacte n'apprend pas d'*un* maître, il lui en faut plusieurs, de multiples, de natures diverses, souvent : personnages de chair, livres, autres supports médiatiques et réflexion subséquente. Mais dès lors, sont-ce encore des maîtres ? Et l'autodidacte ne tire pas son savoir d'une institution unique, mais de diverses instances.

Auraient pu alors se dire autodidactes ces myriades de musiciens traditionnels, jouant d'oreille sur des instruments dont la rusticité n'était parfois qu'apparente, comme en témoignent ces magnifiques instruments à bourdon, si français qu'on peut dire que notre pays est la véritable patrie de la cornemuse – et pas l'Écosse – mais qu'il eut le tort de l'oublier, pour d'obscures et bien parisiennes raisons.

Seuls demeurèrent le violon et le piano, rois des instruments de conservatoire, apolliniens en diable. Les accents dionysiaques des vielles à roue du Berry et du Bourbonnais, parmi lesquelles les chefs d'œuvre de Pajot ou de Pimpart, luthiers à Jenzat, ceux des cornemuses « à bouche » des mêmes régions, des chatoyantes chabrettes du Limousin, de la cabrette d'Auvergne, ou de la musette mise au point à Effiat par Joseph Béchonnet, furent, eux, recouverts d'une chape de silence.

Apolliniens encore sont la lyre, la cithare, le plectre du luthiste, les arpèges éthérés de la harpe, le pas de deux du ballet classique ; apollinien le fort en thème, le bon élève des grandes écoles, qui ne vit que par l'écrit ; apolliniennes, la philosophie platonicienne, la plume de l'érudit.

Mais dionysiaques sont l'accordéon, le bourdon des cornemuses, le souffle du « maître-sonneur », pour le dire comme George Sand, et les danses qu'ils génèrent : bourrées des différentes régions du Centre mais aussi, surtout, danses en chaînes de Bretagne, laridé, andro, plinn, où les corps sont liés, ou les pas s'enracinent en terre, puisant directement aux forces telluriques ; dionysiaque l'autodidacte, puisant à de multiples sources, négligeant souvent les livres au profit du contact réel ; dionysiaques encore les philosophies incarnées, charnelles, portées par la parole vivante qui met en jeu le corps entier.

Un rééquilibrage en faveur de ces aspects dionysiaques ne suppose pas nécessairement l'abandon pur et simple des modes d'action apolliniens. Gardons-nous du syndrome de Clovis ! La sagesse suppose peut-être de choisir la voie du milieu, l'équilibre harmonieux entre ces deux conceptions du monde, équilibre qui pourrait, dans notre analogie, être représenté par la vielle à roue, apollinienne par ses cordes et dionysiaque par ses bourdons, ses vibrations, ressenties par le musicien qui la tient attachée sur ses entrailles mêmes[119]. Mais, pour être à même de choisir, encore faut-il que la possibilité en soit offerte, et qu'aucun des termes de l'alternative ne soit occulté au profit de l'autre…

Des sous-questions

Au début de la deuxième séance, le premier souci est de rappeler la question choisie lors de la première. Suivant la longueur de l'intervalle, ce rappel prendra plus ou moins de temps, bien sûr. Il se traduit par l'écriture de cette question au tableau.

Immédiatement après, comme il a déjà été dit, je propose un ensemble de sous-questions, l'élaboration de celles-ci constituant l'essentiel de ma préparation au sens pédagogique du terme. Cette pratique est inspirée du plan de discussion lipmanien, mais je préfère renoncer à cette appellation, et aux pratiques assez diverses qu'elle recouvre, et que je n'ai jamais faites miennes. Je ne veux surtout pas faire croire, en utilisant cette dénomination, que les choses sont programmées, figées, avant même que la discussion ne commence. La planifier ce serait pour moi comme préférer le voyage organisé à l'aventure ; passer le mois d'août en village de vacances alors qu'on rêvait de pirogues en Amazonie ; faire le tour de Bretagne en camping-car faute d'oser se lancer à l'assaut du Pôle Nord en traîneau à chiens… « C'est dangereux », me dit-on. Mais dangereux pour qui ? « Je redoute de ne pas savoir gérer », affirment d'autres. Mais gérer quoi ? avec quelles finalités ? Toute éducation comporte une part de danger. Le catéchisme, cet endoctrinement dès le berceau, qu'ont subi nos ancêtres et nous-mêmes n'était-il pas dangereux ?

De même, penser l'école comme une sorte de marchepied permettant d'entrer gaiement dans la grande famille du salariat n'est-il pas pernicieux ? Cette façon de faire n'est-elle pas percluse de présupposés économiques, politiques – philosophiques pour tout dire ?

Car pouvons-nous accepter de laisser nos jeunes, ceux que nous revendiquons comme « la chair de notre chair », immoler leur enfance sur l'autel de l'ascenseur social ? Qui, dans cette nouvelle et laïque version du sacrifice d'Abraham, retiendra notre bras ? C'est nous-mêmes qui les conduisons au martyre en les contraignant à consacrer le plus clair de leur temps à leurs études – des dizaines d'heures chaque semaine, autant, voire plus, que bien des salariés – et en leur disant implicitement, ou explicitement, « travaillez maintenant, vous serez heureux plus tard ». Mais de quel bonheur s'agit-il ? Sans l'énoncer clairement, l'expression « ascenseur social » assimile le bonheur au confort matériel, aux postes de pouvoir. L'entrée d'une fille de chômeur ou de smicard à Polytechnique ou à l'Ena[120] ne peut, à mes yeux, constituer une preuve de la santé du système éducatif. Je ne parviens pas à me réjouir de voir cette jeune fille devenir capitaine d'industrie, ou haut fonctionnaire, c'est-à-dire apte à délocaliser sans sourciller, ou entériner des délocalisations, créant ainsi de nouvelles cohortes de chômeurs dont les enfants eux-mêmes devraient avoir pour seul but d'emprunter cet ascenseur ; apte encore à gérer un état qui ferme les yeux sur les dérives de cette oligarchie, de cette ploutocratie qui se vautre dans l'autosatisfaction et la délinquance en col blanc, qui parle sans rire du salaire au mérite des fonctionnaires et vote des subsides honteux aux ministres et aux représentants du peuple qui parfois, hélas, ne représentent plus qu'eux-mêmes. Voilà une version moderne de la loi de la jungle : l'école comme moyen d'apprendre à passer du statut de proie à celui, plus enviable (?) de chasseur…

À bien des égards, la réussite scolaire, l'ascenseur social apparaissent comme des dogmes, des principes qu'il est malvenu de remettre en cause, de soumettre à une analyse critique. Tout comme cet autre qui valorise les femmes qui procréent, et justifie des politiques natalistes qui frisent l'absurde et ne sont, encore, qu'une laïcisation des préceptes bibliques. « Soyez féconds, multipliez »[121], lit-on, et, ailleurs, « Il [Dieu] dit à la femme : J'augmenterai la souffrance de tes grossesses, tu enfanteras avec douleur…[122] » La mise en perspective de ces deux injonctions, énoncées dès le début de ce livre que d'aucuns persistent à dire saint, a de quoi faire frémir. Si ce monde est une vallée de larmes, il l'est plus pour certaines que pour d'autres, plus pour les femmes que pour les hommes, plus pour cette moitié de l'humanité si longtemps et encore bafouée, humiliée, maltraitée (« Woman is the nigger of the world ») alors qu'elle en est pour moi la quintessence.

S'appuyant sans le dire sur cette idéologie malsaine, les politiques natalistes en viennent à créer, de façon insidieuse, un monde qui ressemble, mais de façon larvée, à ceux que nous décrivent les romans de science-fiction. On voit des mères dont les ventres sont loués, qu'on réduit à leur seule fonction procréatrice, dont les parturitions se calquent sur la durée d'octroi des allocations familiales, et qui exigent, en toute logique, que leurs enfants soient pris en charge par la collectivité dès que possible, à dix-huit mois, douze, pourquoi pas six… Le meilleur des mondes n'est ainsi pas imposé par un régime totalitaire ; c'est pire : il est choisi, voulu, réclamé par ses habitants, pour de l'argent. Encore une fois, le capital se montre l'allié objectif de l'Église. Car comment justifie-t-on, officiellement, cette demande d'enfants ? Autrefois, on agitait l'épouvantail du Péril Jaune qui fait maintenant rigoler tout le monde – soixante millions contre un milliard… Maintenant, on parle de sauvegarde des retraites, d'économie, d'argent, encore. Souffrez maintenant, Mesdames, faites des enfants, lavez, nettoyez, préparez les repas ; en récompense, vous coulerez des jours heureux, plus tard, toujours plus tard… Ce qu'on ne dit pas, c'est que l'afflux de demandeurs d'emploi, le maintien artificiel d'un nombre considérable de chômeurs, des millions, permettent de sous-payer ceux qui ne le sont pas, selon la loi de l'offre et de la demande, appliquée ici de façon scandaleuse au marché de l'emploi. Un marché qui achète et vend des hommes, ou, au moins, leur peine, leur temps de vie. Un marché qui est le fondement de démocraties qui s'enorgueillissent d'avoir aboli l'esclavage…

Comment penser que les enfants ainsi exigés par le monde de l'argent seront encore pleinement désirés par leurs parents ? Comment croire, donc, qu'ils bénéficieront des meilleures conditions pour grandir, étudier, vivre ? Et comment ne pas voir là une des causes majeures de l'échec scolaire, dont la carte recoupe, comme par hasard, les quartiers, les zones où les fratries pléthoriques bénéficiaires des subsides aux familles sont les plus nombreuses ?

C'est, à l'évidence, contre les dogmes qu'il faut lutter, contre les convictions, ces ennemis de la vérité bien plus dangereuses que les mensonges, pour le dire comme Nietzsche. Et, j'ajouterais, me basant sur ces quelques exemples, que les dogmes les plus redoutables sont ceux qui semblent ne pas en être.

Face à une question d'enfant, à ce type de question qu'il nous importe de voir apparaître, je suis donc absolument incapable de déterminer dans quelle direction il vaut mieux aller, quelles voies il conviendrait d'explorer prioritairement. Et ce qui me paraît impossible quand je suis avec un groupe d'enfants ne me semble pas plus envisageable quand je suis avec un ou des adulte(s), en situation de formation. Puisque toute philosophie est autobiographique et auto-justificatrice, et que, à mon sens, tout modèle éducatif est la manifestation d'une philosophie sous-jacente, il m'apparaîtrait donc contradictoire jusqu'à l'absurde de penser que la démarche décrite dans cet ouvrage – comme dans n'importe quel autre – pourrait avoir une quelconque prétention à être reprise, telle quelle, par d'autres praticiens. Je propose, vous disposez, dirais-je pour paraphraser Michel – encore.

Voilà, répétons-le, où sont les vrais dangers : dans les dogmes, dans les convictions non discutables, dans l'impression d'avoir parachevé une œuvre que d'autres n'auraient pas su mener à terme. Comme le dit Henri Laborit, « Ce n'est pas l'Utopie qui est dangereuse, car elle est indispensable à l'évolution. C'est le dogmatisme, que certains utilisent pour maintenir leur pouvoir, leurs prérogatives et leur dominance. »[123] La philosophie permet de faire face à ceux qui auraient de telles intentions. Car quand on ne fait pas de philosophie (parce qu'on n'y connaît rien, parce qu'on en a été dégoûté, parce qu'on nous a fait croire que c'était hors de portée), on en fait quand même, en laissant les autres imposer leur discours, en ne s'autorisant pas à le penser de façon critique. De la même façon, quand on ne vote pas, souvent pour les mêmes raisons, on vote quand même, avec les mêmes conséquences… Reste à savoir si cette démission de la pensée, de l'engagement, n'est pas un peu voulue, voire carrément provoquée…

Mais, donc, j'écris au tableau un ensemble de sous-questions – terme assez laid que j'emploie faute de mieux. C'est une espèce de trame, proposée plus qu'imposée. Et qui peut ne pas être respectée, ce que font souvent les enfants des groupes les plus avancés dans la démarche, comme ceux de l'Université populaire. Et une sorte d'aide, que je propose régulièrement de faire disparaître, ce que les enfants, jusqu'à présent, ont toujours refusé. Ces questions empêchent-elles les enfants de penser, comme on me l'a quelquefois dit ? Sont-elles, au contraire, une des plus nettes manifestations de la philosophicité de ma démarche, comme on me l'a dit aussi ? Plutôt que laisser les spécialistes décider, je préfère donner la parole aux enfants.

Des questions, donc, mais que la discussion à venir pourra ignorer sans que je m'en formalise outre mesure. Ce laxisme revendiqué est précisément, je pense, la condition pour que ces questions ne soient pas un frein, mais une incitation. Est-il d'ailleurs besoin de rappeler que l'ensemble de notre démarche ne peut prendre sens que si on l'envisage au moins sur le moyen terme, j'entends une ou deux années – années scolaires, si on réfléchit à son application dans l'école ? La conquête de l'autonomie est la grande affaire de l'enfance, dans son ensemble, et peut-être même, pour beaucoup, d'une bonne partie de l'âge adulte. En ce sens, le guide ténu que constituent ces sous-questions pourra être davantage suivi par les groupes débutants, surtout si on s'adresse à des enfants jeunes, et progressivement délaissé ensuite. Tout ceci est affaire de souplesse, de doigté, d'écoute. Je pense qu'il faut, de façon implicite souvent, mais aussi de façon explicite, demander régulièrement aux enfants s'ils ont encore besoin de nous, et dans quels domaines. Mais, pour certaines « grandes personnes », peut-être n'est-il pas facile de constater qu'elles sont devenues inutiles. Surtout si ces personnes sont des enseignants professionnels. N'est-ce pas, cependant, le signe d'une éducation réussie ?

D'ailleurs, que cache ce sentiment d'utilité, qui va parfois jusqu'à l'impression qu'on est indispensable, sinon une certaine angoisse face à sa propre disparition ? Comme si l'essence de l'homme était d'être utile, d'être une « cheville ouvrière », expression qui a fait florès, mais qui cache mal une vision mécaniste de la société. Vision que je récuse. Non ! Un homme, une femme, ne sont pas utiles, au sens où serait utile une paumelle pour maintenir une porte en place et permettre sa rotation. En réduisant la femme, l'homme, à leur seule fonction sociale (« travailleuses, travailleurs… »), en pensant nos sociétés sur le modèle de fourmilières peuplées d'ouvrières – tiens donc ! – quiconque considère ses semblables selon les critères de l'utilité gomme sciemment tout le reste, qui fait l'individualité et demeure pour moi essentiel : l'amour, l'amitié, les plaisirs, le rire, la pensée jubilatoire. Et voue par là même tous ceux qui ne sont pas « utiles », ou ne le sont plus, à l'anathème, à l'opprobre, à la dépression, bref à la mort avant l'heure.

Vivent, donc, les inutiles ! Eux seuls, peut-être, font avancer le monde, à l'image de ces chercheurs, de ces penseurs, de ces scientifiques, de ces artistes, dont on n'a reconnu les mérites que bien après leur disparition, alors que les pouvoirs en place les avaient au mieux ignorés. Au pire, sachons nous en souvenir, ils les avaient suspectés, jugés, condamnés, emprisonnés, torturés, brûlés, eux comme leurs écrits…

Ce jour-là…

Le point de départ fut constitué par des parfums : trois échantillons, exactement, que chacun put sentir. C'est moi qui pris l'initiative de proposer un déclencheur négligeant volontairement le sens dominant de l'espèce humaine, la vue, sens par ailleurs naturellement apollinien, puisqu'il ne suppose aucun contact physique, matériel, contrairement à l'odorat, au goût et au toucher. (Je ne considère pas les flux de photons responsables de l'excitation rétinienne comme un contact matériel, pas plus que les infimes vibrations de l'air auxquelles notre tympan est sensible...).

Conformément aux décisions prises précédemment, les enfants purent proposer soit des questions inspirées par ces parfums, soit d'autres, librement inventées.

Questions proposées à partir des parfums :

1. Pourquoi mettons-nous du parfum ?
2. Pourquoi a-t-on des goûts différents ?
3. Pourquoi certaines choses sentent-elles mauvais ?
4. Qu'est-ce que la beauté ?
5. Pourquoi certains objets cassent-ils ?

Questions proposées sans support :

6. Pourquoi certaines personnes sont-elles excentriques ?
7. Pourquoi fait-on des blagues sur les blondes ?
8. Pourquoi certaines personnes ne sont-elles pas sincères ?
9. À quoi sert l'éducation ?
10. Comment choisissons-nous notre métier ?
11. Y a-t-il un âge pour boire de l'alcool ?
12. Comment peut-on représenter la pureté ?
13. Comment l'éducation doit-elle se faire ?

14. Pourquoi y a-t-il des personnes sévères ?
15. Pourquoi y a-t-il des personnes insolentes ?
16. Pourquoi certaines personnes ne respectent-elles pas les autres pour ce qu'ils sont ?
17. Pourquoi certaines personnes ont-elles peur de la mort ?
18. Pourquoi certaines personnes sont-elles malades ?

Les enfants, à l'issue du vote, choisirent « Y a-t-il un âge pour boire de l'alcool ? » comme thème de la discussion. Les questions induites par les parfums ne furent donc pas retenues. Cette tentative pour s'orienter vers une philosophie sensualiste aurait pu être, en conséquence, considérée comme un échec. Mais l'important est d'ouvrir des voies, pas nécessairement de les suivre toutes.

Nous commençâmes la discussion en nous demandant si des limites d'âge pouvaient être posées pour d'autres comportements que la consommation d'alcool. Nous avons pensé à certaines pratiques sportives (judo, danse,...) qui imposent des aptitudes physiques particulières. À deux ans, par exemple, on est trop petit. Mais dans ce cas, ce n'est pas une question d'interdiction, mais plutôt d'impossibilité. En ce qui concerne l'alcool, c'est une question de conscience. Avant quatre ou cinq ans, on ne sait pas ce que c'est que l'alcool. Après, quand on sait les dégâts que ça peut causer, c'est différent.

Si un jeune enfant voit deux bouteilles, eau et alcool, il ne va pas prendre l'alcool, dit l'un des enfants. Mais les avis sur ce sujet furent partagés. Pour Anne-Lise, il pourrait en prendre si on ne lui a pas appris les dangers de la consommation d'alcool. D'autres dirent que si la bouteille d'alcool est sur la table, hors de sa portée, l'enfant aura recours aux parents qui vont lui donner des produits sans risque : jus de fruits… Mais si les deux bouteilles sont côte à côte, Hélène dit qu'elle n'était pas sûre que l'enfant va aller vers la bouteille d'eau, alors que Léa émit un avis contraire. Hélène pense que la curiosité peut le pousser à tenter un produit inconnu, alors que Léa dit que, comme il a déjà vu ses parents lui en donner, il va reconnaître la bouteille d'eau. Donc, pour elle, il ne prendra pas l'autre.

Anne-Lise mit cela en doute : à deux ans, d'après elle, la mémoire ne fonctionne pas de la même façon, on n'a pas conscience des choses ; l'enfant ne se rendrait pas compte que c'est dangereux. Léa sembla étonnée qu'on puisse penser qu'un enfant ne ferait pas la différence entre vin et eau. Anne-Lise répliqua que la différence serait faite, mais qu'il ne se rendrait pas vraiment compte et qu'il essaierait d'en boire. Julien estima quant à lui que l'enfant essaierait de prendre la bouteille la plus accessible, alors que Maïssane soutint que même si la bouteille d'eau est plus proche, il irait par curiosité vers l'autre.

Anne-Lise dit alors que ce serait plus intéressant de parler des adolescents : pour eux, y a-t-il un âge pour boire de l'alcool ? Elle pense que l'adolescence est une période où on découvre plein de choses, où on découvre la vie, où on fait des bêtises, voire des grosses bêtises dont certaines peuvent coûter la vie, la seule motivation étant parfois de se rendre intéressant, de faire bien par rapport à ses amis. Léa, s'appuyant sur cette idée, pensa que des adolescents pouvaient tenter de boire de l'alcool « pour voir », pour découvrir le monde. Mais Anne-Lise affirma que ce n'est pas seulement pour découvrir : certains seulement savent s'arrêter de boire avant que ce soit dangereux pour eux ou les autres. Il y aurait donc bien un âge qu'il faudrait attendre avant de commencer, mais cet âge n'est pas le même pour tous. Olivier insista alors pour dire qu'à son avis, il y a aussi des différences de maturité, par exemple entre les filles et les garçons. En réponse à une question que je lui posai, il répondit que, d'après ce qu'on dit et ce qu'il a constaté, cette différence serait plutôt au bénéfice des filles. Pour Maïssane, cette question de maturité est secondaire, parce que si on boit, on a envie de reboire et la maturité ne change rien.

Léa renchérit sur cette idée en disant qu'il y a des adultes qui sont alcooliques ; c'est donc que tout cela n'est pas une question de maturité mais plutôt de conscience des risques. À quoi Anne-Lise répliqua que cette conscience elle-même est une certaine forme de maturité. Pour les adolescents alcooliques, dit quelqu'un, c'est une maladie. Maïssane ajouta que la conscience du danger qu'on court en buvant trop d'alcool n'empêche pas certains de continuer à en consommer. Olivier se montra en désaccord avec ce qui venait d'être dit. Pour lui, la maturité consiste à pouvoir se prendre en main, à savoir exactement ce qu'on fait. Quand on boit de l'alcool, on a conscience de ce qu'on fait. Il semble donc que les adultes alcooliques n'ont pas la maturité qu'ont certains adolescents.

Hélène affirma que, si quelqu'un préfère le Coca à l'alcool, il va prendre du Coca ; c'est une question de goût. Julien revint alors sur l'idée que les adolescents essaient aussi par curiosité. Sur quoi Maïssane enchaîna en disant que si un jeune prend un verre, il peut dire qu'il ne recommencera plus ; mais s'il en prend un, encore un, et d'autres encore, il finit par ne plus pouvoir s'en passer et en prend beaucoup.

Anne-Lise dit que quand on est adulte et qu'on sait qu'on doit s'arrêter dans certaines circonstances, ou qu'on ne prend pas le volant par exemple, après avoir bu, il n'y a pas de problèmes. Olivier vit là un rapport avec la maturité : les personnes qui se disent qu'elles vont dormir sur place après une soirée, peuvent se permettre de boire ; elles ne vont nuire à personne d'autre qu'à elles-mêmes. Par contre, si on a affaire à quelqu'un d'irresponsable, cette personne va boire et prendre sa voiture sans souci des risques encourus.

Maïssane reprit l'exemple de ces personnes qui prennent un verre, puis un autre et ne peuvent arrêter. Julien dit que, dans ce cas, ça devient de la dépendance et Olivier estima que, alors, on a affaire à un alcoolique, tandis qu'il parlait plutôt, lui, des gens qui prennent un verre, qui boivent raisonnablement.

Continuant sur cette question, Anne-Lise dit que, pour elle, il y a boire et boire : un petit verre de vin, c'est différent des alcools forts, à 30° et plus. La réglementation qui interdit de vendre ces alcools aux mineurs lui paraît correcte. Quand on est mineur, ajouta-t-elle, le mieux c'est de boire en présence d'une personne majeure. À une question de Léa, elle précisa que, par personne majeure, elle entendait « quelqu'un de plus de plus de 18 ans ». Mais Olivier objecta que ça ne suffit pas toujours d'être adulte, en se basant sur l'exemple d'un alcoolique notoire qui habite en face du collège qu'il fréquente. Les élèves le trouvent parfois assis sur les marches de l'établissement où il s'installe pour boire : ce genre d'adulte n'est pas rassurant. Anne-Lise répliqua que cet homme-là est alcoolique et que, elle, elle parlait d'une personne majeure qui ne le serait pas… Mais elle arrêta de parler, pensant que ce qu'elle venait de dire était « bizarre ».

Revenant sur la question de la dépendance, Julien dit que c'est très dur, dans ce cas, de s'arrêter, que ce soit de boire ou de fumer.

Anne-Lise estima que les adultes qui les entourent doivent tenir compte des jeunes qu'ils ont en face d'eux. Léa dit que, pour elle, c'est bien de dire « Tu peux boire un peu d'alcool, mais sans aller jusqu'à l'alcoolisme ». Anne-Lise ajouta que tout cela dépend aussi des circonstances : après les cours, boire ne semble pas très opportun, mais lors d'une fête, ça se comprend mieux.

En fin de séance, comme à l'accoutumée, quelques questions furent proposées comme pouvant faire l'objet d'un développement à partir de la discussion d'aujourd'hui :

– À quel âge avons-nous conscience de boire de l'alcool avec tous les risques que ça comporte ?

– La question de la maturité.

Virginie, d'habitude assez loquace, ne prit pas part à la discussion. Elle écoutait, mais ne dit pas un mot. Comme je lui en demandai les raisons, elle me dit simplement qu'elle n'en avait pas envie.

Au cours de ces quelques semaines, et sans que je les aie sollicités, plusieurs des habitués du cours de Michel m'avaient demandé pourquoi les enfants ne paraissaient plus à la fin de la séance de questions, pour poser la leur. Tous le regrettaient. Qui donc avait pu lui dire que cette intervention était incongrue ? Je ne le sus pas, et ne cherchai pas à le savoir. Mais, sortant de l'amphi et marchant avec lui vers nos voitures sur le Campus plongé dans l'obscurité, je lui proposai de clore ce trimestre par un retour furtif des jeunes, dans les dix dernières minutes de son cours de la semaine suivante. Conformément à ce que nous avions convenu, il accepta.

Nous évoquâmes aussi l'article de ce magazine qui n'ose plus faire figurer le mot catholique dans son nom, plus, peut-être, par souci de limiter l'effritement de ses ventes que par volonté œcuménique, et qui avait associé le nom de Michel à une secte et à un parti d'extrême droite. Et associé est un euphémisme, puisque cette estimable publication faisait de lui leur « idéologue ».

On ne livre plus les penseurs au bûcher, on ne brûle plus leurs livres en place publique, du moins en France. Mais il est des pratiques qui trahissent un lourd héritage…

Le 30 mars

Attention dangers

Revenons sur la question des dangers, évoquée au chapitre précédent et qui me semble être assez récurrente dans les critiques adressées à nos démarches.

D'aucuns disent, affirment même qu'une formation spécifique pourrait nous garantir de dérives, de dangers, donc, liés à la pratique de discussions philosophiques par des enseignants, des animateurs dépourvus de toute formation philosophique. Encore faudrait-il définir quels sont ces dangers, et quelle formation pourrait nous apporter la certitude qu'on en aura levé définitivement le risque. Ce qui n'est pas une mince affaire, et promet de belles empoignades. On évoque parfois la possible dérive psychologique de telles activités, en arguant que certains animateurs seraient tentés de jouer aux apprentis sorciers, en remuant des choses qu'ils ne maîtrisent pas. Mais qui peut penser maîtriser entièrement ce que son attitude provoque chez les autres, même les plus doués des psychothérapeutes ? Il me semble évident que de nombreux enseignants et animateurs – moi compris, probablement – font des ravages, souvent à leur insu, chez certains des enfants qui leur sont confiés. Et c'est le cas aussi de nombreux parents, si on en croit la fréquentation croissante des cabinets de psychologues, psychothérapeutes et psychanalystes de tous bords, qui font bien souvent remonter aux traumatismes psychoaffectifs de l'enfance les difficultés ressenties par leurs patients. Comment penser qu'une formation, aussi performante soit-elle, pourrait nous en prémunir ? Non qu'elle soit inutile ! D'une certaine façon, cet ouvrage peut être utilisé comme outil de formation, et j'ai moi-même participé à de nombreux temps, institutionnels ou non, qui n'avaient pas d'autre objet. Utiles, ces moments, ces ouvrages, pour informer, donner le goût, mettre le pied à l'étrier, apporter des aides à ceux qui voudraient se lancer dans de telles pratiques ; utiles aussi dans l'optique d'un nécessaire et constant retour sur soi pour ceux qui pratiquent déjà et souhaitent évoluer – j'y ai déjà fait allusion. Mais, à mon sens, pas pour nous préserver de dangers que j'estime mineurs, voire anecdotiques. Tout enseignement suppose une prise de risque, *a fortiori* tout enseignement dogmatique, tout enseignement où prime le contenu. J'ai moi-même vécu une année de terminale, il y a maintenant quelques décennies, que notre professeur d'histoire a consacrée aux deux tiers à l'Union soviétique. C'était, on l'aura compris, bien avant la chute du Mur de Berlin. N'est-ce pas là un danger ? De tels comportements enseignants ne sont-ils pas susceptibles d'advenir à nouveau ? Quelle formation pourrait nous en protéger ? Peut-être, justement, une formation philosophique non dogmatique… Mais ce n'est qu'une hypothèse.

Pour ce qui est d'une possible dérive psychologique, tentons de voir de quelle nature elle pourrait être. Entendre des enfants parler d'eux, de leurs difficultés existentielles est-il gênant ? Est-ce dangereux ? En quoi ? Cela n'a-t-il pas déjà lieu assez souvent à l'école ? Risque-t-on de voir ces moments se multiplier si on développe les temps de discussion philosophique ? Posons que, d'une part, ces moments vont entraîner un développement de l'expression, par les enfants, de leurs difficultés existentielles et que, d'autre part, cette multiplication est à éviter – deux prises de position qu'il faudrait encore discuter presque au cas par cas. Ceci fait, demandons-nous ce qui pourrait être efficace pour juguler ce qu'on pourrait considérer comme une dérive. Un stage de formation de quatre semaines, c'est-à-dire de seize jours (c'est ce qui se passe de « mieux », actuellement, en France) ne me semble pas de nature à faire évoluer un enseignant qui serait enclin à jouer les apprentis sorciers en psychologie. Car les imprudents que de telles analyses sauvages attireraient, et qui me paraissent, par expérience, constituer une infime minorité du corps enseignant, ne seront sûrement pas candidats à ce genre de stage, et continueront leurs exactions à l'insu de tous. Quant à penser que certains pourraient faire du mal sans s'en rendre compte, et que la formation constituerait une espèce de prise de conscience salutaire, c'est faire bien peu de cas des capacités de réflexion du personnel de l'Éducation nationale, ou penser bien naïvement que des pulsions inconscientes, au sens freudien du terme, pourraient être mises à jour par quelques heures de formation…

Je n'ai, pour ma part, jamais constaté de dérapages vers des contrées psychologiquement incontrôlables dans les discussions philosophiques auxquelles j'ai assisté. En tout cas pas plus que dans n'importe quelle classe, où les difficultés des enfants s'expriment parfois de manière sauvage, et d'ailleurs souvent sans le recours des mots, ou sans les quelques règles de prise de parole rappelées au début de cet ouvrage. C'est pourquoi aussi j'insiste pour que les questions proposées par les enfants au cours de la phase initiale ne comportent pas de nom de personnes – surtout pas de personnes réelles – et pour qu'elles privilégient les formulations indéfinies. Plutôt que « Pourquoi Elfie oublie-t-elle ses bonnes manières ? »,je préfère « Pourquoi oublie-t-on parfois ses bonnes manières ? ».

Des collègues qui ne prenaient pas ce soin, et n'imposaient pas ces tournures impersonnelles, m'ont dit parfois que la généralisation de la pensée, la sortie du cas particulier de l'héroïne, intervenait « naturellement » au cours de la phase de discussion. Soit. Mais là encore j'aime mieux prendre quelques précautions. Plutôt que de supposer que, pendant la discussion, les enfants vont « naturellement » faire des pauses pour réfléchir, parce qu'on peut difficilement penser, écouter et parler en même temps, je préfère instituer ces pauses, en début de questionnement et en début, voire en cours, de discussion. De la même façon, je préfère partir directement de questions à visée générale, comportant des formules indéfinies. Qui permettent, soit dit en passant, de donner les outils d'expression de cette généralité. Certains enfants, beaucoup parfois, n'utilisent le pronom « on » que comme synonyme de « nous » (« Hier, on est allé à la piscine »). La réflexion sur différentes formulations d'une question, tentant de cerner si celles-ci sont équivalentes ou non, procède des mêmes intentions. Au cours d'une phase de questionnement, on peut par exemple s'arrêter pour savoir si une question comme « Pourquoi fait-on du mal aux animaux ? » est équivalente à « Pourquoi les hommes… » ou à « Pourquoi les gens… » ou à « Pourquoi certaines personnes… » ou à « Pourquoi les adultes…. » etc. On retrouve ici tout l'intérêt déjà soulevé du travail sur les présupposés, ou sur des distinctions lexicales fines : le mot « homme », par exemple, est-il pris dans son sens de « représentant du genre humain » ou comme « adulte de sexe masculin »… L'ensemble de ce travail fait prendre conscience d'une tentative d'élévation vers l'universel, et en donne les outils.

Et il porte ses fruits. Souvent, dans les phases de propositions des questions, puis dans les discussions, des désaccords apparaissent sur ce type de distinctions. Encore une fois, il ne s'agit pas de trancher, en imposant de façon verticale, parmi ces différentes propositions induisant la généralité, une formulation plutôt qu'une autre, mais bien d'amener les enfants à la possibilité de faire ces choix.

Tout ceci peut-il s'enseigner ? Oui, probablement, puisque ce que j'écris ici je pourrais aussi bien le dire, si j'étais formateur patenté – ce que je ne suis pas. Mais le dire du haut de la chaire fait perdre tout crédit à ce type de discours, ce qui contribue à le rendre totalement inefficace…

D'autant qu'à mon sens, le plus grave danger lié à l'enseignement de la philosophie n'est pas une dérive psychochose, mais c'est bien d'en dégoûter les élèves, de les en dégoûter à vie. Repli sur soi, désintérêt de la chose publique, difficultés à penser le monde, parmi d'autres maux, peuvent en découler. La formation philosophique poussée reçue par tous les professeurs exerçant en lycée et dans les universités officielles a-t-il empêché ce dégoût d'être massif ?

J'entends d'ici les récriminations, les grincements de dents, les pleurs, peut-être même, de certains, quand ils liront ces lignes. Soyons donc clairs. Je ne dis pas que tous les professeurs de philosophie, malgré leur formation universitaire, ne parviennent qu'à dégoûter leurs élèves de leur discipline. Je dis simplement que, pour un nombre important d'élèves, le passage par la classe de philosophie de terminale n'a eu d'autre conséquence que de les éloigner définitivement de tout ce qui pouvait évoquer cette discipline, qui n'en est pas une, selon certains, puisqu'elle engloberait toutes les autres (raison de plus pour déplorer cette situation et pour penser les moyens de l'infléchir).

Et je n'ai pas d'autre qualité pour le dire que ma position de simple citoyen et de parent d'élève soucieux du système éducatif du pays dans lequel il vit. Je sais aussi, pour reprendre les paroles de Michel Onfray qu'il existe des professeurs socratiques, ce genre de « personnage qui vous fait aimer la discipline, ses figures majeures et ses textes essentiels – et pour toujours.[124] » Je sais également que les professeurs ne peuvent pas tout, plongés qu'ils sont dans un système qui est ce qu'il est, avec programmes, notes, examens, etc. Ce que je veux simplement dire, c'est, non pas que toutes les formations soient inutiles, mais qu'à mon sens, en l'état actuel des choses, elles ne nous protègent pas des dangers les plus graves, parmi lesquels, j'en ai eu l'exemple récemment, celui de pousser des enseignants à renoncer à une telle pratique, quand cette formation se montre trop dogmatique, ce dont nous ne sommes hélas pas à l'abri.

Autre danger évoqué par un de mes correspondants, le « face à face avec le groupe ». Cet estimable collègue affirmait qu'adopter un dispositif rigoureux, avec président de séance, secrétaires, reformulateur, synthétiseurs, discutants et observateurs, comme dans le cas de la démarche mise au point par Alain Delsol et Sylvain Connac, peut constituer « une sorte de filet de sécurité ». Si je l'ai bien compris, il pense ainsi éviter une situation à risque… pour l'animateur. Je suis tout à fait conscient que l'animation de débats philosophiques peut être inconfortable, au moins au début, pour certains adultes. Mais de là à parler de danger… Et puis personne ne contraint quiconque à s'y lancer…

Un autre praticien se soucie davantage des enfants, quand il dit qu'on peut tomber dans des errances qui conduiraient à des activités contraires à l'acte philosophique, ce qui serait par exemple le cas si la philosophie était entendue comme une activité de discussion visant l'acceptation par les participants de règles et de fonctionnements qui au départ leur sont extérieurs.

Mais qu'est-ce qu'une activité contraire à l'acte philosophique ? En quoi ces activités, qu'il m'importerait de voir caractérisées, constituent-elles un danger ? Et pour qui ? Quant à l'expression « l'acceptation par les participants de règles et de fonctionnements qui au départ leur sont extérieurs », j'y entends, à tort peut-être, « manipulation ». En quoi une formation des enseignants peut-elle être le garant d'une absence totale de manipulation ? Autrement dit, pourquoi des enseignants qui ont de telles intentions les cacheraient-ils sous le vocable de « philosophie », alors qu'ils ont leurs élèves en face d'eux en permanence et qu'il leur suffit de dire leurs convictions politiques, religieuses ou autres et de les présenter comme des vérités définitives ? Peut-on penser que de tels supposés enseignants seraient assez retors pour masquer leurs intentions manipulatrices sous la philosophie pour ne pas attirer les soupçons des parents, par exemple ? Ce serait d'ailleurs un fort mauvais calcul, car des enseignants qui souhaiteraient manipuler leurs élèves en toute quiétude ont plutôt intérêt à ne pas faire de vagues, à rester dans l'ombre, tout en présentant le visage le plus lisse possible le jour de l'inspection tri ou quadri-annuelle. Pratiquer des discussions philosophiques dans sa classe est assez voyant, et risque au contraire d'attirer l'attention des parents, de la hiérarchie, ou des collègues, qui ne sont pas tous de dangereux manipulateurs.

Par ailleurs, n'est-ce pas l'école dans son ensemble, au moins dans sa forme strictement transmissive, qui vise « l'acceptation par les élèves de règles et de fonctionnements qui au départ leur sont extérieurs » ? Nul doute que travailler en silence, venir régulièrement à l'école, y rester au moins six heures par jour, mettre un *s* au pluriel et des retenues aux soustractions sont des règles et des fonctionnements qui, au départ, sont extérieurs à nos élèves. L'école est-elle donc, dans son ensemble, un danger pour nos enfants ?

Des sous-questions, suite

Les sous-questions que je propose, avec toutes les précautions exposées dans le chapitre précédent, me semblent répondre d'une certaine manière aux exigences de *philosophicité*, n'ayons pas peur du barbarisme, posées par certains. Par là, d'ailleurs, ces personnes entendent bien souvent faire référence à des penseurs reconnus, ou plus précisément à ceux qui figurent au programme des classes terminales. Ce qui fait que, parfois à leur insu et en toute bonne foi, elles prennent comme mesure de notre démarche une certaine idée de la philosophie, plutôt idéaliste et platonicienne, à la fois dans le choix des auteurs et dans le fait de ne reconnaître que ceux distingués par la « Sacrée Sorbonne ». Mais passons, et voyons dans le détail.

Il semble que le fait d'examiner séparément plusieurs aspects d'une question soit au rang des quatre préceptes que René Descartes énonce dans le *Discours de la méthode*.

Écoutons-le : « Au lieu de ce grand nombre de préceptes dont la logique est composée, je crus que j'aurais assez des quatre suivants, pourvu que je prisse une ferme et constante résolution de ne manquer pas une seule fois à les observer. [...] Le second [de ceux-ci était] de diviser chacune des difficultés que j'examinerai en autant de parcelles qu'il se pourrait et qu'il serait requis pour les mieux résoudre.[125] »

Plus précisément, les questions que je propose répondent à plusieurs intentions : un essai de conceptualisation des termes les plus importants de la question principale ; la mise en cause des présupposés ; l'établissement de typologies, permettant de développer la sensibilité au contexte. En outre, elles permettent d'introduire des interrogations qui ne commencent pas systématiquement par le mot : « Pourquoi... »

On entend généralement par conceptualisation la tentative de dégager des concepts à partir d'un terme, d'une notion. Il s'agit d'aller voir, au-delà du sens commun des mots, si, dans le groupe, l'accord est réalisé sur celui-ci, s'il est clair pour tous, et d'explorer une éventuelle polysémie. Le tout en se gardant des définitions circulaires (« une ressemblance, c'est quand on se ressemble »), ou basées exclusivement sur des exemples. « Les mots, disait Volney, sont des étiquettes apposées sur des boîtes qui souvent ne contiennent pas les mêmes objets pour chacun ; il est toujours sage de les ouvrir, pour s'en assurer.[126] » On voit bien qu'il s'agit moins là d'arrêter une définition définitive d'un terme que d'induire une méthodologie (sachons de quoi on parle, avant d'en parler) et de montrer que le langage, d'une certaine façon, est une convention. On peut par exemple décider que tel mot, pour tel groupe, aura telle définition précise, dans le cadre de la discussion. Dans le cas d'une polysémie, par exemple, on peut convenir que, pour la discussion à venir, le mot « ressemblance » ne concernera que les similitudes physiques entre des personnes. Dans tout ce travail, on mène une véritable initiation aux usages et aux subtilités de la langue.

Pour ce qui est de la reflexion sur les présupposés, il n'est sans doute pas utile que je revienne sur ce qui a déjà été dit dans les chapitres précédents. Ajoutons simplement que le fait de tenter de les débusquer dans plusieurs temps de la démarche, caractérisés par des dynamiques différentes (petits groupes, réflexion individuelle, grand groupe, élaboration des questions, discussion…) me semble de nature à renforcer la prise de conscience de la présence quasi constante, dans tout discours, de tels sens cachés, et à développer les habiletés permettant de les déchiffrer.

Si on en croit Philippe Meirieu « l'élaboration systématique de typologies ("il faut donc distinguer plusieurs sortes de…") » est une des caractéristiques du dialogue socratique[127]. Elle renvoie de plus à la sensibilité au contexte, mise en avant par Matthew Lipman. Un jour, par exemple, la question retenue par des enfants de CM2 était « Pourquoi les grands frères font-ils souvent peur à leur sœur ? » J'avais proposé deux sous-questions, à savoir « Qu'est-ce que la peur ? » (conceptualisation) et « En existe-t-il de plusieurs sortes ? » (établissement d'une typologie). Une des élèves, en réponse à cette deuxième question, nous a alors parlé de la peur d'inquiétude, celle qu'on ressent quand on est dans le noir et qu'on entend des bruits non identifiés, et la peur de surprise, éprouvée quand un chien aboie soudainement derrière la clôture d'un jardin qu'on longe. Nul doute que ces deux sortes de peurs ne procèdent pas vraiment des mêmes mécanismes psychiques, et qu'il convient de les examiner séparément. Quitte à déterminer en fin de compte, d'ailleurs, que l'une et l'autre procèdent d'une inquiétude face à la souffrance et à la mort. Ce que, bien sûr, l'animateur que je suis peut imaginer avant la discussion (quand il la prépare...), sans jamais tenter de l'imposer...

Là encore, il s'agit plus d'une question de méthodologie. Telle conclusion, sur tel thème, telle notion, est dépendante non seulement du contexte envisagé dans son traitement (parle-t-on de sentiments éprouvés par des enfants, des adultes, des animaux ? ces sentiments sont-ils distincts dans ces différents cas ou ont-ils des points communs ? etc.), mais aussi du groupe dans lequel la discussion a lieu. En ce sens, d'ailleurs, le fait de traiter la même question à quelques mois ou quelques années d'intervalle peut être extrêmement révélateur, en tant que prise de conscience d'une évolution, tant dans le comportement réflexif que dans les étapes de la discussion. Les enfants peuvent ainsi réaliser qu'ils ont évolué, qu'ils ont amélioré leurs habiletés réflexives et l'expression de leurs pensées, qu'ils ont éventuellement changé d'avis, ou, au moins, infléchi ou nuancé celui-ci. D'où peut émerger une certaine tolérance vis-à-vis des façons de penser d'autrui.

Dernier point que je souhaiterais mettre en lumière quant à l'intérêt de ces sous-questions, c'est le fait de proposer des formulations d'adulte, qui peuvent éventuellement imprégner les enfants et leur permettre de varier les genres de questions proposées dans la première séance du cycle. En particulier, il est patent que, dans les petites classes ou dans les groupes débutants, les questions commençant par « Pourquoi » sont très majoritaires. Je ne sais pas si cela constitue un problème, ou si c'est un signe du caractère éminemment philosophique de ces questions. Mon premier cours de philosophie, quand j'étais en terminale, avait été consacré à la distinction entre interrogations philosophiques et scientifiques – j'étais dans une filière marquée par les mathématiques, la physique et la chimie, équivalente aux actuelles sections S. Notre professeur était une femme. Elle fut mon initiatrice, d'une certaine manière, bien que j'aie oublié son nom, à l'instar d'Adso de Melk, le jeune novice héros du roman *Le Nom de la Rose*, d'Umberto Eco[128], quoique dans un registre quelque peu différent. Elle insista ce jour-là sur le fait que les scientifiques posent la question du « Comment », alors que les philosophes s'intéressent davantage au « Pourquoi » des choses. Les avis divergeront, bien sûr, sur cette façon de voir. Mais l'idée générale, à condition de ne pas chercher à l'appliquer de façon systématique, me semble de nature à aider les enfants à démarrer dans l'activité. Je propose même parfois aux plus jeunes d'entre eux d'inclure le mot « Pourquoi » dans les questions qu'ils élaborent.

Mais il faut éviter à tout prix que ce recours ne devienne un tic, qu'il soit ressenti comme une obligation. Les sous-questions que je propose ne contiennent quasiment jamais ce mot clé, et peuvent donc fournir des exemples de formulations à réemployer.

Avec une réitération de toutes les précautions oratoires déjà énoncées quant au caractère non modélisant de ce qui est décrit dans cet ouvrage, il n'est sans doute pas inutile que je livre ici quelques exemples de ce que je propose aux groupes auprès desquels j'interviens.

En voici un premier : la question posée, dans ce CM1-CM2, était « Pourquoi n'avons-nous pas des réponses à toutes les questions ? ». J'ai proposé les trois sous-questions suivantes :

1. Est-ce sûr, que nous n'avons pas de réponses à toutes les questions ? (Il s'agissait ici de débusquer le présupposé de la question de départ, qui affirme implicitement que nous ne les avons pas, ces réponses. Beaucoup de questions commençant par « Pourquoi », voire toutes, contiennent un tel présupposé. Je rappelle pour mémoire l'exemple déjà donné de la question « Pourquoi Dieu tolère-t-il le mal ? » qui affirme implicitement l'existence de Dieu.)

2. Quels genres de questions n'ont pas de réponses ? Donnez des exemples. (Je tente, dans cette question, d'inciter à l'établissement d'une typologie. J'avais prévu que les enfants pourraient, avec leurs mots, distinguer questions métaphysiques, concernant Dieu par exemple, ou la possibilité d'une survie après la mort, et questions scientifiques. Il en fut autrement. Je pense qu'il ne faut d'ailleurs pas hésiter à demander aux enfants de donner des exemples, et des contre-exemples. Le faire par le biais de questions écrites au tableau est une des façons d'éviter d'en réclamer en parlant, donc d'aller vers un retrait plus grand.)

3. Est-ce gênant ? En quoi ? (Les enfants sont ici incités à formuler le problème soulevé par la question).

Autre question, qui émergea le même jour, dans une classe voisine : « Pourquoi veut-on ressembler à quelqu'un qu'on trouve mieux que nous ? » J'ai proposé cette fois seulement deux sous-questions :

1. De quels types de ressemblances peut-on parler ? (On amorce ici à la fois un essai de conceptualisation – Qu'est-ce qu'une ressemblance ? – et l'établissement d'une typologie : les enfants ont envisagé les ressemblances physiques, mentales, dans la biographie, etc.)

2. Cela nous arrive-t-il, à tous ? (L'intention était ici de débusquer le présupposé de la question qui semble affirmer que nous voulons tous ressembler à quelqu'un d'autre.)

C'est volontairement, répétons-le, que le nombre de questions est limité, pour éviter d'induire un plan rigide, à suivre absolument. Les enfants, habitués qu'ils sont à effectuer les tâches qu'on leur demande, sont frustrés de ne pouvoir répondre aux questions écrites au tableau et ceci d'autant que, comme nous le verrons, du temps leur est laissé pour les préparer. Comme il importe tout de même que la question de départ soit discutée, et que le temps est malgré tout limité, il faut veiller, me semble-t-il, à ce que les sous-questions ne prennent pas le pas sur la question principale. Mais, encore une fois, discutons avec les enfants de la place relative des unes et de l'autre, du dispositif à mettre en place qui permettra de ne pas les négliger, etc.

Écrire au tableau un petit nombre de sous-questions n'empêche d'ailleurs pas d'en prévoir d'autres qu'on n'y inscrit pas, à sortir au cas où… Dans le cas de la deuxième question, on peut garder en réserve une autre sous-question, annexe de la deuxième (« Cela nous arrive-t-il à tous ? ») et qui suppose que les enfants aient répondu par la négative. Cette réponse négative n'étant d'ailleurs pas acquise par avance, proposer une sous-question qui la présuppose ne pourrait qu'induire la réflexion collective en ce sens. Cette nouvelle sous-question serait donc : « À quel genre de personnes cela arrive-t-il ? » On peut envisager, avant la discussion, quelques-unes des réponses qu'apporteront les enfants : parleront-ils des enfants, précisément, des gens qui ont peu d'argent, des femmes, de ceux qui ont une mauvaise image d'eux-mêmes… ? Mais réfléchir avant la séance aux réponses qu'ils sont susceptibles d'apporter ne signifie cependant pas qu'on induira ces réponses-là, au cas où elles n'apparaîtraient pas… Il importe plus de se baser, dans ce cas précis, sur la typologie élaborée en réponse à la première sous-question. Et d'être à l'écoute…

Ce jour-là…

Le point de départ fut constitué par la page centrale du carnet de correspondance d'un des collégiens présents. Conformément aux décisions prises précédemment, les enfants purent proposer soit des questions inspirées par ce document, soit d'autres, librement inventées.

À cette date, certains des enfants les plus assidus n'avaient jamais travaillé sur le texte de Lipman *Kio et Augustine*, que j'avais proposé comme point de départ au questionnement au mois d'octobre… Ils n'en avaient même, à vrai dire, jamais entendu parler.

Questions proposées à partir du carnet de correspondance :

1. Quelle est la différence entre le devoir et le droit ?
2. Qu'est-ce que le respect ?
3. Que doit être une tenue correcte ?
4. Sommes-nous tous responsables ?
5. Doit-on se restreindre sur les vêtements que l'on porte au collège ?
6. Pourquoi certaines personnes n'arrivent-elles pas à s'exprimer ?
7. Par rapport à quoi choisissons-nous notre métier ?
8. Pourquoi les adultes sont-ils malheureusement supérieurs aux enfants ?
9. Doit-on, au collège, respecter les personnes même si elles ne nous respectent pas ?
10. La ponctualité est-elle une forme de politesse ?

Questions proposées sans support :

11. Pourquoi avons-nous tous des goûts différents ?
12. Pourquoi fait-on des blagues sur les blondes ?
13. Pourquoi choisissons-nous un métier et pas un autre ?
14. Pourquoi l'art moderne est-il décrié ?
15. Qu'est-ce que c'est d'être mature ?
16. Pourquoi l'école est-elle obligatoire ?
17. Pourquoi a-t-on de la pudeur ?
18. Pourquoi sommes-nous tous différents ?

Les enfants ont voté ce jour-là en fermant les yeux, pour ne pas être influencés par les votes de leurs camarades. Cette disposition avait été proposée par l'un d'entre eux la semaine précédente, et acceptée par tous…

La question retenue à l'issue de ce vote fut : « Pourquoi les adultes sont-ils malheureusement supérieurs aux enfants ? »

Olivier entama la discussion en définissant la supériorité de l'adulte en ce qu'il affirme savoir à la place de l'enfant ce qui est bon pour lui. Il se sent supérieur, et en donne des raisons : j'ai fait ceci ou cela, j'ai tel âge, telle expérience… Virginie indiqua qu'elle n'avait pas trop compris. Pour elle, l'adulte pense qu'il a eu plus le temps de vivre. Olivier fit part d'un désaccord absolu. Il affirma à nouveau que certains adultes se mettent au-dessus des enfants parce qu'ils croient savoir ce qui est bon pour eux.

Léa revint alors à la question et y apporta ses réponses, en disant que les adultes sont plus âgés, plus grands, qu'ils peuvent mieux expliquer les choses. Elle ajouta que ce sont les adultes qui enseignent à l'école, qui font les métiers… Les enfants sont encore en train d'apprendre la vie, alors que les adultes savent déjà beaucoup de choses que les enfants ne savent pas encore.

Hélène demanda alors ce que c'est que d'être adulte. L'est-on à partir de dix-huit ans ? Pour Olivier, c'est un peu jeune. Et c'est plutôt une question de maturité. Il faudrait plutôt attendre vingt ans. Il considère aussi qu'un adulte, c'est quelqu'un qui s'occupe des enfants. Mais finalement peu satisfait de cette définition, il déclara : « Non, je retire. »

Anne-Lise pense, elle, que quelqu'un qu'on ne connaît pas peut nous considérer en fonction de notre physique. Même si on est mature, cette personne va nous voir comme un enfant et avoir cette réaction de supériorité.

Hélène se montra en désaccord avec les limites d'âges données par Olivier. Pour elle, à dix-huit ou dix-neuf ans, on peut être mature. Mais Virginie estima qu'à dix-huit ans on ne sait pas encore comment gérer un enfant, ni ce qu'il faut lui dire de faire, de ne pas faire. Mais pour Maïssane, on peut être mature avant d'avoir un enfant. De même, ajouta Léa, quand on a un enfant, quand on est adulte, on n'est pas forcément mature. Pour elle, on est adulte vers trente ans – vingt ans c'est trop jeune. Olivier vit là un désaccord entre elle et lui, parce qu'aux yeux de la loi, à partir d'un certain âge, on considère les gens comme adultes. Mais lui, faisant allusion à la discussion de la semaine passée, dit qu'il ne lui semblait pas que quelqu'un qui boit est un adulte, un adulte responsable.

Hélène manifesta alors à nouveau son désaccord sur ces limites d'âge. Pour elle, la maturité dépend des personnes, de ce qu'ils ont vécu. Certains sont matures à dix-neuf ans, d'autres à trente-cinq, d'autres ne le seront jamais. Maïssane l'interpella alors pour lui signifier que c'était précisément ce qu'on avait dit, alors qu'elle se déclarait en désaccord…

Toutes ces questions d'âge et de seuil ne semblèrent pas convenir à Léa, qui nous dit qu'on s'éloignait du sujet principal, ce qui n'empêcha pas Maïssane de poursuivre sur la même thématique en disant qu'il y a des enfants de treize ans qui peuvent être très matures, parce que leurs parents ne sont jamais là et qu'ils doivent se débrouiller seuls. Pour Olivier cependant, être capable de se débrouiller seul n'est pas suffisant. Il faut aussi être conscient du monde qui nous entoure. Pour lui, donc, d'autres critères sont nécessaires pour déclarer que quelqu'un est mature. À Maïssane, qui demandait lesquels, Olivier ne put en donner d'autres. Virginie, Maïssane et Hélène se montrèrent d'ailleurs en désaccord avec Olivier, disant que le fait de se débrouiller seul était suffisant et que certains enfants, même jeunes, peuvent se montrer ouverts sur le monde, en particulier s'ils vivent dans des conditions difficiles (les enfants d'un couple d'aveugles par exemple, qui doivent apporter une aide importante à leurs parents).

Pour Anne-Lise, être adulte, c'est aussi avoir des responsabilités. Un adulte peut être supérieur à un enfant par rapport à ses connaissances ; les grands-parents, par exemple, ont tellement de connaissances… Mais, dans ce cas, c'est un sens positif de la supériorité. Hélène ajouta que, pour elle, les adultes sont supérieurs aux enfants parce que certains ont voyagé, qu'ils ont fait de nombreuses expériences, etc. Dans le même sens, Virginie dit que les personnes âgées ont vécu plus longtemps que les enfants, qu'elles ont connu la guerre par exemple, que tout ça leur a appris des choses. Elle ajouta que le fait d'être ouvert au monde permet de mieux connaître les gens… Maïssane conclut en disant que si les grands-parents ont connu la guerre, ils peuvent avoir plus de connaissance que les enfants, qui apprennent les mêmes choses dans les livres.

La fin fut un peu brusque, car nous devions monter à l'amphithéâtre pour poser une question à Michel. Mais celui-ci, parti dans une des longues réponses dont il a le secret, nous avait oubliés, et ne nous vit pas. Je n'osai l'interrompre, me souvenant des remarques peu amènes émises par certains de ses auditeurs quant à l'intervention des enfants. Alors que, dépités, nous redescendions à vingt heures et quelques, pour récupérer les vêtements laissés dans notre petite salle, Léa descendit toutes les marches de l'amphi vers l'estrade pour rappeler à Michel... qu'il nous avait oubliés.

Échangeant comme à l'accoutumée quelques mots à la porte annexe de l'amphithéâtre avant de regagner nos voitures, il lui fit une bise en lui demandant de l'excuser... ce qu'elle fit. Nous reviendrions à la séance suivante, après les vacances de printemps.

Le 20 avril 2004

De l'éducation sportive...

Lors de la première séance inaugurale de l'Université populaire, en octobre 2002, l'afflux a été considérable, inespéré. La presse a parlé de six cents personnes, et c'est vrai que l'amphithéâtre du musée des Beaux-Arts était archi-comble, que de nombreuses personnes étaient assises sur les marches, que le Café Mancel, voisin et partenaire, était plein, et que beaucoup sont repartis, dépités de n'avoir pu entrer. Fort de ce succès, totalement imprévisible d'ailleurs, je pensais remplir l'atelier pour enfants et me retrouver avec, au moins, un nombre de volontaires égal ou supérieur à l'effectif habituel d'une classe. J'avais même, quelle folie !, préparé des tableaux pour noter les noms de ceux qui auraient souhaité assister et n'auraient pas pu, créant ainsi des listes d'attente… Or, le jour de la première séance, nous fûmes six en tout et pour tout : Léa et Olivier, une adulte, vivement intéressée par la chose et souhaitant assister à la séance, et moi compris. C'est dire l'ampleur de la désillusion. Ce n'est qu'au cours de l'Université populaire d'été en Corse que le seuil des dix participants a été dépassé : treize lors d'une des séances, jamais moins de neuf.

Reste à se poser la question du pourquoi. Mauvais jour ? mauvaise heure ? mauvais lieu ? mauvaise communication ? mauvaise démarche ? mauvais animateur ? Peut-être. Mais aucune de ces causes ne me semble déterminante. Placer cet atelier le mercredi pourrait-il permettre d'améliorer le taux de fréquentation ? C'est possible. Mais ceci suppose de découpler l'atelier pour enfants du cours de Michel, donc de contraindre les parents qui veulent que leurs enfants y participent à venir exprès. Et, pour ce qui est de l'heure, il faut exclure le matin, puisque la plupart des collégiens ont cours à ce moment, et qu'ils ont fourni une importante proportion des enfants qui ont assisté aux ateliers. Reste l'après-midi, donc. Et la concurrence directe avec les courses à l'hypermarché local, les cours de danse, de musique, les activités sportives… Toutes ces activités extra-scolaires ont un avantage sur un atelier tel que celui que j'anime : leur ancienneté. Pour tout un chacun, il est normal, logique, voire indispensable que des enfants pratiquent la danse, la musique, une activité sportive. Mais leur demander de penser ? de parler ? quelle idée saugrenue…

Ce dont on peut discuter. Car, pour s'appuyer sur cet exemple, le bon sens commun affirme que la généralisation des pratiques sportives est à encourager vivement. Une des raisons fréquemment invoquées, c'est leur impact sur le coût social de certaines pathologies : l'obésité, chez les jeunes, les maladies cardio-vasculaires, chez ceux qui le sont moins, etc. Cet argument mériterait d'être examiné à la loupe, d'ailleurs, en mesurant leur impact économique négatif, cette fois. Car en continuant à valoriser une pédagogie élitiste, basée sur la prise de performances, en médiatisant à outrance le sport de haut niveau, les pratiques sportives « extrêmes », particulièrement accidentogènes, on induit des comportements dont le coût social est lourd[129].

Quant à moi, je marche, beaucoup, depuis toujours. Par goût. Et pas seulement quinze jours par an, en pleine canicule, en empruntant des sentiers de grande randonnée encombrés comme des autoroutes franciliennes un vendredi soir. Non, je marche au quotidien – nous n'avons, par choix, qu'une automobile pour une famille de quatre personnes. Et j'emprunte les transports en commun. Certes, généralement, on va moins vite qu'en voiture, même si ce n'est pas toujours le cas. Perte de temps, me dit-on. Mais la marche est plaisante, apaisante, vivifiante pour l'esprit et propice à la réflexion, à la rêverie. Et rêvasser en marchant, se tenir en équilibre dynamique sur la pointe diamantine du temps, être attentif à soi-même et au moment présent, regarder le monde tourner, *watching the wheels* a dit quelqu'un, en attendant paisiblement le tramway, sortir son livre de la poche quand on y a trouvé une place assise, sourire aux automobilistes qui, coincés dans les embouteillages, font la grimace et agressent verbalement leurs coreligionnaires en matière de transports car ils les retardent et qu'ils arriveront de ce fait après le début de la séance d'activités gymniques supposées lutter contre leur stress, tout cela est-il vraiment une perte de temps ? À quelle logique obéit-on en voulant toujours en gagner ? En gagner pour quoi, pour qui ? Pour être à l'heure dans son canapé quand commence ce jeu décervelé et décervelant, proposé quotidiennement par une chaîne de télévision commerciale ? Pour qui le temps est-il de l'argent, sinon pour l'entreprise libérale ? Ce credo doit-il contaminer jusqu'à nos heures de loisirs ?

Eh bien voilà, cet éloge de la lenteur, de l'inefficacité, peut s'appliquer aussi à nos démarches. Bien sûr, la Nation, les contribuables, les électeurs peuvent exiger de l'école un certain nombre de résultats. Mais, cette soif de chiffres, si aisément falsifiables, et tellement sujets à interprétations diverses, voire contraires[130], cette logique d'efficience d'inspiration capitaliste, tout cela me semble devoir être regardé avec suspicion dès lors qu'on se donne pour objectif le développement harmonieux des enfants qui nous sont confiés, leur épanouissement, leur capacité à devenir des adultes heureux.

Consignes

Les sous-questions sont écrites au tableau. Je demande alors aux enfants de mener une réflexion sur celles-ci, seuls ou par petits groupes de deux ou trois, en prenant éventuellement des notes. J'insiste bien sûr pour leur dire que ce qu'ils écriront est un aide-mémoire facultatif, qu'eux seuls sont juges de son utilité et qu'il ne sera donc pas corrigé, ni même lu par moi. Je leur précise qu'en conséquence, la présentation et l'orthographe sont à ce moment le cadet de mes soucis. Ce moment est le deuxième temps institutionnalisé de réflexion dans le cycle, le premier ayant pris place au cours de la séance de questionnement (voir au 13 janvier). Il répond aux mêmes intentions : éviter de proposer aux enfants des activités trop longues, monotones ; partant, faire varier la dynamique des échanges pour tenir compte de la diversité des enfants.

Et si je parle de moment de réflexion institutionnalisé, c'est qu'il en advient aussi qui ne le sont pas. Dans la discussion à venir, prendront place des moments de silence, où j'aurai besoin d'arrêter les échanges pour réfléchir. Je n'hésite d'ailleurs pas à le dire. Encore une fois, il me paraît souhaitable de ne pas offrir le modèle d'un penseur expert, qui saurait tout à la fois penser, parler, distribuer la parole, noter des choses au tableau, etc. Je me montre sous mon vrai jour, sans tricherie. Dans ces discussions, même avec des enfants jeunes et débutants, j'ai réellement besoin de pauses. Dans les cas où je suis distributeur de parole, je m'arrête, tout simplement, je ne désigne personne, même si des mains sont levées, et je dis que j'ai besoin de temps pour réfléchir. Dans les cas où je ne le suis pas, je n'interviens surtout pas si personne ne la demande. J'indique plutôt, et si possible avec humour, que ce moment m'est agréable et utile pour intégrer ce qui vient de se dire.

Car peut-on réellement penser quand quelqu'un parle ? Ou plutôt, pense-t-on alors de la même façon ? Mieux encore, ne peut-on se dire que l'acte réflexif est différent selon qu'on écoute des paroles prononcées au sein d'un groupe relativement important, quand elles sont prononcées dans une relation à deux ou à trois, ou encore quand la réflexion est menée sans qu'on soit inclus dans une discussion ? La réponse me semble être positive. En ce sens, l'opportunité d'explorer différentes modalités de la pensée n'est sûrement pas à dédaigner.

Vient ensuite, surtout pour les groupes débutants, l'exposé des consignes qui régiront la discussion. J'insiste particulièrement sur les règles de distribution de la parole, en précisant que plusieurs systèmes peuvent être envisagés, dont le plus habituel est que les enfants lèvent la main, et attendent d'être désignés avant de parler (lever la main ne suffit pas pour prendre la parole…). Généralement je distribue moi-même la parole dans les premiers temps, puis je propose que ce soit un enfant qui le fasse. L'utilisation d'un bâton de parole qui circule de main en main est également possible. Dans ce cas, seul peut parler celui qui a le bâton. J'y ai parfois eu recours, rarement à vrai dire. Je trouve que la circulation du bâton, ou de l'objet qui en tient lieu, ralentit un peu les échanges. Et surtout, ce procédé rend plus difficile l'application de la consigne qui veut que ce soit l'enfant qui a le moins parlé qui prenne la parole. Car, à mon sens, de deux choses l'une : ou bien il y a un distributeur de parole, et celui-ci est garant du respect de cette consigne, ce qui peut d'ailleurs être soumis à l'appréciation du groupe en fin de discussion ; ou bien il y a un bâton de parole, et je ne vois pas l'intérêt d'ajouter un distributeur. Dans ce cas, le groupe s'auto organise pour que la consigne soit appliquée, ce qui ne manque pas d'intérêt, bien sûr, mais ferme la possibilité pour les enfants de jouer un rôle particulier, de temps à autre, ce qu'ils apprécient et qui me paraît, dans le cas de la distribution de parole, particulièrement précieux. Ne serait-ce que pour montrer la difficulté de la tâche, et, par là, faire mieux comprendre la complexité du rôle des enseignants face à un groupe. L'ensemble de cette prise de conscience sera fort utile pour former des femmes et des hommes aptes à participer à des réunions, voire à les animer, de façon plus efficace que ce qu'on voit généralement, même dans un milieu professionnel où le travail d'équipe est sans cesse présenté comme une nécessité impérieuse. Force est de constater que l'institution qui le prône sur le mode de l'exhortation ne se donne pas réellement les moyens d'y former ses agents. À vrai dire, j'ai suivi quand j'étais jeune une formation d'animateur de centre de vacances, en vue d'obtenir mon BAFA[131]. J'ai rencontré au cours de ces quelques jours de stage une profondeur de réflexion sur l'animation en général que je n'ai pratiquement jamais retrouvée ensuite, ni dans le discours ni, encore moins, dans les actes. Et je parle ici de l'ensemble de ma carrière dans l'Éducation nationale, formation initiale comprise, c'est-à-dire d'une période de presque trois décennies…

Revenons à cette consigne qui veut que, quand plusieurs participants demandent la parole, ce soit celui ou celle qui a le moins parlé qui l'obtienne. Les intentions qui poussent à l'édicter sont évidentes : il s'agit d'éviter les phénomènes de leadership qui ne manquent pas d'apparaître dans tout groupe en discussion, et de participer à l'émergence de l'iségorie. Bien sûr, il ne s'agit pas de science exacte, ni de tenir pour chacun un décompte précis du nombre d'interventions ou du temps de parole, pour s'assurer qu'on ne lèse personne. D'ailleurs, selon qu'on retient l'un ou l'autre de ces indicateurs, l'intervenant à désigner ne sera pas le même. N'hésitons pas, là encore, à préciser ces limites en commençant, et à soumettre la qualité de l'animation au jugement des participants en fin de séance. Les avis devront alors être argumentés et, dans la mesure du possible, assortis d'une proposition pour que les dysfonctionnements éventuellement constatés ne se reproduisent pas. Ce qui concourt, cela va sans dire, à l'évolution progressive du dispositif, à l'instigation de ceux qui le vivent et qui, par là, s'en emparent.

Autre consigne sur laquelle je demeure inflexible, c'est celle qui concerne les jugements que les uns ou les autres seraient tentés de porter sur les paroles prononcées. Dans la discussion, aucune prééminence ne doit apparaître, aucun jugement ne doit être formulé, sinon celui issu de la recherche commune. On ne tolère donc ni les ricanements, ni les moqueries (du genre « C'est nul ce que tu dis… »), ni les compliments d'ailleurs. Si des désaccords se manifestent, ils doivent s'exprimer comme tels, et être argumentés. Pas de moquerie. Comment envisager que des enfants qui n'osent pas prendre la parole se décident un jour à le faire s'ils se savent exposés au quolibet ? Les compliments ne me paraissent pas davantage de mise. Les dynamiques de leadership, même limitées comme expliqué plus haut, la plus grande faconde de tel ou tel, liée bien souvent au niveau du langage pratiqué dans le milieu familial, vont attirer les jugements positifs sur certains élèves, souvent les mêmes. Comment ceux qui n'en recevront jamais risquent-ils de réagir ? En se dévalorisant, sans doute ! Comment se sentir à l'aise quand on fait de vous ce genre de portrait « en creux » ? Je pense que, si nous souhaitons que tous osent prendre la parole, du moins qu'ils aient un choix équilibré entre se taire et parler, il est nécessaire que de telles règles soient établies. Le but n'est pas que tous parlent nécessairement. On peut choisir le silence – il est des silences très éloquents. Mais ce silence doit résulter d'un choix, et pas d'une incapacité, d'une impossibilité, d'un manque d'assurance, d'une crainte.

Au moment où je présente ces consignes, j'insiste d'ailleurs pour dire que je m'abstiendrai moi-même de tout jugement de cet ordre. Il est ainsi plus aisé de demander aux enfants d'appliquer des règles auxquelles on se soumet soi-même. Cette application à son propre comportement des règles que l'animateur édicte procède d'une évidente recherche de cohérence. Et l'absence de jugement peut initier une prise de conscience apte à faire, à terme, évoluer un certain nombre de choses, à l'école et en dehors. Nous portons tous des jugements de valeur, ceux qui sont visés par cette consigne, sur tout et tous. La question est de savoir à quoi il sert de les exprimer, de les faire connaître à ceux qu'ils visent. Je suis pour ma part convaincu que, comme les conseils non sollicités, ils ne font du bien, à court, moyen ou long terme, qu'à ceux qui les émettent. Les enseignants, l'école, l'institution dans son ensemble en est particulièrement friande : notes, bulletins mensuels, appréciations, examens, remarques verbales… De ce point de vue, nos activités peuvent être un havre, de la même façon qu'on délimite une réserve naturelle où les animaux savent qu'ils ne seront pas chassés, tout en ayant le secret espoir que ces domaines s'étendent.

Quant à la consigne qui veut qu'on donne la parole à celui qui l'a le moins eue, si on l'applique à l'ensemble de la vie d'une classe, elle ne peut que conduire au retrait de l'enseignant, qui est, de très loin, dans n'importe quelle classe de n'importe quelle école et à n'importe quel niveau, celui qui parle le plus.

Une fois ces consignes posées, ou rappelées, et, le cas échéant, après désignation d'un distributeur (ou d'une distributrice) de parole, la discussion peut commencer…

Ce jour-là…

Le point de départ fut constitué par deux objets : une pomme de pin et une pierre volcanique. Conformément aux décisions prises précédemment, les enfants purent proposer soit des questions inspirées par ces objets, soit d'autres, librement inventées.

Questions proposées à partir de la pomme de pin :

1. Sommes-nous réellement ce que nous croyons être ?
2. Pourquoi avons-nous de la pudeur ?
3. Pourquoi sommes-nous civilisés ?

Questions proposées à partir de la pierre volcanique :

Aucune proposition

Questions proposées sans support :

4. Par rapport à quoi choisissons-nous notre métier ?
5. Pourquoi certaines personnes sont-elles égoïstes ?
6. L'éducation est-elle vraiment importante ?
7. Pourquoi certaines personnes disent-elles qu'on est tous pareils ?
8. Pourquoi certaines personnes sont-elles "accro" à quelque chose ?
9. La passion peut-elle être destructrice ?
10. Pourquoi certaines personnes sont-elles influençables ?
11. Pourquoi fait-on des blagues sur les blondes ?
18. Pourquoi certaines personnes sont-elles orgueilleuses ?
19. Qu'est-ce que la réussite ?
20. Est-ce que l'amitié est partie de deux personnes ?

À nouveau, les enfants ont voté en fermant les yeux, pour ne pas être influencés par les votes de leurs camarades. Ils ont retenu la question « L'éducation est-elle vraiment importante ? »

Anne-Lise commença par donner sa définition de l'éducation. Pour elle, cela consiste à apprendre aux jeunes les connaissances que les adultes ont acquises au cours de leur vie. À quoi Olivier rétorqua aussitôt : « Il n'y a que les adultes qui peuvent apprendre aux jeunes ? » Anne-Lise admit qu'il avait raison, qu'un enfant peut également jouer ce rôle.

Olivier demanda alors aux autres participants de se manifester s'ils pensaient que seuls les adultes peuvent enseigner. Une seule main hésitante se leva (huit enfants et adolescents étaient présents ce jour-là). Julien dit que, pour lui, les adultes sont mieux placés que les enfants pour être des éducateurs, mais que les enfants peuvent l'être aussi.

Léa, instruite probablement par ce qu'elle m'avait entendu dire en d'autres lieux, affirma que l'adulte qui anime les séances de discussion philosophique apprend lui-même au cours de ces activités. Elle assimila cela à de l'éducation. Anne-Lise lui demanda alors si, pour elle, le fait qu'un adulte apprenne puisse encore s'appeler ainsi. Léa répondit que oui, d'un certain côté, que l'adulte apprend quelque chose, même si ce n'est pas à l'école. Pour Julien, cependant, l'éducation se fait surtout quand on est en classe, au primaire, au collège.

L'idée fut alors émise que l'éducation, c'est aussi l'affaire des parents, et pas seulement de l'école. « Ça a toujours été comme ça, dit quelqu'un, et je voudrais savoir si ça vous paraît normal, que les enfants ne répondent pas à leurs parents ». Maïssane fut la seule à répondre que ça ne lui paraissait pas vraiment normal. Sur quoi Anne-Lise poursuivit en disant que les enfants ne peuvent pas éduquer leurs parents, que ce serait contraire à ce qui s'est toujours fait. Ce qui n'empêcha pas Maïssane de dire que les enfants peuvent parfois apprendre des choses à leurs parents… Anne-Lise reprit alors la parole en demandant si les autres participants voyaient une différence entre apprentissage et éducation. Pour tous, cette distinction parut évidente.

Olivier dit alors qu'il y a plusieurs façons d'éduquer. Certains parents indiquent à leurs enfants qu'ils ont le choix, en leur montrant simplement quelles peuvent être les conséquences de leurs actes. C'est l'attitude qu'il juge la meilleure. Mais, d'après lui, lors d'une discussion entre adultes, si jamais l'enfant intervient (ce qui pour lui est normal), d'autres n'hésiteront pas à répliquer : « Tu n'as pas à dire ça, parce que nous, nous avons un certain recul sur la vie, tu dois attendre pour parler. » Pour lui, ces deux attitudes sont un peu les deux extrêmes. Quelqu'un lui demanda comment il pensait que les enfants vont réagir à ces deux types d'éducation ? Pensait-il qu'ils allaient devenir rebelles ou, au contraire, rester des enfants bien sages ?

Julien émit alors l'idée que, si les parents sont bien éduqués, ils vont transmettre cette éducation à leurs enfants, ce qui entraîna l'expression d'un désaccord de la part d'un ou deux des participants. Il poursuivit alors en demandant aux autres discutants ce que ce serait, pour eux, bien éduquer. Anne-Lise parla alors de la notion de limites à imposer, mais en disant qu'il fallait surtout laisser les enfants s'exprimer, comme on le faisait à ce moment même dans l'atelier. Pour elle, de tels instants de parole sont essentiels pour que les enfants soit bien dans leur peau, pour qu'ils soient heureux dans la vie. Olivier abonda dans ce sens : il pense aussi que c'est la meilleure façon de faire. Il ne comprend pas, par exemple, que certains parents imposent leur religion aux enfants sans que ceux-ci puissent contester quoi que ce soit. Pour lui, ce type d'attitude est le fait de gens « bouchés », qui n'ont aucune ouverture sur rien.

Revenant, à ma demande, sur la question des réactions possibles face aux deux types d'éducation qu'il avait distingués, question qui n'avait pas reçu de réponse, il dit qu'il ne pensait pas qu'on puisse se rebeller face au premier type décrit, celui où les parents demandent leur avis aux enfants.

Julien expliqua alors que les parents peuvent aussi favoriser un de leurs enfants.

La discussion tourna ensuite autour de la question du comportement rebelle que peuvent avoir les enfants. Les avis étaient partagés. Une éducation trop « cool », trop laxiste, ne peut-elle générer des comportements de rébellion ? N'est-il pas nécessaire d'imposer des limites ? Cependant, si on prend le soin d'expliquer les conséquences éventuelles des actes commis, ne peut-on espérer développer la maturité des enfants ? Dans ce cas, la rébellion pourrait peut-être se retourner vers la société, mais probablement pas contre les parents. On évoqua aussi la question de l'argent qui met nécessairement un frein aux désirs des enfants auxquels on accorde tout (sorties, achats…) et peut conduire aussi à une forme de rébellion.

Julien se demanda alors si des parents peuvent changer de style d'éducation. Il semble que des évolutions peuvent se produire, par exemple quand les enfants grandissent, où ce qui était interdit ou cadré est laissé ensuite à l'appréciation de l'enfant. À l'inverse, les filles peuvent voir leur liberté restreinte quand elles arrivent à l'adolescence.

Olivier demanda ensuite aux jeunes présents quelle éducation ils ont eu – ou laquelle ils ont encore. En guise de réponse, Léa lui renvoya immédiatement la question. (« Et toi ? ») Les autres se montrèrent d'accord pour dire que le modèle décrit comme le meilleur (discussion, choix proposés, limites) est celui qu'ils vivent dans leur famille. Deux des filles présentes firent néanmoins allusion à leur père, qui leur impose plus de limites car il ne les voit pas grandir.

Julien indiqua que, selon lui, l'éducation dépend aussi de l'humeur des parents.

À ma demande, on revint ensuite sur la question de départ. Un accord se dégagea pour dire que l'éducation est importante, car elle touche plusieurs domaines, comme la politesse, et qu'on peut grâce à elle apprendre la vie, avoir un travail, avoir le permis de conduire, etc. C'est aussi grâce à l'éducation que plus tard les enfants peuvent être comme leurs parents.

Olivier s'interrogea cependant : « On ne peut donc pas apprendre la vie tout seul ? » Léa lui répondit qu'il y a des choses qu'on peut apprendre seul, mais pas d'autres.

Le temps manqua pour que je demande quels thèmes complémentaires on pouvait traiter à partir de cette discussion. Nous sommes montés à l'amphi, à 19h50, pour poser à Michel la question qui, mis à part celle choisie, avait recueilli le plus de voix, c'est-à-dire : « La passion peut-elle être destructrice ? » Anne-Lise, qui l'avait initialement proposée, avait été désignée par ses camarades pour la lire au micro, ce qu'elle fit avec le sourire et un aplomb qui ne manqua pas de me surprendre. Un frisson (d'étonnement ? d'aisance ?) parcourut les travées, bondées comme à l'habitude, et qui baignaient, surtout dans les hauteurs où nous nous trouvions, dans une atmosphère sans cesse plus moite et chaude à mesure que nous avancions dans la saison. À la demande de Michel, je dis quelques mots, puis il répondit, parlant de psychanalyse, d'inconscient, d'animalité, de l'utilité des passions mais de la nécessité de savoir les maîtriser. J'ai oublié les détails, j'étais heureux d'être là, avec les enfants de l'atelier, de voir la volubilité, la virtuosité intactes de mon ami qui, quelques jours auparavant, avait été victime d'un accident vasculaire cérébral qui avait manqué le laisser aphasique.

En redescendant, Olivier, tout guilleret lui aussi, me dit que Michel avait fait là la meilleure de toutes les réponses aux questions que nous lui avions posées jusqu'alors.

Le 27 avril 2004

Pourquoi fais-tu tout ça ?

La question est tombée, nette, comme un couperet. Moi, je ne l'aurais probablement jamais posée à un autre qui agit. Et ma première réaction a été de m'arrêter sur le « tout ça ». Comme si j'étais quelqu'un d'hyperactif, d'omniprésent dans le développement de nos démarches à l'école et en dehors. Et puis j'ai fait le compte : j'ai créé deux sites Internet, écrit plusieurs articles, j'occupe un poste rectoral consacré à la discussion philosophique, j'anime des ateliers à l'Université populaire, je participe régulièrement aux listes de diffusion sur le net, à des colloques, et des rencontres de tous ordres dans ma région et en dehors… C'est vrai que, vu sous cet angle, la question apparaissait pertinente.

Car j'aurais pu me contenter d'une vie professionnelle simple, paisible. De ce poste ZEP[132] obtenu par miracle et que je tiens à conserver. Mais la vie professionnelle d'un enseignant en ZEP peut-elle être paisible ? Il faut être doté d'un blindage de cancérologue pour ne pas fondre en larmes sous le poids de ces annonces régulières, trop régulières, concernant nos élèves – des enfants : divorces, chômage, violences de tous ordres entendues, vues ou subies, de tous ordres j'y insiste, et la misère et son cortège de promiscuité non choisie, d'insécurité rampante. Comment s'étonner alors de voir dans nos classes des enfants chez qui le fait de compter une soustraction à retenue, de faire l'effort de lire un texte un peu long, d'en produire un, ou d'en écrire un autre sous la dictée n'allume jamais dans le regard cette lumière qu'on prête aux élèves idéaux décrits dans les livres ? Comment s'étonner de voir certains de nos élèves ne répondre à nos demandes que par un sourire triste, marque d'un désespoir muet qui nous crie des appels au secours ?

J'aurais pu me contenter, oui, de continuer ma tâche près d'eux, la lecture, la remédiation en mathématiques, l'initiation à la manipulation des outils informatiques, l'organisation de jeux coopératifs, et ces concours que j'organise, autour des livres et des œuvres d'art dont les reproductions ornent les couloirs de l'école, pour les faire entrer autrement dans ces mondes pour eux si ardus, si étrangers. Mais c'est précisément parce que je pense que tout cela ne suffit pas, qu'ils ont, eux plus que d'autres, besoin qu'on les autorise à penser par eux-mêmes que je veux continuer à animer avec eux des discussions philosophiques, ou qui s'annoncent comme telles.

Qu'on me comprenne bien : je ne veux pas noircir à l'extrême la description du quartier où je travaille depuis plus de vingt ans. Ses habitants m'en voudraient sans doute, et à juste titre. Ce quartier n'est pas un résumé de la misère humaine. Oui, on y trouve des enfants, des adultes équilibrés, heureux peut-être même, dans leur dénuement. Mais à un simple niveau statistique, les difficultés de tous ordres sont plus nombreuses là qu'ailleurs…

Bien que conscient de tout cela, je fus passablement interloqué par l'interpellation de mon amie – une enseignante qui pratique elle aussi des discussions, qu'elle dit « à visée philosophique ». Elle me proposait un échange de courriers (courriers électroniques, en fait), pour tenter de clarifier, pour moi, ce qui me poussait à agir, à tant agir. J'acceptai. Cet échange est résumé ici, comme s'il s'agissait d'un dialogue :

Lui : Je pense avoir trouvé dans nos démarches quelque chose qui est susceptible de développer les valeurs qui me semblent essentielles.

Elle : Valeurs essentielles ?

Lui : Liberté, égalité, fraternité, autonomie, responsabilité ; altruisme, compassion ; épanouissement, bonheur.

Elle : Si tu devais en garder deux seulement ?

Lui : Je dirais compassion et bonheur. (c'est pas simple)

Elle : Gardes-tu alors cette formulation comme point de départ ? « Je pense avoir trouvé dans nos démarches quelque chose qui est susceptible de développer des valeurs qui me semblent essentielles : compassion et bonheur. »

Lui : Oui.

Elle : Vois-tu une relation entre compassion et bonheur ? Relation convergente, divergente, antinomique ?

Lui : Il me semble que la compassion est une condition nécessaire, quoique non suffisante peut-être, pour être heureux. Peut-on être heureux seul ? Robinson Crusoë était-il heureux (avant Vendredi) ?

Elle : On dirait que tu vois un lien de convergence entre compassion et bonheur, mais que tu introduis un doute : « Peut-on être heureux seul ? Robinson Crusoë était-il heureux (avant Vendredi) ? » Peux-tu aller plus loin dans ce sens ?

Lui : Ce n'est pas un doute, c'est une illustration qui corrobore le postulat de départ. Je pense que Robinson n'était pas heureux, puisqu'il n'avait pas de compagnon, donc pas de possibilité d'exercer sa compassion envers qui que ce soit. Compassion qui apparaît là encore comme condition nécessaire mais sans doute pas suffisante.

Elle : Alors retour. Peux-tu expliquer compassion ?

Lui : Pour moi, la compassion est une forme achevée de l'altruisme. Il s'agit bien, étymologiquement, de « souffrir avec ». Ce qui inclut se réjouir aussi.

Elle : Peux-tu ensuite redire en une phrase ce qui d'après toi rend Robinson heureux sans utiliser le mot compassion ?

Lui : Je ne sais pas si Robinson était heureux. J'ai dit qu'il me semblait qu'avant l'arrivée de Vendredi, il ne l'était pas. Ce qui ne signifie pas nécessairement qu'il l'était après. La compassion, ou plus précisément dans le cas de Robinson, l'occasion de l'exercer, me semble nécessaire au bonheur, mais pas forcément suffisante (je l'ai déjà dit, ça, non ?). Bon, je ne réponds pas à ta question enfin pas vraiment, mais elle n'est pas entièrement satisfaisante puisque je suis incapable d'affirmer que Robinson était heureux (je pense même qu'il ne l'était pas, puisqu'il cherchait encore à partir de son île, malgré la présence de Vendredi...)

Elle : Il resterait cela de cette journée : « Je pense avoir trouvé dans nos démarches quelque chose qui est susceptible de développer des valeurs qui me semblent essentielles : compassion et bonheur. Pour moi, la compassion est une forme achevée de l'altruisme. Il s'agit bien, étymologiquement, de "souffrir avec". Ce qui inclut se réjouir aussi. La compassion, ou plus précisément l'occasion de l'exercer, me semble nécessaire au bonheur, mais pas forcément suffisante. » Peux-tu revenir sur compassion et trouver les liens (de convergence, divergence toujours) entre altruisme, souffrir avec et se réjouir ?

Lui : Je crois l'avoir déjà dit : pour moi, la compassion est une forme achevée de l'altruisme. Grande convergence donc. Il ne s'agit pas seulement de se soucier des autres, mais de souffrir avec eux, autant qu'eux, quand il leur arrive malheur. Et quand leurs difficultés peuvent être soulagées, qu'on le pense au moins, leur proposer les solutions qu'on envisage. C'est aussi partager leurs joies, leurs bonheurs. Être heureux de savoir qu'ils sont heureux, sans rien attendre en retour, même pas d'être présent. C'est aussi une forme particulière, et probablement très noble, de l'amour.

Elle : Tu as précisé, maintenant, retour à l'essentiel. Peux-tu réduire ce texte à UNE SEULE PHRASE représentative de ton « fonctionnement » habituel et général face à l'autre à partir de ce que tu as présenté là ?

Lui : Il me semble nécessaire, pour être heureux, d'être à l'écoute de l'autre pour pouvoir comprendre ses joies et ses peines, les partager et, éventuellement, lui proposer des solutions.

Elle : Quelle question faudrait-il poser à un tel schéma pour en percevoir la ou les limites ? (sans se soucier de la réponse pour l'instant). Ou bien, quelle est la question « ennuyeuse » pour un tel schéma ?

Lui : La question pourrait être : N'as-tu pas l'impression de décrire là un idéal de comportement qu'aucun être humain ne peut atteindre, à cause de son égoïsme ?

Elle : Tu ne remets pas en cause le schéma lui-même. Je repose donc la question. Quelle question faudrait-il poser à un tel schéma pour en percevoir la ou les limites ? (sans se soucier de la réponse pour l'instant). Ou bien, quelle est la question « ennuyeuse » pour un tel schéma ?

Lui : À quelles conditions peut-on réellement partager les joies et les peines d'autrui ?

Elle : Toujours pas. Tu ne remets pas ce schéma en cause, tu ne le déranges pas par une question « ennuyeuse ». Je précise alors. Il ne s'agit ici ni de donner un discours cohérent, ni un discours sincère. Tu as posé une phrase qui semble correspondre à un fonctionnement que tu adoptes. « Il me semble nécessaire, pour être heureux, d'être à l'écoute de l'autre pour pouvoir comprendre ses joies et ses peines, les partager et, éventuellement, lui proposer des solutions. » Ensuite, le « jeu » si tu veux, intellectuel, c'est de voir en quoi ce fonctionnement, habituel, ancré, peut être remis en question. De l'extérieur. Tu sais, c'est le dépaysement dont je te parlais. Contempler cette phrase comme un étranger qui lui objecterait des incohérences ou des limites. Alors, admettons que tu fais parler quelqu'un d'autre. Donne-lui un nom pour t'y retrouver. Ton contraire, ton opposé, ton fantôme, ton négatif. Ce qui compte ici, c'est le fil, le raisonnement, les oppositions qui, (peut-être, si tu lâches ton exigence de cohérence et ta sincérité) viendront à apparaître. Il ne s'agit pas par contre de prévoir les « coups » possibles et leurs conséquences, mais d'avancer pas à pas, une phrase après l'autre.

Lui : Je pourrais dire : « Le bonheur peut-il être soumis à des conditions ? »

Elle : Ça vient. Tu as fait une objection synthétique. Peux-tu faire d'autres essais de remise en cause, entrant dans le détail de CE QUI, dans ta phrase de départ, est nécessaire pour être heureux ? Pose disons trois objections, juste pour la position extérieure et critique.

Lui : 1. Comment être sûr que celui qu'on écoute parle vraiment ? À quoi voit-on qu'on le comprend réellement ? 2. Quel intérêt aurais-je à ce que tu partages mes joies ? 3. Quand tu partages mes peines, la satisfaction n'est-elle pas plus grande pour toi que pour moi ?

Elle : Voilà ! On y est. Il me semble que tu es sorti de ton monologue. On continue dans l'essentiel qui nécessite de laisser ce qui est moins important en route, sans remords. Alors maintenant, reprend LA phrase qui te paraît la plus « impertinente», celle qui dérange le plus le schéma du départ. Et trouve une formulation la plus réduite possible, la plus concentrée et allant au but du dérangeant.

Lui : 1 : Il me semble nécessaire, pour être heureux, d'être à l'écoute de l'autre pour pouvoir comprendre ses joies et ses peines, les partager et, éventuellement, lui proposer des solutions. 2 : Vouloir partager les peines de quelqu'un, c'est rechercher son propre bonheur.

Elle : En quoi l'affirmation 2 est-elle dérangeante par rapport l'affirmation 1 ?

Lui : L'affirmation 1 met l'accent sur le don de soi désintéressé, alors que la 2 montre qu'en fait l'altruisme est toujours mis au service de qui prétend en faire preuve.

C'est ainsi que s'acheva ce dialogue, proche, dans ses intentions et dans sa forme, du style d'animation de certains collègues pratiquant la discussion philosophique. La discussion était-elle achevée ? Une discussion de cet ordre peut-elle l'être ? Et un discours philosophique, écrit ou non ? La question reste ouverte, nous y reviendrons.

La compassion dont il est question ici n'est certes pas celle qu'on retrouve dans le christianisme, sous une forme dévoyée, puisqu'elle serait un moyen d'accéder au divin, d'obtenir son propre salut. L'amour du prochain, vu sous cet angle, débouche en fait sur l'égoïsme le plus net. La compassion dont je me réclame est liée à cette maxime hédoniste, rappelée par Michel Onfray « Fais à autrui ce que tu voudrais qu'il te fasse », qui s'oppose, à l'évidence, au diktat chrétien « Ne fais pas à autrui ce que tu ne voudrais pas qu'il te fasse »...

Discussion

Jacques Lévine est le chef de file d'une des sensibilités qui font de l'ensemble des praticiens et chercheurs qui s'intéressent aux discussions philosophiques pour enfants une nébuleuse, une mosaïque aux reflets variés, traversée de courants. De façon peut-être un peu optimiste, je veux voir ces sensibilités diverses non pas cloisonnées, hermétiques aux apports des autres, mais en interaction constante, en contact, dans une dynamique d'enrichissement mutuel… de discussion.

Comme illustration, je dirais que, bien que n'étant pas entièrement en accord avec les enseignants de la mouvance de Jacques Lévine, (il me suffirait, sinon, d'appliquer leur démarche[133]), je distingue entre eux et moi un certain nombre de convergences, par exemple lorsque celui-ci écrit : « Alors que Lipman, après toutes sortes de détours, propose le raisonnement logique comme finalité, nous pensons que le point d'impact principal des ateliers de philosophie doit être la parole de l'enfant, en tant que **miroir de sa façon de penser la vie, et cela, avec le minimum d'additions en provenance des adultes.** »[134]

Par ailleurs, dans le même texte, et comme je l'ai fait au début de cet ouvrage, Jacques Lévine rend hommage à Matthew Lipman en qui il reconnaît un précurseur, un défricheur de terres vierges. Il cite également Montaigne, auquel j'ai fait abondamment référence. Par contre, la phase de questionnement que j'ai longuement décrite plus haut est absente du dispositif Lévine : c'est l'animateur qui apporte la question.

Venons-en, enfin, au moment de la discussion. L'ensemble de ce qui précède montre assez, je pense, de quelle manière celle-ci va se dérouler, au moins dans les groupes chevronnés. Circulation de la parole selon les modes décrits, le distributeur étant de préférence un des discutants ; interventions modérées de l'animateur, qui demande la parole comme n'importe quel participant ; absence de jugements autre que ceux produits par la recherche commune ; respect éventuel d'un plan constitué de sous-questions écrites au tableau.

D'une façon générale, je pense que l'attitude à adopter est proche de celle que Carl Rogers qualifie d'écoute active. Thomas Gordon s'inspire grandement de ce modèle lorsqu'il dit : « Dans l'écoute active, le récepteur essaie de comprendre ce que ressent l'émetteur, de saisir ce que son message veut dire. Ensuite, il transforme sa compréhension dans ses propres mots et retourne le message à l'émetteur pour vérification. Le « receveur » ne transmet pas son propre message, comme une évaluation, une opinion, un conseil de raisonnement, une analyse ou une question. Il retourne seulement ce qu'il pense être le véritable sens du message de l'émetteur, rien de plus, rien de moins. »[135] Cette question de la reformulation a été longuement débattue parmi les praticiens et les chercheurs – et elle l'est encore. Qui doit reformuler ? L'animateur ? un des enfants ? Ma réponse se situerait dans un milieu, évitant les extrêmes, et elle est sensible au contexte : on peut penser que l'animateur sera prioritairement chargé de cette tâche dans les groupes débutants, puis que d'autres enfants pourront le faire ensuite. Je pense néanmoins que, pour répondre aux finalités de développement de l'estime de soi déjà évoquées, il n'est pas inutile que l'adulte montre l'intérêt qu'il porte à ce qui se dit, en reformulant lui-même, de temps à autre. Quoiqu'on fasse, quoiqu'on dise, il aura toujours un rôle particulier, un poids spécifique dans le groupe. Qu'il se serve donc de cette position, non pour freiner l'épanouissement des enfants par le jugement surplombant, mais pour le développer par l'accueil, l'ouverture à la parole de l'autre.

Quand il souhaite opérer un glissement de cette fonction de reformulation vers les enfants, quelques techniques sont à sa disposition, à commencer par l'exemple qu'il offre. Il peut aussi, plutôt que reformuler lui-même, demander au groupe lesquels de ses membres ont compris ce qui vient d'être dit. La reformulation passe alors par un autre discutant, et elle est soumise à l'appréciation de l'émetteur initial. Dans le cas d'un désaccord, il est particulièrement intéressant de prolonger les allers et retours, qui montrent les difficultés inhérentes à toute communication : telle parole que j'avais émise et que je pensais claire n'a été comprise que par quelques participants à la discussion (et pas par ceux qui ne lèvent pas la main) et l'un de ceux qui pensaient l'avoir le mieux comprise ne m'en renvoie pas une formulation que j'agrée…

Cependant, l'écoute active ne passe pas que par la seule reformulation des propos émis. Une attitude ouverte, le silence, le regard incitateur, le respect des hésitations, l'utilisation de mots brefs, neutres, témoignant que l'on a entendu et compris ou encore de hochements de tête comme signes d'acquiescements muets et non jugeants, toute cette panoplie est à utiliser sans retenue.

Un glissement de même nature que celui décrit pour la reformulation peut être opéré dans d'autres aspects de l'animation. Prenons ce passage, déjà partiellement cité, de Philippe Meirieu, qu'il ne destine pas d'ailleurs spécifiquement aux discussions philosophiques : « […] le dialogue permet […] la confrontation, la perception des contradictions et des positionnements réciproques… surtout quand on utilise, comme Socrate dans les œuvres de Platon :

– la reformulation systématique (“si je te comprends bien, il me semble que tu veux dire...”)

– le rappel des acquis antérieurs (“tu te souviens que nous avons dit tout à l’heure...”)

– la mise en évidence des paradoxes (“comment peux-tu dire cela alors que tu viens d’affirmer que...”)

– l’insistance sur les oppositions (“tu vois bien qu’il s’agit là de la position inverse...”)

– l’élaboration systématique de typologies (“il faut donc distinguer plusieurs sortes de...”) »[136]

On voit que, dans toutes ces interventions, c’est l’animateur, l’adulte qui est aux commandes (« Tu vois bien que... » ; « Tu te souviens que... »). À la limite, il se place en position de juge de la pertinence des propos tenus (« Comment peux-tu dire cela... »). Mais si le but recherché est de faire en sorte que les enfants développent une attitude réflexive, plutôt que de dire : « tu vois bien qu’il s’agit là de la position inverse... », dans laquelle, encore, l’adulte porte implicitement un jugement sur les paroles prononcées, ou, au moins, sur leur cohérence interne, je préfère des formules générales, faisant appel à la communauté de recherche comme : « Ce que vient de dire votre camarade est-il en contradiction ou en accord avec des paroles prononcées auparavant ? » Bien sûr, là comme ailleurs, on ne se contentera pas d’une réponse laconique, affirmative, négative, ou constituée d’un seul mot, mais on demandera d’argumenter. Avec comme visée que ces façons de faire soient ensuite reprises par les enfants, ce qui permettra à l’animateur de se retirer.

C’est dans le même esprit que, dans les groupes débutants, celui-ci réclamera des exemples ou des contre-exemples, insistera pour dire qu'il n'a pas compris ou pas entendu telle ou telle prise de parole, demandera l'avis du groupe sur telle prise de position, en recherchant les désaccords éventuels.

Ce jour-là...

Le point de départ fut constitué par un objet, proposé par un enfant : une canette de soda d'une marque de diffusion mondiale. Conformément aux décisions prises précédemment, les enfants purent proposer soit des questions inspirées par cet objet, soit d'autres, librement inventées.

Questions proposées à partir de la canette de soda :

1. Pourquoi certains parents interdisent-ils à leurs enfants de porter des marques ?
2. Pourquoi certains parents interdisent-ils à leurs enfants de boire des sodas et de manger des bonbons ?
3. La mondialisation est-elle bénéfique pour tous ?
4. Pourquoi se sent-on obligé de faire ou d'acheter la même chose que les autres ?

Questions proposées sans support :

5. Un embryon peut-il être considéré comme un être vivant à part entière ?
6. Qu'est-ce que la justice ?
7. Pourquoi certaines personnes se voilent-elles la face ?

8. Pourquoi certaines personnes disent-elles qu'on est tous pareils ?
9. Êtes-vous pour ou contre la liberté de procéder à une IVG ?
10. Pourquoi fait-on des blagues sur les blondes ?
11. À quoi sert l'école ?
12. Pourquoi préfère-t-on les brunes aux blondes ?
13. Qu'est-ce que la beauté ?
14. Pourquoi avons-nous de la pudeur ?

Les enfants ont voté à nouveau en fermant les yeux, et ils ont retenu la question « Êtes-vous pour ou contre la liberté de procéder à une IVG ? »

Par ailleurs, et pour la première fois, ils ont choisi de se passer du support des « sous-questions ». Ce fut d'ailleurs l'objet d'une discussion assez âpre entre eux.

Nous avons commencé par dire ce qu'est une IVG, une interruption volontaire de grossesse.

Ensuite, et d'emblée, en réponse à la question, Anne-Lise se déclara pour, en précisant toutefois que cela dépend des circonstances. L'IVG se justifie par exemple dans le cas d'une jeune fille de seize ans, pour la suite de ses études, ou dans un cas de détresse, mais il ne faut surtout pas que cela soit valorisé. Elle ne pense pas qu'il y ait une femme qui soit contente d'aller avorter, en tout cas elle ne l'espère pas. Léa ajouta que ça dépend également de l'âge, des choix qu'on peut faire, de son métier… Anne-Lise lui demanda d'expliquer pourquoi elle faisait allusion à l'âge, comme si c'était moins grave de pratiquer un avortement à quarante ans qu'à vingt. À quoi Léa ne put que répondre « Ça dépend… »

Olivier indiqua qu'il avait formulé la question de cette façon parce que, pour lui, être pour ou contre l'IVG, cela ne veut pas dire grand-chose. En fait, on est pour ou contre la liberté d'avoir le choix.

Virginie donna elle aussi des circonstances qui, à son avis, pouvaient justifier une IVG, et d'autres qui ne la justifient pas. Quant à Hugues, il estima qu'on ne peut pas vraiment répondre à la question, que ça dépend du choix de la personne. Olivier lui répliqua que, en tant que garçon, il ne serait jamais confronté à ce genre de problème ; mais Anne-Lise n'était pas de cet avis car, en tant qu'homme, on peut s'estimer concerné par ce qui arrive à sa compagne. Olivier, en accord avec ce qu'elle venait de dire, objecta que l'homme peut être concerné, mais pas autant que la femme, car c'est elle qui porte le bébé.

Pour Hélène, il vaut mieux avorter qu'abandonner son enfant ensuite, le mettre à la DDASS[137]. J'expliquai alors le rôle et les attributions de cet organisme, quelques enfants ne les connaissant pas, ou seulement partiellement. Pour Hugues, mettre un enfant à la DDASS, ça veut dire qu'on ne l'aime pas ; un enfant abandonné ainsi est malheureux, et il se demandera tous les jours de sa vie qui sont ses vrais parents. Mais Virginie dit que quelquefois c'est mieux que ces enfants-là ne connaissent pas leurs parents, ce à quoi Hugues répliqua que, quand la mère peut garder son enfant, il ne voit pas pourquoi elle irait le mettre à la DDASS.

Léa jugea qu'il faut être immonde pour mettre un enfant au monde et ne pas s'occuper de lui. Dans ce cas, il vaut mieux le faire disparaître, car l'enfant peut être pénalisé toute sa vie, ce qu'Olivier analysa comme une redite de propos tenus par Hélène un peu plus tôt. Il ajouta que, s'il avait formulé sa question de cette façon, c'était pour dire : « Est-ce que c'est important ou normal qu'on laisse le choix ? » alors qu'il y a des commandos qui s'enchaînent dans des blocs opératoires. Pour ces gens, apparemment, la réponse est claire : ils sont contre le fait que la femme puisse avoir le choix. Anne-Lise précisa que ce que disait Olivier se passe en Amérique. Pour elle, c'est très grave de s'enchaîner dans un bloc opératoire pour les conditions d'hygiène des gens à venir, des futurs opérés. Virginie demanda alors des précisions sur ce fait de s'enchaîner pour les opposants à l'IVG. Olivier et Anne-Lise décrivirent ce type d'action. Léa se demanda à quoi ça peut servir de s'enchaîner dans un bloc opératoire, et Anne-Lise expliqua que c'est comme une manifestation.

Les échanges suivants confirmèrent ce qui s'était dessiné en début de séance, à savoir que la possibilité d'avoir le choix est satisfaisante, mais que le recours à l'IVG ne doit pas être systématique, et doit dépendre des circonstances. À quoi Hugues sembla objecter que, si la femme en difficulté a de la famille, elle peut lui confier le bébé. Hélène répondit que la famille pouvait ne pas souhaiter s'en occuper, car c'est une grosse responsabilité. Hugues en convint, bien qu'il ait dit que cela entrait dans les devoirs d'une famille.

Anne-Lise et Léa insistèrent ensuite sur la prise en considération, non seulement de la situation de la future mère, mais aussi de celle du bébé. Par exemple, dans le cas d'un viol, la femme en difficulté sait que son enfant n'aurait pas de père, moins d'argent, etc. Cette réflexion les conforta dans l'idée de laisser le choix. Hélène leur répliqua que, dans ce cas, l'homme pouvait aussi manifester le désir de se marier avec celle dont il aurait abusé, mais Hugues se demanda si celle-ci voudrait d'un tel homme… Anne-Lise et Olivier dirent qu'alors, échafauder de tels scénarios ne servait pas à grand-chose. Virginie estima quant à elle que la prise en considération de la vie de l'enfant à naître pouvait être de peu de poids, chez certaines, par rapport au désir de maternité. Pour elle, leur envie d'avoir un enfant peut être plus forte que toutes les considérations sur les conditions dans lesquelles il sera élevé.

On revint aux commandos anti-IVG, en se demandant comment leurs membres réagiraient si ils ou elles étaient confronté(e) s à des situations de détresse. Tous semblèrent penser que ces personnes sont des gens vraiment « fixés », qu'ils ne pourront jamais changer d'avis, ce qui conduit Hugues à s'interroger : « Est-ce qu'ils ont vraiment réfléchi à ça ? »

Les enfants évoquèrent aussi les anomalies génétiques qui pouvaient conduire à envisager l'IVG, et les plus grands précisèrent les choses du point de vue scientifique sur les méthodes de dépistage : prélèvement de liquide amniotique, échographie…

Virginie, qui distribuait la parole, fit alors le tour des discutants pour savoir s'ils voulaient ajouter quelque chose. Seul Olivier interrogea à ce moment Maïssane pour lui faire préciser sa pensée, qu'il estimait peu claire, ce qu'elle fit, se ralliant à la position générale (possibilité du choix, en tenant compte des circonstances). Anne-Lise ajouta que la liberté lui paraît très importante, par rapport à la démocratie et surtout aux droits de l'homme, et par rapport à la liberté des femmes.

Hélène estima stupide que les commandos empêchent les IVG, parce que cela oblige la mère, soit à garder son enfant, et alors elle ne va pas l'aimer, soit à l'abandonner. « Mais peut-on ne pas aimer son enfant? », se demanda Maïssane

Anne-Lise dit alors que ces commandos sont souvent guidés par la religion ; par exemple, les chrétiens se réfèrent à la Bible. (Je précisai alors qu'il s'agissait du Décalogue, et de l'un de ses commandements, « Tu ne tueras point »). À quoi Olivier rétorqua que le christianisme n'est qu'une adaptation de ce qui est écrit dans la Bible, en prenant l'exemple du président des États-Unis, George Bush, qui est croyant et envoie des soldats en Irak. Il pense donc que les opposants s'appuient sur ce texte, mais qu'il n'y a pas que cela. Hélène, constatant que chacun a sa religion, que certaines personnes n'en ont pas du tout, dit qu'il suffirait que ceux qui ne veulent pas avoir recours à l'IVG ne le fassent pas.

Olivier dit que, de ce point de vue, toutes les religions n'étaient pas à regarder de la même façon, que certaines, comme le bouddhisme, laissent plus de libertés à leurs adeptes. Il ajouta que c'est dommage de voir que quand une religion édicte une règle, certains ne sont pas capables d'autre chose que de la suivre aveuglément. Virginie lui rétorqua que sa façon de voir la religion, comme un guide qu'on est obligé de suivre, n'était pas conforme à la réalité. Mais il insista, disant qu'il était opposé à ces règles qu'on n'a pas le droit de transgresser…

Le 4 mai 2004

Savoir à la place des autres ce qui est bon pour eux

Certains pensent savoir mieux que les personnes auxquelles ils s'adressent ce qui est bon pour elles. Quelle présomption ! Car il faut, comme préalable à cette certitude, avoir défini le Bien de façon quasi-universelle. Or, de quelles intentions une telle attitude procède-t-elle ? Si nous la transposons au plan politique, par exemple, quels personnages voyons-nous se profiler, qui avaient l'intention – ils l'affichaient en tout cas – de faire le bonheur de leur peuple ; et ceci même, surtout peut-être, à l'insu des principaux intéressés, voire contre leur volonté ? La réponse est claire : seuls les tyrans, les dictateurs, les suppôts des régimes totalitaires osent avancer pareilles assertions, qui masquent, derrière un souci de l'autre affiché de façon ostentatoire, une réelle soif de pouvoir et de reconnaissance en tant que guide suprême.

Certains, plus « modestement », estiment que seuls les enfants, mais *tous* les enfants, sont par nature incapables de discerner pour eux-mêmes ce qui leur convient le mieux, ce qui est à même de leur assurer un avenir radieux. Ils en tirent argument pour manifester une certaine méfiance à l'égard de nos démarches de discussion philosophique, surtout quand elles sont à leurs yeux trop imprégnées d'une dimension libertaire. Ils définissent les enfants comme des « humains en devenir », comme si l'enfance n'était qu'un stade transitoire, une espèce d'entraînement avant l'entrée sur la scène de la vie, la vraie vie, celle des adultes. L'enfance serait le moment où des êtres inachevés, des sortes de fœtus d'adultes, doivent parfaire leur formation. Donc le lieu de tous les renoncements, de toutes les souffrances, en vue d'une hypothétique vie harmonieuse, une fois atteint l'âge de la majorité. « Travaillez, prenez de la peine… » D'autres envoient leurs cadets à la mort en leur promettant une éternité de jouissance, peuplée de jeunes filles vierges. Différence de degré, certes ; pas de nature.

Car n'est-il pas contradictoire, encore, de penser que l'accès à l'autonomie ne peut se faire que dans une situation d'hétéronomie ? Que les enfants ne parviendront à être autonomes à terme (mais quel est ce terme ?) que si on les guide, que si on leur tient la main ? Être présent, disponible, ouvert, oui. Omniprésent, non.

Un collègue, à qui une discussion m'opposait sur ce point, m'a dit un jour que lui et moi avions des conceptions différentes de la nature humaine ; que je serais un optimiste, et qu'il aurait sans doute réagi de la sorte à mon âge – il a une vingtaine d'années de plus que moi. Serait-ce donc alors, lui ai-je dit, l'expérience qui parle ? À quoi il a répondu par la négative, affirmant qu'il était simplement réaliste… Mais, dans ce cas précis, l'acception de ce terme ne serait-elle pas quelque chose du genre « état de celui qui est capable de tirer, de façon lucide, des leçons de son… expérience » ?

Et quid, dans cette histoire, de la nature humaine ? Existe-t-il réellement une nature humaine ? Et si oui, peut-on la considérer comme universelle ? L'éventuelle et contestable nature humaine d'un Occidental du XXIe siècle est-elle comparable à celle d'un Indien d'Amazonie contemporain ou à celle d'un ouvrier de la Révolution industrielle ? Serait-elle donnée, d'un bloc, à la naissance, avec les instincts et la potentialité de la bipédie ? Ou n'est-elle pas, ce qui est à l'évidence mon analyse, la résultante d'une biographie singulière et d'un ensemble complexe de processus culturels et éducatifs ? Dans ce cas, je pense que l'incapacité qu'il constatait pour les jeunes, et, peut être, les moins jeunes, de parvenir par eux-mêmes à l'autonomie serait non pas le propre d'une espèce de nature humaine transcendante, mais bien le résultat de siècles d'éducation sur un mode vertical, platonicien, postulant que les enfants ne peuvent rien acquérir par eux-mêmes, qu'il leur faut sans cesse la béquille des adultes ou, au moins, d'êtres humains ayant atteint un certain âge, qu'il reste à déterminer, et nantis de certaines aptitudes, qu'il faudrait encore définir.

Cette incapacité des enfants à devenir autonomes sans l'aide des adultes, qui reste à démontrer et me semble par ailleurs en flagrante contradiction avec mon expérience personnelle, ne pourrait être considérée, si elle était avérée, que comme le résultat de vingt-cinq siècles (au moins…) de dualisme platonicien, revêtu d'oripeaux divers, christianisme – ou plutôt paulinisme – scolastique et sa descendance moderne, monarchie, capitalisme, tous systèmes qui affirment que la vérité, donc la vraie vie, est ailleurs, après, plus tard, mais jamais ici et maintenant. Et que pour y accéder, on ne peut que s'en remettre à des intercesseurs, de droit divin ou tout comme, qui, s'appuyant sur des livres, peuvent consentir dans certains cas, à tendre une main secourable à quelques élus pour les guider vers ces contrées autrement inaccessibles. Cette hypothétique nature humaine a été forgée de toutes pièces par des hommes avides de pouvoir, de biens matériels et d'honneurs – des maîtres absolus, cooptés ou autoproclamés, jamais choisis. Ceux-là même, ou leurs descendants, seraient donc indispensables pour accéder à l'autonomie ? Réitérant ce vieux schéma des peines à subir dans le présent qu'on supporte à l'idée de bonheurs à venir, il nous faudrait accepter des maîtres pour pouvoir un jour nous en passer ? Quand donc briserons-nous ce cercle vicieux ? Pour le moins, tentons véritablement cette expérience, qui poserait comme hypothèse de travail qu'on n'apprend à être autonome qu'en l'étant ! Quitte à nous dire, ensuite, que nous nous sommes trompés…

Dans cette position, dans cette interdiction faite aux enfants de penser par et pour eux-mêmes, je ne vois que conviction, bâtie sur une expérience singulière, donc sujette à controverse. Car toute philosophie, (et tout modèle éducatif, l'un étant partie de l'autre), est à l'évidence conditionnée par l'histoire personnelle de celui ou celle qui la met en œuvre. Elle en est l'expression, et dans beaucoup de cas ne s'en cache pas : les tenants de ces thèses font souvent état de leur propre expérience d'éducateur, de leurs propres turpitudes, pour étayer leurs dires.

J'affirme, moi, que placés dans des conditions favorables, les enfants sont tout à fait aptes à faire des choix pertinents pour eux-mêmes. Ce postulat est peut-être un pari. Peut-être n'est-il valable que pour certains enfants, dans certaines circonstances. Mais qu'avons-nous à perdre à le prendre en compte pour infléchir nos modèles éducatifs ? Quels risques prendrions-nous ? Celui de ne pas former des cohortes d'élèves (le terme a de quoi faire frémir, mais il est souvent employé...) des cohortes, donc, aptes à intégrer le monde du travail, à répondre aux besoins du marché ? Frissons d'inquiétude, encore, à penser que c'est cela l'éducation, que là résident les finalités dernières de l'école : former, pendant dix années d'enfance – au moins –, six heures par jour – sans compter le travail à la maison –, des jeunes dont le seul horizon est de faire preuve à terme de la soumission nécessaire pour travailler onze mois par an, pendant quarante ou quarante-cinq années supplémentaires, pour le plus grand profit d'élites qui échappent, elles, à ces contingences... Notre mission est-elle donc de former des esclaves ? « Nietzsche, dit Michel Onfray, affirmait que quiconque ne dispose pas des deux tiers de son temps en liberté pure pour son propre usage est un esclave.[138] »

Qu'avons-nous donc à perdre, à poser que les enfants peuvent faire des choix pertinents pour eux ? Craindrions-nous qu'ils en viennent à mettre en cause notre autorité ? À nous manquer de respect ? Dans ce cas, nous renoncerions à une évolution positive de nos principes éducatifs pour préserver une position dominante. Éduquer, oui, à condition que nous restions maîtres à bord... Outre que je n'ai jamais constaté une telle dérive, face à aucun groupe d'enfants, au cours de mon expérience forte maintenant de plusieurs centaines de séances, je dirais que, d'une façon générale, je me méfie de tous ceux qui imposent, réclament ou revendiquent le respect qu'on leur devrait. Le respect m'apparaît comme une valeur éminemment bourgeoise, souvent associée à l'obéissance, et celle-ci à la soumission. Il faut dire que certains philosophes n'hésitent pas à faire de l'obéissance une sorte de critère fondant l'humain. Au cours d'un colloque, j'ai entendu un des conférenciers dire sans rire que l'obéissance était bien une preuve d'humanité puisque, s'il intimait à la table placée devant lui l'ordre de se mouvoir à l'autre bout de la scène, on n'avait aucune chance de voir ce meuble obtempérer. Cet estimable confrère, dont je tairais le nom, mais qui est l'auteur de plusieurs ouvrages et rédige régulièrement des articles dans la presse nationale, a tenté de se justifier ensuite sur une liste de diffusion[139], sur Internet, sans convaincre grand monde. En tout état de cause, si de tels « arguments » peuvent donner une idée de ce qu'est la philosophie, je fais définitivement mienne cette parole d'Epictète : « Ne t'appelle jamais philosophe et ne souffre pas qu'un autre te donne ce nom. » Ce qui réglerait, du même coup, la question de la dénomination de nos démarches…

Le respect me heurte, même s'il a été récupéré, de façon quelque peu paradoxale, dans les codes et la langue des adolescents de banlieue. Preuve, s'il en était besoin, que leur prétendue rébellion tient plus de la réaction épidermique que de la volonté de transformer profondément le monde. Parmi les modalités susceptibles de régir harmonieusement l'intersubjectivité, je préfère la courtoisie, l'empathie, la bienveillance, l'amabilité, la tolérance, la compassion, l'amour et l'amitié. Le respect m'est suspect car il induit un rapport de dominant à dominé. Une de ses variantes, le respect mutuel, pourrait à la limite me convenir. Mais je préfère pour l'exprimer choisir parmi les termes suggérés plus haut. Ou cet autre, l'estime, parce qu'on peut l'appliquer à soi comme à autrui. Le respect renvoie au vocabulaire des armées, l'estime à celui de la camaraderie, de l'amitié, de l'amour. On respecte un ordre, on respecte un gradé. Pour l'estimer, c'est autre chose. Le respect est imposé, l'estime se mérite... Il convient dès lors de développer l'estime de soi et de créer des occasions de faire naître l'estime mutuelle...

Comment le respect, posé comme infrangible, comme consubstantiel aux rapports régissant certaines relations – les enfants devant par principe le respect aux adultes – et qui suppose par là même une suspension parcellaire du jugement, pourrait-il être regardé comme apte à les préparer à devenir des adultes capables d'autonomie réflexive ? Et comment penser que, devenus adultes, ils sauront un jour choisir et dire ce qui est bon pour eux, si jamais on ne les a encouragés à oser le penser, si jamais on ne leur a donné l'occasion de l'exprimer, par respect pour ce que l'adulte est, par respect pour ce qu'il dit ? Par quel tour de passe-passe, ou plutôt par quel miracle pédagogique, des enfants qu'on n'a jamais autorisés qu'à obéir et à dire merci sauraient-ils, du jour au lendemain, arrivés à l'âge adulte, faire preuve d'un minimum d'esprit critique ? Il est hélas très probable, et il me semble qu'on le constate régulièrement en regardant autour de nous, que beaucoup d'entre eux resteront mineurs, pour le dire comme Emmanuel Kant, qui définit cette minorité comme l'« incapacité de se servir de son entendement sans la direction d'autrui »[140]. Et s'il ajoute d'ailleurs que c'est à l'homme de faire l'effort de sortir de cette minorité, il n'en dresse pas moins le constat suivant : « Que la grande majorité des hommes [...] tienne aussi pour très dangereux ce pas en avant vers leur majorité, outre que c'est une chose pénible, c'est ce à quoi s'emploient fort bien les tuteurs qui très aimablement ont pris sur eux d'exercer une haute direction sur l'humanité. Après avoir rendu bien sot leur bétail et avoir soigneusement pris garde que ces paisibles créatures n'aient pas la permission d'oser faire le moindre pas, hors du parc où ils les ont enfermées, ils leur montrent les dangers qui les menacent, si elles essayent de s'aventurer seules au dehors. Or, ce danger n'est vraiment pas si grand […][141] »

Pouvons-nous compter sur les seuls cours de philosophie de terminale pour que nos enfants atteignent cette majorité que Kant appelle de ses vœux ? Il faudrait alors se soucier de tous ceux qui n'ont pas fréquenté cette classe, de ceux qui ne la fréquenteront pas (en France, rappelons-le, la scolarité est obligatoire jusqu'à seize ans, et, sauf rares exceptions, on n'entre en terminale qu'à dix-sept ans, au mieux). Nous avons quant à nous le souci des enfants qui n'y iront pas, en leur offrant un accès, même modeste, même non-philosophique, à des questions générales et à la réflexion subséquente. Et nous espérons que ceux qui auront fréquenté nos ateliers et parviendront ensuite à cet aboutissement qu'est le cours de philo de terminale iront en moins grand nombre grossir les rangs des générations entières qui, n'ayant fait que le subir, ne l'ayant fréquenté que contraints et forcés, n'y ayant assisté qu'en auditeurs passifs ou occupés à d'autres tâches, en sont ressorties avec un dégoût définitif de ce qu'on veut nous présenter comme la « discipline-reine »…

Entendons-nous bien. Je ne professe pas, comme on me l'a reproché, une haine de la culture. Qu'est-ce, d'ailleurs, que la culture ? Toutes ces manières nouvelles de concevoir la philosophie, de la sortir des lycées et des universités officielles ne sont-elles pas le résultat de siècles de culture ? N'en sont-elles pas le produit, voire la quintessence ? Ce que je combats, c'est la culture comme une fin en soi, et non mise au service d'un mieux vivre. Une culture qui se regarderait dans un miroir, de façon narcissique. Une culture qui serait coupée des actes, comme si ces deux mondes étaient distincts, sur le mode, tiens donc ! d'un dualisme platonicien. « Rien de bon n'est jamais sorti des reflets de l'esprit se mirant en lui-même, a dit Nietzsche. Ce n'est que depuis que l'on s'efforce de se renseigner sur tous les phénomènes de l'esprit en prenant le corps pour fil conducteur, que l'on commence à progresser.[142] »

À quoi sert la culture, a dit quelqu'un, si le fait d'aimer Mozart ou Goethe n'empêche pas d'être un tortionnaire ? À quoi sert de défendre, de promouvoir des démarches proches de la mienne, si on ne sait pas, dans ses relations de travail les plus quotidiennes, agir comme on demande aux enfants de le faire, c'est-à-dire sans moquerie, sans jugement ? Car cette culture-là, vidée de son rapport aux actes, ne peut que déconsidérer ceux qui s'en font les chantres, et leur ôter toute crédibilité. Elle est l'apanage de ceux qui posent des questions en en connaissant déjà les réponses.

Discussion, suite

On a vu que, dans plusieurs des discussions dont les compte-rendus figurent dans cet ouvrage, les enfants eux-mêmes se posent la question de savoir si, à tel moment de leurs échanges, ils s'écartent, ou non, du sujet principal. On aura compris maintenant qu'il m'importe et me convient que ce soient les enfants eux-mêmes qui s'interrogent ainsi, et en parlent entre eux, plutôt que ce soit moi, en tant qu'animateur, qui les ramène, telles des brebis égarées, dans le droit chemin. Bien sûr, un minimum de cohérence est requis. Encore une fois, dans les groupes débutants, il faut parfois insister pour qu'on termine le traitement d'un point abordé avant d'en examiner un autre. C'est le cas, particulièrement, dans les moments de cueillette des questions, où les enfants, souvent pressés de proposer la leur, n'attendent pas avant de le faire que le groupe ait tranché, en faveur (ou en défaveur) de la précédente. La consigne est alors, évidemment, qu'on statue sur la question proposée avant de poursuivre.

Je pense, donc, que la digression est à respecter. Nombre de philosophes en sont spécialistes, à commencer par Montaigne, qui saute parfois du coq à l'âne, annonce des thèmes qu'il ne traite pas, aborde des sujets sérieux et d'autres franchement anecdotiques, etc. C'est peut-être ce fouillis, cette « marqueterie mal jointe », et l'emploi de la première personne, du « je », qui fait que l'auteur des Essais est parfois considéré comme un simple écrivain, et non comme un philosophe… D'autres, cependant, ont parlé de la digression, l'ont pratiquée, Descartes ou Rousseau, par exemple dans les *Rêveries du promeneur solitaire*[143]. Et la psychanalyse nous apprend à quel point les associations d'idées sont signifiantes ; ce que disent souvent les enfants de l'atelier, dans leurs mots : « Si on en est arrivé là, c'est qu'il y a une raison. »

Il suffit en outre de s'observer soi, dans son activité de penseur expert, pour voir que les idées les plus neuves, les inspirations les plus déterminantes, ne naissent pas nécessairement d'un travail réflexif pesant, obéissant à une logique formelle, quasi ferroviaire, où l'on partirait d'un point A pour arriver à un point E en passant sans faute par les étapes B, C et D. Les phases de demi-sommeil, d'endormissement, à mi-chemin du rêve et de l'éveil, sont souvent riches de ces illuminations. Loin des syllogismes, des inférences, déductions et inductions, échappant aux laborieux échafaudages d'une pensée raisonnante, problématisante et manipulatrice de concepts, elles justifient le primat que Spinoza donne à l'Imagination sur ceux-ci. Certes, la logique, les concepts, la problématisation philosophique sont nécessaires, en tant que mots, en tant qu'outils de pensée. Mais l'arbre ne doit pas cacher la forêt. Gardons-nous, pour le dire comme François Galichet, de noyer le philosophique dans le rationnel.

Dans le cadre d'une discussion avec des enfants, il importe donc d'agir avec doigté. Le mieux, à terme, répétons-le, c'est qu'ils s'emparent eux-mêmes de cette question de la digression. On peut y aider les groupes peu avancés dans la démarche en les interrogeant sur ce sujet au cours de la phase de bilan qui suit la discussion : Y a-t-il eu des digressions (prononçons le mot !) ? Pourquoi ? Est-ce gênant ? En quoi ? etc.

Parfois aussi, dans la discussion même, et y compris dans les groupes chevronnés, je demande qu'on revienne sur tel aspect des choses qui n'aurait pas été suffisamment développé, à mon sens. Ce fut le cas, par exemple, le 20 avril, à propos des deux types d'éducation déterminées par les enfants. Ces deux modalités avaient été décrites, mais leur impact sur les jeunes, les réactions qu'ils pouvaient induire n'avaient pas été examinés. Il me faut avouer d'ailleurs que, dans ce cas précis comme dans d'autres, c'est plus un intérêt personnel pour la question qui provoque mon intervention, que le sentiment de pouvoir pousser ainsi les jeunes à « dépasser l'opinion ». Ca, je dois dire que je ne sais pas bien le faire, et que, en outre, je n'ai pas une idée précise de ce que cela signifie vraiment.

On me l'a reproché, bien sûr. Et toujours sur le mode de la réfutation de toute prétention à la philosophie si cette caractéristique n'était pas présente dans ma démarche. La personne qui m'adressait ces remarques ajoutait par ailleurs qu'elle pensait que ce dépassement n'était pas une attitude spontanée. Ce qui me poussa à me demander lesquelles, parmi nos attitudes, nos comportements, sont spontanés. Et je ne pus que répondre : aucune ! Tout ce qui distingue l'homme de l'animal est culturel. Les enfants sauvages, ceux qui sont élevés par des animaux, ne rient pas, ne parlent pas, ne sont même pas bipèdes. Ils ne sont donc pas, non plus, à l'évidence, capables de « dépasser l'opinion ». Rien, dans notre comportement, n'est spontané, sauf ce qui relève des instincts, ou, pour le dire dans les mots d'Epicure, des besoins naturels, qu'ils soient nécessaires ou non. Si nous estimons donc que ce dépassement est impératif – disons qu'il l'est – reste à savoir quel dispositif éducatif va pouvoir le permettre. Mon estimable correspondante pensait que seul quelqu'un qui a déjà opéré pour lui ce type de conversion était à même de conduire, de guider cet apprentissage.

Pour elle, c'était l'adulte, l'animateur, le maître qui, seul, avait trouvé la voie et se devait de l'indiquer. Elle me faisait alors penser à Didi, jeune Chinois apparaissant dans « Le Lotus bleu », une des aventures de Tintin. Celui-ci, sabre en main, répète, tout au long de l'album : « Lao-Tseu l'a dit, il faut trouver la voie. Moi je l'ai trouvée. Il faut donc que vous la trouviez aussi. Je vais d'abord vous couper la tête. Ensuite vous connaîtrez la vérité ! »[144], et il joint le geste à la parole, menaçant de décapiter tout ce qui bouge. C'est bien ce que font ceux qui pensent avoir trouvé la vérité ultime : symboliquement, ils coupent la tête des autres, de tous les autres. Il leur devient ainsi moins aisé de penser ! Mais Didi, on s'en souvient, était fou…

Rejetant ma volonté de viser la non-intervention, ma correspondante, quasi-doctoresse, affirmait donc que seuls étaient capables d'animer des discussions philosophiques, des adultes, des enseignants ayant réussi à dépasser l'opinion. Mais, dans tout cet habile argumentaire, ne montrait-elle pas qu'elle-même n'y était pas parvenue ?

Je pense, et d'autres avant moi, que ce dépassement peut se faire au sein de la communauté de recherche entre pairs, sans intervention excessive d'un adulte qui n'est, qui ne peut être, un « pair ». Marcel Conche y insiste : « Un dialogue, une discussion ne peuvent avoir lieu qu'entre égaux. Il faut que chaque participant à la discussion se sente et se trouve avec l'autre ou les autres sur un pied d'égalité. Chacun, en effet, doit être présupposé pouvoir dire quelque chose de juste et de vrai. La vérité ne peut venir d'un ou de quelques-uns seulement : il n'y a pas d'accès particulier à la vérité »[145] Et Jean Piaget n'écrivait-il pas, faisant référence à Platon « C'est en effet vis-à-vis des autres qu'on est porté à chercher des preuves, tandis qu'on se croit toujours soi-même d'emblée, avant précisément que les autres ne nous aient appris à discuter les objections et avant qu'on ait intériorisé une telle conduite sous la forme de cette discussion intérieure qu'est la réflexion »?[146]

La règle qui veut qu'on donne la parole à celui ou celle qui a le moins parlé, voire pas parlé du tout, mérite également qu'on s'y arrête. D'abord parce qu'il ne faut pas omettre de la rappeler aux distributeurs de parole que peuvent devenir les enfants dès qu'ils prennent un peu d'expérience dans la démarche. Ensuite parce qu'elle n'empêche pas de demander à ceux qui ne lèvent pas la main s'ils souhaitent intervenir. J'en ai fait l'expérience maintes fois : des participants à des discussions que j'animais se mettaient à parler longuement, une fois sollicités, alors qu'ils ne se manifestaient pas pour le faire. L'écoute, toujours, l'attention. Revenant sur les intentions qui poussent à l'édicter, et se résument grossièrement au souci d'éviter des phénomènes d'accaparement de la parole, il n'est sûrement pas superflu de se souvenir qu'on peut assortir cette règle d'une autre, appelant à la concision des propos. Celle-ci devient de plus en plus nécessaire à mesure que les groupes avancent dans la démarche : elle est incontournable quand on s'adresse à des adultes, jeunes ou moins jeunes.

Il s'agit bien de faire en sorte que les participants osent prendre la parole, mais il faut qu'ils sachent aussi se taire. Combien de réunions, d'instances où la réflexion doit avancer, sont polluées par des logorrhées sans queue ni tête, si l'on peut dire, sans aucun intérêt pour personne d'autre que celui qui les émet, qui se soulage ainsi probablement, mais prend en otage de ses épanchements le public des lieux d'aisance que deviennent ainsi les assemblées empestées par ces trublions ? Non seulement ils empêchent l'avancement de la discussion, puisqu'ils sont quasiment toujours hors sujet et souvent totalement incompréhensibles, mais, ceci ayant rapport avec cela, contraignent d'autres au silence, qui auraient parlé avec mesure et concision. Car tous ces temps de parole collective sont nécessairement limités, et celui qui parle trop et mal – c'est hélas souvent lié – bâillonne les autres. Celui qui dit en dix minutes ce qui pourrait s'exprimer en trente secondes a volé plus de neuf minutes de parole aux autres discutants. Et les a souvent découragés de s'y risquer, assoupis, démobilisés, noyés qu'ils sont par ces flots verbaux ; verbeux, plutôt. Mais peut-être, dans certains cas, est-ce une façon insidieuse de prendre du pouvoir ? Car ce bruit peut aussi empêcher de penser. « Je me taisais donc, et pensais d'autant plus » dit Amélie Nothomb[147]. Mieux vaut des temps de silence, que la volonté de les remplir tous par des paroles insipides. Peut-on penser en parlant ? Ces deux actes peuvent-ils être exactement concomitants ? Et s'ils peuvent l'être dans certains cas, la qualité de la pensée est-elle identique ? De même, peut-on penser en écoutant quelqu'un voire en l'entendant ?

Ma réponse, à toutes ces questions, pencherait plutôt vers la négative. C'est pourquoi il me semble important de ménager des temps de silence, ou spécifiquement dédiés à la réflexion, dans nos activités. Certes, le silence fait peur, d'où la tentation de le combler avec ce qui tombe sous la main, sous la langue plutôt. Mais quand on comble des trous, c'est souvent avec du matériau de récupération. En ce qui me concerne, je n'hésite pas, parfois, à m'arrêter pour dire : « Attendez, je dois réfléchir à ce que je viens d'entendre. »

Sachons parler, donc, de façon concise et pertinente, mais sachons aussi nous taire.

C'est à ces conditions, me semble-t-il, que toute discussion en groupe, de quelque nature qu'elle soit, à quelque niveau qu'elle se situe, pourra avancer ou, au moins, être satisfaisante pour la majorité de ceux qui y assistent. Dans le cas précis des réunions politiques au sens large, celles des collectivités territoriales, celles des syndicats, celles des associations qui œuvrent dans les domaines culturels, sportifs ou artistiques, dans toutes ces instances, et dans bien d'autres, qui sont, en presque totalité, potentiellement génératrices de changements sociaux, la qualité de la discussion est déterminante. Écoute active, prises de parole mesurées, mode de circulation de celle-ci, autant d'éléments fondamentaux sans lesquels rien, ou presque, n'est possible.

Et tout cela s'apprend. Ou, pour le moins, nécessite d'être entretenu, et sans cesse perfectionné. Nos démarches peuvent y contribuer.

Ce jour-là...

Le point de départ fut constitué par la reproduction d'une toile de Piet Mondrian, que j'avais apportée.

Conformément aux décisions prises précédemment, les enfants purent proposer soit des questions inspirées par cet objet, soit d'autres, librement inventées.

Questions proposées à partir de l'œuvre d'art :

1. Le dessin peut-il permettre de tout exprimer ?
2. Qu'est-ce que la beauté ?
3. La beauté de l'art est-elle dans le regard ?
4. Pourquoi la réussite nous vient-elle parfois avec la facilité ?
5. L'art est-il une façon de faire notre propre monde ?
6. Peut-on, rien qu'en regardant la peinture, essayer de dire ce que le peintre a voulu exprimer ?
7. Pourquoi des artistes qui peignent des choses que beaucoup de gens réussiraient à peindre ont-ils autant de succès ?
8. Sommes-nous tous des artistes ?
9. Le dessin peut-il nous révéler ce que pense notre inconscient ?
10. Pourquoi l'art ne nous fait-il pas penser à chacun la même chose ?

Questions proposées sans support :

11. Pourquoi certaines personnes sont-elles égoïstes ?

12. Pourquoi est-on si fasciné par le monde virtuel ?

13. Pourquoi certaines personnes sont-elles racistes ?

14. La violence est-elle nécessaire pour résoudre certains problèmes ?

15. Pourquoi certaines personnes sont-elles obligées de se venger ?

16. Pourquoi certaines personnes jalouses nous envoient-elles des injures ?

17. Pourquoi certaines personnes se sentent-elles obligées de charrier les autres ?

18. Pourquoi certaines personnes, pour se venger, utilisent-elles la violence et les injures ?

19. Pourquoi préférons-nous certaines personnes ?

20. Pourquoi pensons-nous, quand nous avons un complexe, que tout le monde en parle ?

21. Qu'est-ce que la passion ?

22. Pourquoi certaines personnes appliquent-elles la polygamie ?

Après le vote, les enfants ont retenu la question : Pourquoi préférons-nous certaines personnes ?

Le groupe, un peu différent de celui de la semaine précédente, a choisi de travailler à nouveau à partir de « sous-questions ».

Pour Léa, préférer, ça veut dire qu'on aime mieux quelque chose que quelque chose d'autre, on aime mieux une chose et moins les autres. Julien ajouta que préférer est synonyme d'aimer. Virginie commença une phrase, disant qu'elle était d'accord, tout en précisant que ça ne veut pas dire qu'aimer… Elle se révisa alors, et s'arrêta là.

Léa poursuivit en disant que ce n'est pas forcément aimer, complétée par Hugues qui pense que ça peut être le contraire : si on déteste plusieurs choses, on a une préférence pour celle qu'on déteste le moins.

Pour Virginie, on a tous des préférences, par exemple on peut préférer certaines personnes par rapport à d'autres ou, comme ajouta Julien, préférer ses amis à ses copains. Virginie se montra en accord, tout en nuançant : « Quand on se fâche avec sa meilleure amie, on ne va plus l'aimer comme avant. » Pour Julien, cependant, ceci ne s'applique pas à certaines personnes, car il y en a qui ne se disputent jamais. Désaccord de Virginie, qui pense que même les meilleurs amis peuvent se fâcher. Pour elle, on n'a pas de meilleure amie, il s'agit plutôt d'une comparaison entre les gens. Hélène rebondit là-dessus. Pour elle, on peut avoir un meilleur ami ; alors les autres sont des amis, mais un peu moins. Elle termina sa prise de parole en disant qu'elle n'avait pas bien compris ce que Virginie avait dit. Julien poursuivit en manifestant aussi son désaccord. Il pense qu'on aime mieux les gens qu'on connaît depuis longtemps.

Léa estima alors qu'on s'écartait du sujet du jour, ce qui ne fut pas l'avis d'Hélène.

Virginie précisa son propos concernant le fait qu'on n'a pas de meilleur ami. Elle dit que, ce n'est pas une vérité générale, mais, que, simplement ce n'est pas son cas.

L'absence d'amis peut aussi être causée par une maladie, par la timidité, analysèrent d'autres participants. Et, même dans ce cas, on a toujours son entourage familial, comme aide. Donc la personne en question peut être néanmoins quelqu'un à qui on tient beaucoup. Pour Hugues, cependant, la famille et les amis, ce n'est pas pareil.

Une discussion s'ensuivit sur les critères permettant de déterminer ce qu'est un vrai ami. Un accord se dégagea pour dire que l'amitié réelle est rare, et liée à des questions de confiance. Le vrai ami est un confident, dont on est sûr qu'il ne divulguera pas les secrets qu'on lui livre, même après une éventuelle dispute. Seul Julien estima qu'un vrai ami, sous le coup de la colère (de la « rage », dit-il) pouvait être capable de trahir des secrets.

Virginie revint sur sa définition du verbe préférer. Elle prit l'exemple de deux camions, un rouge et un vert. Elle préfère le camion rouge, parce que le rouge est sa couleur préférée. C'est donc une caractéristique de l'objet en question qui fait qu'on le préfère à d'autres. Appliquant ceci aux personnes, Léa et Hélène indiquèrent qu'on peut avoir alors une préférence pour leur personnalité, leurs goûts, leur caractère, la confiance qu'on peut avoir en elles... Virginie compléta en estimant qu'on préfère une personne pour les qualités qu'elle a. À l'inverse, si on n'aime pas certaines personnes c'est parce qu'on n'aime pas leurs défauts. Hugues relativisa cela, car des défauts peuvent paraître comme tels à nos yeux, mais pas aux yeux des autres. Dans ce cas, cette personne peut tout de même avoir des amis.

Virginie emmena ensuite la discussion sur le terrain de l'astrologie, à l'étonnement d'Hélène, qui ne vit pas ce que cela avait à voir avec le sujet du jour. Virginie précisa alors en disant que chaque signe a sa propre personnalité, qu'il y a donc des associations qui fonctionnement et d'autres non. Ce qui n'empêche pas qu'on peut aussi s'entendre avec une personne qui est le contraire de nous. Maïssane acquiesça, disant qu'on peut apprendre de quelqu'un qui est différent de nous. Hélène et Julien se montrèrent dubitatifs quant à la question de l'astrologie, qui relève plutôt de la croyance, et ne peut donc pas avoir d'influence sur ceux qui ne sont pas convaincus... À titre d'exemple, Hugues dit qu'il faisait partie de ceux-là car, quand il regarde l'horoscope de temps à autre, il voit que les prédictions ne correspondent pas aux événements réels et que les horoscopes sont différents d'un journal à l'autre.

Virginie dit alors qu'à son avis, ça n'a pas à voir avec la préférence. Incompréhension d'Hugues, qui lui rappela que c'est elle qui avait fait référence aux signes astrologiques. Virginie précisa alors que les signes ne parlent pas de préférences mais plutôt de ce qui va arriver. Cependant il y a aussi, selon elle, des associations de signes dont les natifs sont censés s'entendre mieux.

La fin de la discussion fut marquée par un désaccord entre ceux qui estimaient que cette histoire de signes n'avait rien à voir avec la discussion, et, surtout, Virginie qui, tout en nuançant ses propos, et en précisant qu'elle n'y croyait pas trop, affirma qu'il était parfois possible que « ça marche »...

Le 11 mai 2004

Rires

C'était déjà la dernière séance de l'année. Michel et moi arrêtions ce soir-là, même si nos amis Séverine et Gérard devaient encore, chacun, donner un dernier cours, d'ici la fin du mois, ainsi que Nicolas, qui terminait le lendemain son séminaire consacré au jazz. Encadrant ce dernier rendez-vous de l'année à l'amphithéâtre Tocqueville, une réunion était prévue l'après-midi, et un banquet de clôture le soir. La réunion devait permettre de faire un bilan, d'accueillir les nouveaux venus, et de mettre au point l'organisation de la saison prochaine, en tentant de planifier le tout de façon harmonieuse.

Paule Orsoni, fondatrice de l'Université populaire d'Arras, était là. Retrouvailles, embrassades… Gérard passa, en coup de vent, bien après l'heure convenue, repartit, revint. Il voulait discuter avec Paule de leur projet de conférence commune sur Jean-Toussaint Desanti, prévue pour l'édition 2004 de notre Université populaire d'été, en Corse. Discussions sérieuses encore, rires, regards avenants coulés aux nouveaux venus, un peu étourdis par ces apostrophes, ces plaisanteries, ces tutoiements. Un sommet fut atteint quand Michel mima ce qu'il aurait pu être, si son accident cérébral lui avait laissé des séquelles. J'en ris encore, au moment où j'écris ces lignes.

Comme il nous fut dit, à ce moment et à d'autres, nous donnions l'impression d'être un groupe de vieux amis, alors même que je ne connaissais Michel et Séverine que depuis une vingtaine de mois, les autres depuis moins longtemps encore. Mais les mathématiques, les nombres, n'ont rien à voir avec la connivence. L'amitié se moque des durées comme d'une guigne. Pas besoin de se fréquenter quinze ans pour savoir qu'on s'est trouvé. La création et l'entretien d'un Jardin épicurien pensé et vécu comme un personnage conceptuel n'imposent pas que ceux qui l'habitent aient usé ensemble leurs fonds de culottes sur les bancs de la communale ou du lycée.

Dans ce charmant chaos, les clins d'œil et les boutades adressés aux nouveaux venus valaient comme invites. Nous ne voulions pas apparaître comme un cercle fermé, mais comme un fleuve ouvert. À chacun, y poussant son canoë, d'en suivre le cours.

Plus tard, le rire s'invita pendant l'atelier au cours de la discussion avec les enfants, on le verra dans le compte-rendu. Et il fut le personnage central du banquet de clôture, où, chacun amenant quelques victuailles, le partage fut de mise. Il trôna dans cette salle aux allures médiévales, prêtée par des amis de l'Université populaire. À nouveau, les blagues et les plaisanteries fusèrent. Le vin, les vins, y furent-ils pour quelque chose ? Peut-être ; mais je sais que ceux qui riaient, et je crois bien que nous occupions la table où l'on riait le plus fort, sont capables de le faire sans le secours d'aucun artifice.

Bien peu de philosophes rient. Négligeraient-ils le rire ? Le jugeraient-ils indigne du sérieux qui va de pair, croient-ils, avec leur fonction ? Ou alors, si ce n'est pas le cas, se montreraient-ils à nouveau incapables de vivre selon la pensée ? Peuvent-ils donc être plus longtemps considérés comme des philosophes ? En tout état de cause, ils n'accréditent probablement pas cette thèse, soutenue avec malice par Umberto Eco[148], selon laquelle Aristote aurait consacré le second tome de sa Poétique à la comédie, au rire. Ils auront beau jeu de dire qu'aucune trace ne subsiste de cette œuvre. Mais d'autres affirment que son existence est presque plausible…

Est-il sérieux de ne pas rire, puisque, presque plus que la pensée, le rire est une aptitude spécifiquement humaine et que, comme le démontre magistralement Umberto Eco, il est un support idéal de la subversion ?

Conclure une discussion philosophique ?

Un jour de l'année dernière, au cours d'une discussion philosophique qui avait lieu dans la salle de conférence du musée des Beaux-Arts, qui abritait alors notre atelier, nous parlions du mensonge. Le groupe semblait s'accorder sur le fait que, comme le prévoit Lipman, il faut être sensible au contexte, donc tenir compte des circonstances dans lesquelles on pourrait être amené à mentir. En guise d'exemple, Julien, douze ans, un des participants habituels, dit alors que si, pendant la Deuxième Guerre mondiale, un soldat allemand avait demandé à un résistant où se trouve tel ou tel de ses camarades, il aurait eu raison de mentir. Sans connaître la querelle qui opposa jadis Emmanuel Kant à Benjamin Constant[149], ni le commentaire qu'en fit André Comte-Sponville deux siècles plus tard[150], le groupe avait retrouvé l'essentiel des arguments développés contre la position du philosophe allemand[151]. En donnant de surcroît un exemple en tous points conforme à celui de Comte-Sponville. Ceci dit-il quelque chose de la *philosophicité* de nos démarches ?

Et, en fait, est-ce si important de savoir si nos démarches sont de la philosophie ou non ? Peut-on par ailleurs apporter à cette question une réponse qui fera l'unanimité ? Travailler ce sujet peut-il nous aider à améliorer notre réflexion sur nos pratiques ? Vraiment, j'en doute. J'ai rencontré beaucoup de philosophes qui m'ont dit que ce que je fais est de la philosophie ; quelques-uns aussi qui m'ont dit le contraire. Et quand je dis philosophe, le critère que je retiens, c'est celui des diplômes permettant d'enseigner cette matière en terminale ou à l'université. Mais ne peut-on penser que certains professeurs ne sont pas des philosophes ? À l'inverse, ne peut-on considérer comme philosophes des gens qui n'ont aucun diplôme ? L'avis des uns, en ce sens, vaut-il plus que celui des autres ? « La philosophie n'appartient à personne » dit André Compte-Sponville.[152] Mieux, elle appartient à ceux qui s'en emparent, pour le dire comme Michel Onfray. Comment, dès lors, conclure ? Déjà, Sénèque, contemporain de Néron, notait que « la philosophie a été définie de façons extrêmement diverses par les différents philosophes.[153] »

Prenons alors la question par l'autre bout, c'est-à-dire en considérant les effets que peut avoir une telle dénomination sur les personnes auxquelles on s'adresse. Si l'étiquette philosophique ne sert qu'à déclencher l'intérêt d'enseignants, d'animateurs, de parents, n'avons-nous pas alors intérêt à la garder ? À l'opposé, si, contraints et forcés, nous l'abandonnons au profit d'une appellation du type « oral réflexif », la démarche perdra-t-elle de son intérêt pour autant ? En deviendra-t-elle moins efficace dans la perspective des finalités que nous nous sommes fixées ? Pour moi, la réponse négative à ces deux dernières questions s'impose comme une évidence.

Une de mes collègues du rectorat de Caen m'a dit un jour : « Tu comprends que ces démarches suscitent de l'intérêt au ministère en partie grâce à l'étiquette philosophique ». Pourquoi ? Ne devrions-nous pas nous soucier, tous, de ce qui semble positif pour nos enfants avant de nous interroger sur la pertinence du nom donné aux activités qu'on leur proposerait ?

Ceci dit, je pense que ce qui se passe dans les ateliers que j'anime a bien quelque chose à voir avec le philosopher, sinon avec la philosophie puisque, selon Emmanuel Kant, cette dernière demeure inaccessible à tout apprentissage[154]. Pour moi, l'intitulé figurant sur les programmes de l'Université populaire n'est pas usurpé. Ne serait-ce que parce qu'il me semble que de telles activités ne peuvent que développer le goût pour les questions générales. Ajoutons qu'un grand nombre des questions que les enfants posent lors de ces séances, que la majorité des discussions qui s'instaurent entre eux, ont comme toile de fond les quatre grandes questions que Kant, encore lui, a distinguées comme pouvant servir de cadre, voire d'essence à la réflexion philosophique :

1) Que puis-je savoir ?
2) Que dois-je faire ?

3) Que m'est-il permis d'espérer ?

4) Qu'est-ce que l'homme ?[155]

Il précise d'ailleurs que « les trois premières questions se rapportent à la dernière ».

Ceci posé, comment conclure une séance ? On m'a proposé, pour garantir le caractère philosophique de la discussion, que l'animateur reprenne la parole à l'issue de celle-ci pour dire quels auteurs canoniques avaient écrit sur ce sujet, présenter leurs thèses, les différents concepts en jeu, etc. Je m'y refuse, pour plusieurs raisons. D'abord, parce qu'une telle présentation dépasse le champ de mes compétences. Je pense que ce type de tâches ne souffre pas les approximations que je serais amené à proférer. À chacun son métier, oserais-je dire. S'il s'agit de refaire en condensé une histoire de la philosophie, ou l'histoire d'une notion, d'autres sont formés – et payés – pour cela. D'autre part, parce que j'y vois encore une fois une entrave, une contradiction. Terminer des discussions en apportant la vérité des « grands auteurs » équivaudrait pour moi à nier la finalité même de ces discussions, qui est bel et bien de convaincre les enfants qu'on peut, qu'on doit penser par soi-même. Comment obéir à l'injonction kantienne, *sapere aude !*[156], si on attend toujours que quelqu'un vienne apporter les paroles définitives prononcées par d'autres ? D'autant que les discussions que j'appelle de mes vœux n'ont pas vocation à devenir la seule pratique philosophique disponible. Je n'ai, nous n'avons aucune volonté hégémonique. Nous ne décrétons pas la mort des cours de philosophie traditionnels, ni de ceux de l'université, même si doivent être discutés le recours exclusif à l'écrit sous les deux formes obsolètes du commentaire et de la dissertation, ainsi que la prépondérance du cours magistral fondé sur certains textes d'auteurs calibrés. Tout un chacun a aussi le loisir de diversifier son approche par des lectures, par la fréquentation d'un café philo. Enfin, au sein même de l'Université populaire, on voit que les propositions sont multiples : cours suivis de discussions, ateliers pour enfants, orientations de lectures…

Les activités que je pratique se veulent davantage une ouverture de perspective, un élargissement de l'éventail des possibles, une occasion de donner le goût d'aborder la philosophie autrement et de fournir les outils intellectuels pour le faire. Elles ne remplacent rien, elles complètent.

Ce jour-là…

Le point de départ fut constitué par un tube de gloss, maquillage à lèvres liquide produisant un effet brillant. Conformément aux décisions prises précédemment, les enfants purent proposer soit des questions inspirées par cet objet, soit d'autres, librement inventées.

Questions proposées à partir du tube de maquillage :

1. Qu'est-ce que la beauté ?
2. Pourquoi doit-on mettre du maquillage ?
3. Pourquoi les filles ont-elles besoin de se maquiller ?

4. Pourquoi certains hommes aiment-ils se maquiller ?

5. Pourquoi utilise-t-on des mots anglais ?

6. Pourquoi aimons-nous certaines odeurs et pas d'autres ?

Questions proposées sans support :

7. Pourquoi certaines personnes sont-elles égoïstes ?
8. Pourquoi fait-on des blagues sur les blondes ?
9. Pourquoi certaines personnes sont-elles avares ?
10. L'amitié fille-garçon est-elle difficile ?
11. Pourquoi certaines personnes charrient-elles les autres ?
12. Pourquoi doit-on être jaloux ?
13. Pourquoi certaines personnes sont-elles racistes ?
14. Qu'est-ce qu'exprime le rire ?
15. Pourquoi a-t-on de la pudeur ?
16. Pourquoi l'art moderne est-il tant méprisé ?
17. Pourquoi certaines personnes disent-elles que le sport ne sert à rien ?
18. Est-ce qu'être strict est une bonne chose ?
19. Pourquoi certains sports sont-ils moins médiatisés que d'autres ?
20. Pourquoi dit-on que les enfants prennent exemple sur leurs parents ?
21. Pourquoi certaines personnes aiment-elles bronzer ?

La question retenue après le vote fut : L'amitié fille/garçon est-elle difficile ?

À nouveau, les enfants choisirent de ne pas avoir recours aux « sous-questions ».

Léa entama la discussion en disant que la naissance d'une amitié de ce genre dépend de la fille et du garçon. Virginie précisa que ça dépend des personnes : il y en a qui s'entendent mieux avec les garçons qu'avec les filles.

Pour Anne-Lise, ce genre d'amitié n'est pas forcément difficile parce que certaines filles apprécient la présence des garçons (« À titre amical », insista-t-elle pour répondre aux sourires…). Elle dit qu'elle-même aime ce genre de relations parce qu'elle ne supporte pas les filles de son âge. Elle prit d'ailleurs l'exemple de la relation entre elle et Olivier (qui est un camarade de collège). Appuyant dans le même sens, Virginie prit l'exemple d'une fille qui serait élevée, qui grandirait avec deux frères : elle s'entendra mieux avec des garçons, elle aura plus de complicité avec eux. Julien estima quant à lui que l'amitié, c'est plus difficile quand on vieillit. À l'inverse, semble-t-il, Hugues dit que, dans les classes de cinquième et de sixième, les groupes sont séparés dans la cour : filles d'un côté, garçons de l'autre, et qu'on ne voit plus ça dans les classes d'élèves plus âgés. Sur quoi Olivier marqua sa surprise, et Hélène son désaccord : elle a constaté qu'il y a toujours une ou deux filles dans les groupes de garçons. Virginie dit alors qu'une fille peut traîner avec un groupe de garçons. C'est peut-être parce qu'elle se sent plus proche d'eux, comme elle l'avait expliqué.

Rires et sourires avaient fusé pendant toute cette première partie de la discussion. C'est pourquoi, peut-être, répondant sans le savoir à l'ambiance qui avait régné pendant notre réunion de l'après-midi, Anne-Lise assura qu'on aurait mieux fait de choisir la question : « Qu'est-ce qu'exprime le rire ? »

Je demandai malgré tout qu'on revienne sur la différence que l'âge peut induire dans une amitié homme-femme. Les avis furent partagés, certains pensant que c'est plus facile pour de jeunes enfants de se lier d'amitié avec quelqu'un du sexe opposé, d'autres pensant le contraire. Il semble par exemple que les remarques ou les réflexions désobligeantes qui sont courantes quand une fille est souvent avec un garçon (ou l'inverse) soient un frein, ainsi que le fait que persiste longtemps l'habitude de former des groupes non mixtes. Nous avons aussi discuté pour savoir à quel âge ces comportements évoluaient. La question de la concurrence entre filles, ou entre garçons, fut aussi évoquée. À nouveau, comme dans les précédentes discussions, on insista sur l'importance de la maturité, dont le degré varie d'un individu à l'autre, à âge égal. Plusieurs exprimèrent que le passage au lycée représente une étape importante, quelque chose comme la sortie définitive des comportements de l'enfance. D'après Anne-Lise, l'ambiance est différente, les filles sont plus libres, on ne fait plus de remarques du genre « ils sont amoureux » dès qu'une fille est avec un garçon. À ce moment, dit Léa, on peut voir des groupes de garçons et des groupes de filles qui se réunissent en un seul groupe.

Les remarques désobligeantes vinrent alors au cœur de la discussion et ceci entraîna une suite d'échanges sur l'impact que peut avoir sur nous l'avis des autres. Parvient-on réellement à s'en moquer, à ne pas y prêter attention ? Oui, sembla dire Hugues, même si, d'après un exemple apporté par Olivier, ce n'est pas si facile que cela : il évoqua une personne plus âgée que lui à qui quelqu'un venait de faire une réflexion. Et de toute évidence, ça lui faisait quelque chose qu'on lui ait dit cela. Sur quoi Hugues renchérit en estimant que, bien qu'on se le dise, on a parfois du mal à se détacher de l'avis des autres. Ce qu'Anne-Lise nuança. Les réactions des autres, ce qu'ils peuvent penser d'elle, elle s'en moque un peu, grâce en particulier aux relations d'amitié qu'elle a avec des personnes plus âgées qu'elle – ils ont une vingtaine d'années. C'est même grâce à eux, nous dit-elle, qu'elle supporte encore le collège. Dans cette lignée, Hugues estima qu'il y a des copains dans sa classe qui lui paraissent être de vrais gamins, par rapport à ce qu'on devrait être en quatrième.

Anne-Lise, revenant sur le début de la discussion, où elle affirmait que l'amitié fille-garçon était quelque chose de facile, concéda que, parfois, ce n'est pas si simple, quand une fille a affaire à un joli garçon. Elle est attirée par le physique, mais ensuite, en connaissant mieux le garçon, elle se rend compte que ce n'était que de l'amitié…

Ce furent les dernières paroles prononcées dans l'atelier pour cette deuxième saison d'existence. Nous voulions aller marquer notre présence à la fin du cours de Michel, mais il se termina dix minutes plus tôt que d'habitude, et la foule refluait déjà dans les escaliers alors que nous n'avions pas encore quitté notre salle…

Épilogue

Une pensée qui ne vise ni ne veut l'action
n'a aucun intérêt.
La pure spéculation pèse aussi lourd en philosophie
que celle des Pères de l'Église réunis en concile
et dissertant sur des questions oiseuses dont,
finalement, le prétexte était ailleurs,
à savoir dans l'usage de la rhétorique à des fins de partage
du monde chrétien et de domination politique réelle.

Michel Onfray
Politique du rebelle

Un nom ?

Quel nom donner à nos pratiques ? Celui de cours ne me satisfait pas pour les nommer. Il évoque trop un ruisseau qui cheminerait dans un seul sens, de l'amont vers l'aval ou, sur un mode vertical, un filet d'eau qui serait issu d'un robinet pour tomber dans un entonnoir. Dans cet esprit, on pourrait voir le cours discuté, cette spécificité de l'Université populaire, comme une cascade se précipitant dans un lac dont les eaux réagissent – ou non.

Mais nos activités avec les jeunes s'épanouissent dans le registre de l'horizontalité. Elles sont pareilles aux jeux d'eau des bassins de nos grands châteaux, qu'habite un bouillonnement aquatique dont fusent des jets aux flamboyances liquides, qui s'entrechoquent pour composer de nouvelles figures.

Mais une métaphore ne fait pas un nom. Quel terme, alors ? Pour évoquer le fait que l'activité centrale de ces pratiques nouvelles est qu'on parle au sein d'un groupe, divers vocables ont été avancés : débat, dialogue, discussion, conversation, généralement assortis de l'adjectif philosophique. Des échanges nourris ont eu lieu, menés le plus souvent d'ailleurs par des théoriciens purs, ceux qui se contentent de parler toujours, réfléchir parfois, sans jamais pratiquer. Car je donne la primeur aux acteurs de terrain, qui parlent peu, mais sont au contact des élèves tels qu'ils sont. Les autres, théoriciens d'instituts et de ministères, ne font parfois que faire tourner à vide une réflexion sur une sorte d'idée platonicienne de l'élève idéal, souvent bien éloignée de la réalité. On peut d'ailleurs se demander, à la lecture de certains textes ministériels, quelles sont les véritables intentions de leurs rédacteurs, qui devraient savoir que leurs prescriptions resteront lettre morte, tant elles sont écrites de façon absconse, tant elles prévoient des activités pédagogiques aux intentions complexes, et, dans leur majorité, impossibles à mettre en œuvre pour des enseignants moyens, réels – le seraient-elles pour des enseignants idéaux ? C'est d'ailleurs une des raisons qui me conduisent à ne pas souhaiter une entrée de nos pratiques dans les textes officiels.

Dans l'ensemble des échanges menés, le terme discussion a fini par s'imposer. Le mot débat a été écarté, à cause de sa connotation belliqueuse, illustrée, si l'on peut dire, par les débats politiques télévisés qui marquent les campagnes électorales. De même, l'appellation lipmanienne de « philosophie pour enfants » a été progressivement délaissée, car trop évocatrice justement de cette seule tendance.

Le terme cours étant exclu, on a proposé celui d'atelier. Il me paraît être en bien meilleure adéquation avec ce qui se passe, dans la lettre comme dans l'esprit. L'atelier évoque l'artisan, l'artiste, le peintre, le sculpteur. Et c'est bien de cela qu'il s'agit. On y travaille la matière brute, concrète, on attend des résultats tangibles, palpables, durables. De la même façon, la philosophie n'est pas une fin en soi, une réflexion théorique qui n'aurait d'autre objet qu'elle-même. La pensée, au contraire, est au service de l'action : il importe de penser sa vie comme une œuvre d'art. C'est soi-même qu'il s'agit de changer, de modeler, de sculpter ; pour chacun, c'est son propre portrait qu'il s'agit de peindre, de retoucher sans cesse, pour faire la paix avec soi, avec les autres et avec le monde – conditions incontournables pour tenter de le changer…

Beaucoup de praticiens, et bien des chercheurs, préfèrent parler d'activités « à visée » philosophique. Pourquoi ? Je ne l'ai pas bien compris. Cela voudrait-il dire qu'on n'y philosophe pas vraiment ? que la philosophie, la vraie, viendra ailleurs, après, plus tard ? mais où ? quand ? en terminale, probablement, pour ceux qui iront jusque là… Les autres devront se contenter d'une simple visée ; ils n'auront donc jamais accès à la Philosophie avec un grand P. De là à dire qu'ils demeureront à jamais incapables de penser, il n'y a qu'un pas. Or, la philosophie n'est qu'un chemin vers la sagesse. La visée de la philosophie ne serait donc qu'une tentative d'approche d'un chemin menant quelque part…

Je conserve donc, à l'Université populaire, l'appellation : « Atelier de discussion philosophique pour enfants et adolescents. » C'est d'ailleurs suffisamment long à dire et à écrire pour ne rien rajouter. D'autant qu'il me semble, en dernière analyse, que l'étiquette collée sur le pot de confiture n'est qu'une indication. L'essentiel de l'affaire demeure le plaisir qu'on prend à la déguster…

De l'efficacité de la démarche

Je ne suis absolument pas sûr de proposer une démarche intéressante, profitable à tous les enfants qui en bénéficient (qui la subissent ?). Comme dit Françoise Cros, il est très difficile, voire impossible, d'apporter la preuve d'une quelconque efficacité en matière pédagogique[157]. D'ailleurs, les objectifs de cette démarche sont très vastes (autonomie de la pensée qui doit servir à se modeler, se changer soi-même et, par là, à contribuer à changer le monde). Comment, même dans une classe, à l'école ou au collège, face à un public relativement captif – pour reprendre un terme de la société marchande qui dit plus que ce qui parait au premier abord – comment donc être sûr que ces objectifs sont atteints, même partiellement ? Car les modifications attendues ne doivent pas rester confinées au seul milieu scolaire. Ce que nous visons, c'est bien une évolution globale du rapport que chacun entretient avec lui, avec les autres et avec le monde. Comment acquérir la certitude qu'une évolution des comportements éventuellement constatée dans le milieu scolaire sera reportée telle quelle quand les enfants n'y sont plus ? À quoi bon se féliciter d'avoir favorisé, au sein de l'établissement, l'instauration d'un climat serein, calme, où tous se sourient, s'entraident et redoublent de civilités, si les mêmes individus ont un comportement agressif dès qu'ils en sortent ? Et comment savoir si un élève a progressé dans la voie de la citoyenneté ? Comment voir que, à la fin de cette année scolaire, il semble plus apte à devenir un adulte responsable, capable de participer de façon constructive à la vie de la cité ? Qu'il a une meilleure image de lui-même ? etc. *A fortiori*, comment donner à qui que ce soit l'assurance d'une quelconque efficacité dans un cadre comme les ateliers de l'Université populaire, où les enfants sont présents seulement le temps de l'atelier, et où aucune contrainte d'assiduité n'est exercée ?

Mais il reste une certitude, c'est que cette activité rompt radicalement avec la tradition scolastique et verticale de l'enseignement, modèle qui a prévalu pendant des siècles, des millénaires presque, et qui a encore cours, c'est le cas de le dire, dans une grande majorité de situations pédagogiques ; que le maître ne s'y présente plus comme un intercesseur omniscient entre les enfants et la vérité située implicitement dans des limbes inaccessibles au commun des mortels. Pour la première fois, sans doute, les questions sur lesquelles on travaille sont celles des enfants, et non plus celles des maîtres. Pour la première fois, ceux-ci n'ont pas la réponse aux questions qui sont le support et la raison d'être des discussions. Pour la première fois, oserait-on dire, les enfants sont autorisés à travailler sur de vraies questions.

Posture pédagogique radicalement nouvelle, donc. Mais ce statut de nouveauté, d'innovation ne garantit en rien une quelconque efficacité, ni même que tous les enfants tirent bénéfice, à court, moyen ou long terme, de ce type de pratique. En revanche, il ne fait guère de doute que cette activité nouvelle « parlera » à **certains** d'entre eux, un grand nombre probablement. Qu'il est donc important de la diffuser autant que possible. Qu'il s'agit bien de multiplier les occasions pour les enfants, et ceux qui ont la charge de les éduquer, de la leur faire rencontrer. Car même si elle devait être adoptée par un nombre important d'enseignants, même si des ateliers comme celui de l'Université populaire de Caen ont vocation à essaimer, le modèle vertical de transmission des connaissances demeurera, à l'évidence, dominant, et pendant longtemps. Car peut-être a-t-il certaines vertus, et il ne s'agit pas, dans un premier temps au moins, de céder au syndrome de Clovis….

Comme corollaire, cette relative incertitude quant à une quelconque efficacité, ce pari, pour reprendre les mots de Marc Bailleul, nous montre qu'il n'est sans doute pas souhaitable de voir entrer nos démarches dans les textes officiels, dans les programmes de l'école, du collège ou du lycée. En revanche, la certitude de pouvoir aider certains de nos enfants à se déprendre de leur maître, à devenir plus autonomes, devrait nous pousser à informer le plus largement possible tous les éducateurs, parents, professeurs, animateurs de tous ordres, de l'existence de ces pratiques. Libre à eux, ensuite, d'y adhérer, ou de passer leur chemin. Cet ouvrage n'a pas d'autre ambition que de s'inscrire dans cette logique.

D'autant que, comme l'a dit un jour Michel Tozzi, s'adressant à la communauté des praticiens-chercheurs : « Nous bricolons tous »…

Retour

Nous étions seize, ce jour-là, disséminés dans la vaste salle de l'aéroport de Caen-Carpiquet, seize en partance pour la deuxième édition de notre Université populaire d'été. Florence, Dorothée, Gérard, Michel, Léa, Olivier, les musiciens du Jazz Club de Normandie, qui venaient apporter leur note à notre entreprise, d'autres encore…

L'avion nous attendait sur le tarmac ensoleillé. Nous n'étions plus qu'à une grande heure de vol de la baie d'Ajaccio.

De ce séjour en Corse, il ne sera rien dit ici. Car un livre ne peut tout contenir. Tous les livres le pourraient ils ?

Qu'il me suffise d'évoquer le bleu de la Méditerranée baignant le pied des Sanguinaires, la bonté des regards rieurs, la joie, les vins corses, l'amitié, le soleil ardent, les baignades, la jubilation de penser ensemble, pour montrer que ces moments vécus, partagés, présentèrent pour moi un des Aspects du Paradis.

Envoi

Pour ce qui bouge et pense dans ce monde vivant
La joie est devant.

Gabriel Yacoub
Pour une joie au loin

Hommage aux praticiens-chercheurs
(à la manière de…)

Je ne suis pas seul à pratiquer ces démarches. Au contraire, je me vois comme une fumerolle annonciatrice de bouleversements telluriques. Sa diaphanéité, son évanescence périodique et saisonnière ne doivent pas laisser supposer à des esprits non avertis des réalités sismiques, qu'elle se dissipera définitivement dans une atmosphère faussement apaisée. Non, elle est signe de secousses géologiques en gésine et les parturitions volcaniques qu'elle promet consteller ont le firmament de flamboyantes incandescences. Déjà la terre tremble. Le sentent-elles, ces foules engluées de stupeur, aveuglées qu'elles sont par les fausses valeurs répandues comme fiel par le libéralisme échevelé et les médias à sa botte ? Elles ne perçoivent pas encore que des cratères s'ouvrent, créant des béances étincelantes dans le clair-obscur de vies affadies : ce sont ces Universités populaires porteuses de lumières, véritables Lucifer, anges déchus et fiers de l'être ; et ce sont ces dizaines, ces centaines peut-être de praticiens-chercheurs qui osent, contre vents et marées, proposer à de jeunes enfants des activités qualifiées de philosophiques. Ils se posent ainsi en flambeaux providentiels, pareils à des phares dressés au milieu des tempêtes comme autant de doigts pointés à la face du ciel menaçant, et dont les arcs électriques aux éblouissantes scintillances enhardissent et guident de jeunes et téméraires navigateurs. Et bientôt, secouant le joug des ondes apolliniennes, hertziennes et satellitaires, qui les asservissent insidieusement, les hommes, les femmes, les enfants pourront choisir une voie dionysiaque – puisque ancrée dans le réel, dans la parole incarnée, dans le souffle vivant d'êtres de chair – une voie dionysiaque, donc, d'accès à une vie enfin quintessenciée.

Annexe

La Sacrée Sorbonne

J'ai rédigé ce livre durant l'année scolaire 2003-2004. À ce moment, comme je l'indique à plusieurs reprises, j'étais partiellement déchargé de classe en tant que personne ressource en philosophie pour enfants, auprès du rectorat de Caen. Les choses ont quelque peu évolué depuis et, alors que je relis ce texte en vue de sa publication, en ce début 2006, il n'est peut-être pas inutile de revenir sur l'histoire de cette mission rectorale, sur ces trois années où j'ai été officiellement chargé du développement de nos activités au sein de l'Éducation nationale.

La philo en ZEP, action innovante

En 1998, quand j'ai commencé à pratiquer en classe, ces démarches étaient quasi inconnues. Aucune structure, officielle ou non, ne regroupait les différents praticiens et chercheurs qui débutaient leurs travaux, pratiquement au même moment, et sans lien entre eux. Cette concomitance serait d'ailleurs à examiner…

Le premier stage de formation à la démarche Lipman, et, d'une façon générale, à la philosophie avec les jeunes, ayant été organisé en France, fut celui initié cette année-là par Marc Bailleul, professeur à l'IUFM de Caen. Ce stage était un temps de formation continue institutionnel, destiné aux enseignants du Premier degré déjà en poste, comme il en est organisé tous les ans, dans tous les IUFM de France, sur des thèmes divers. À la suite de ces quatre semaines de formation, on l'aura compris, j'ai immédiatement commencé à pratiquer ce que j'appelle maintenant des discussions philosophiques, dans plusieurs classes de mon école. Très vite, également, j'ai éprouvé le besoin d'écrire sur cette pratique nouvelle. J'ai d'abord rédigé un mémoire d'une quarantaine de pages, puis j'ai eu l'idée de mettre ce travail en ligne, sous la forme de mon premier site Internet.

Marc, ayant lu tout cela, m'a proposé, en 2000, de l'accompagner à la Biennale de l'éducation qui avait lieu cette année-là à la Sorbonne, pour que nous y fassions une communication commune sur le thème : « L'approche philosophie pour enfants : le choix d'une école de ZEP. » C'est lors de cette manifestation que j'ai rencontré pour la première fois Michel Tozzi.

Mais le plus important pour ce qui nous occupe ici fut la rencontre de Lydie Audouard, que Marc me présenta. Lydie est responsable du dispositif de soutien aux innovations pédagogiques, au rectorat de Caen, et elle manifesta immédiatement un grand intérêt pour ce que j'avais mis en place. Dans l'instant, elle me proposa d'inscrire cette action parmi les projets reconnus officiellement comme innovants, ce que j'acceptai.

Ceci m'ouvrit quelques portes, me permit de participer à quelques colloques, mais, surtout, fit naître dans notre esprit l'idée de réunir une équipe regroupant des enseignants d'école qui pratiquaient et des professeurs de philosophie, pour avancer dans la réflexion, pour participer à des actions de sensibilisation et de formation, pour apporter un soutien aux collègues qui souhaiteraient se lancer dans leur classe, etc. Grâce à l'énergie de Lydie, et à ses bonnes relations avec certains services au ministère de l'Éducation nationale, cette équipe fut opérationnelle à la rentrée de septembre 2002. Ses membres, moi compris bien entendu, bénéficièrent d'une décharge partielle de service pour participer à ses travaux : deux jours par semaine, en ce qui me concerne, les deux premières années ; un jour la troisième et dernière année.

Ces mises à disposition de personnel dans le cadre du soutien aux actions innovantes font partie du fonctionnement habituel des services qui en ont la charge. D'autres projets sont donc soutenus de la sorte, avec des particularismes locaux liés surtout à la personnalité du responsable académique – Lydie, en ce qui nous concerne. Il faut préciser que les actions innovantes n'étant par essence pas appelées à le rester, ces équipes sont éphémères : ou bien l'action convainc, et des moyens peuvent y être consacrés de façon plus durable, mais par d'autres instances que le service de soutien aux innovations ; ou bien elle ne convainc pas, et les choses s'arrêtent… On verra que notre sort s'éloigna quelque peu de cette alternative.

Passons sur les vicissitudes du fonctionnement de notre équipe. Ma posture particulière, trop libertaire, mes amitiés avec les acteurs de l'Université populaire et, peut-être, ma petite notoriété, me valurent une mise à l'écart progressive, au motif de non-conformité à la pensée dominante, voire d'incompétence… Passons, donc, et intéressons-nous plutôt à la posture et au rôle, pour nous négatif, de ce que Séverine Auffret appelle la Sacrée Sorbonne, cet ensemble institutionnel informel, regroupant une partie de l'université, disons certains professeurs de philosophie d'université, parmi lesquels se recrutent les membres de l'Inspection Générale de philosophie. Ces quelques personnes, véritables gardiens du temple, ont la mainmise, au moins d'un point de vue hiérarchique, sur l'enseignement de la philosophie en France.

Colloques

Or, au cours de ces trois années, leur position sur nos démarches s'est singulièrement infléchie. En 2002, Luc Ferry était ministre de l'Éducation nationale. Sans être publiquement un fervent défenseur de la philosophie avec les enfants, il avait témoigné d'un certain intérêt pour nos travaux dans des courriers privés. Comme on l'a vu, certains services du ministère, sollicités par Lydie, avaient aussi montré leur bienveillance, voire leur soutien. Mais les choses changèrent progressivement.

Ainsi, en 2003, s'est tenu le colloque dit de Ballaruc-les-Bains, petite ville près de Sète qui accueillit cet événement.

Ce colloque était, à la différence du colloque « Nouvelles pratiques philosophiques », qui se tient tous les ans, un événement unique. Autre différence, fondamentale, il était tout à fait officiel, initié et financé par le ministère, et co-organisé par les académies de Caen et de Montpellier, principalement. Ce qui, de fait, excluait les acteurs de notre mouvement qui ne sont pas fonctionnaires de l'Éducation nationale… Par contre, l'Inspection générale de philosophie était largement représentée. Parmi d'autres moments de débats, il avait été prévu que quatre praticiens présentent leur démarche. Il s'agissait de Agnès Pautard, Jacky Caillier, Sylvain Connac et moi-même. À la suite de ces communications, un des membres de l'Inspection générale, Jean-Yves Château, a pris la parole pour exprimer (longuement) son avis sur la question. Comme préambule, et pour donner le ton de son allocution, il a affirmé que rien de ce qu'il avait entendu dans les témoignages ne pouvait prétendre à une quelconque « philosophicité ». Ce qui, à son sens, ajoutons-le, ne remettait d'ailleurs pas systématiquement en cause l'intérêt de telles pratiques. Dont acte.

Le reste de son intervention, insistant sur les dangers, selon lui, de faire passer *une* philosophie pour *la* philosophie, avait ceci de particulièrement plaisant que son discours pouvait tout aussi bien s'appliquer à l'enseignement de philosophie en terminale, à l'université, à l'école, qu'à lui-même. Il y dénonçait en effet les risques de dogmatisme. Mais en quoi l'enseignement en terminale serait-il moins dogmatique que les pratiques avec des enfants ? Cet enseignement, rappelons-le, est sanctionné par un examen où l'on prétend noter la pensée, et il est entièrement tourné vers lui. Il affirme qu'on ne peut philosopher qu'en présence d'un adulte dûment coopté par ses pairs, à partir de textes sélectionnés par lui, et, presque exclusivement, par écrit... On pourrait poursuivre l'analyse de cette intéressante prise de parole et montrer qu'elle se contredisait elle-même en de nombreux points. Jean-François Chazerans a consacré un long article dans « L'Incendiaire » à une telle analyse, on pourra utilement s'y reporter[158].

Si donc l'ensemble de l'argumentation développée là par l'Inspection générale est si fragile, si elle peut, de surcroît, être appliquée sans en changer une virgule à l'enseignement en terminale et à l'université, quels étaient les vrais motifs de cette intervention ? J'ai mon hypothèse, j'y reviens après avoir terminé mon histoire.

Au colloque de Ballaruc, pour montrer peut-être une certaine solidarité avec les représentants de l'Inspection Générale, les membres des services ministériels auparavant les plus favorables à nos pratiques, ceux qui avaient contribué à la mise en place de l'équipe rectorale de Caen, ont commencé à marquer leurs distances par rapport à moi. Des critiques me parvinrent indirectement, à propos de mon témoignage, sans que j'en comprenne bien la teneur : ce que j'y avais dit n'était pas nouveau, et reprenait en le résumant l'essentiel de ce qui se trouvait sur mon site Internet, lequel était alors déjà en ligne depuis plus de trois ans et figurait en lien sur les sites ministériels consacrés aux dispositifs de soutien aux innovations.

Mais le coup décisif vint l'année suivante. En novembre 2004, fut organisé à Caen un nouveau colloque institutionnel, qui se voulait la suite de celui de Ballaruc.

Le message fut encore plus clair, les attaques encore plus directes. Michel Tozzi, présent dans la salle, entendit un des présidents de séances, à l'époque je crois président du jury de l'agrégation, dire tout de go que « Penser par soi-même, ça ne veut rien dire. Ou bien on pense, et alors c'est nécessairement par soi-même, ou bien on ne pense pas ». Comme si on ne pouvait pas penser dans un cadre dogmatique ! Comme si les tenants des sectes, des totalitarismes, des intégrismes de tous bords n'avaient pas de pensée. Ils en ont une, bien sûr, mais complètement dépendante de cadres prédéfinis par d'autres, gourous, dictateurs, prêtres et officiants de toutes obédiences. Précisons que Michel a écrit un ouvrage d'initiation à la philosophie qui porte précisément le titre *Penser par soi-même*[159]. Ce docte intervenant sortait là, faut-il le préciser, de son rôle d'animateur de débat, en lançant cette apostrophe virulente qui dissimulait mal une attaque personnelle directe, et qui n'avait par ailleurs aucun lien avec ce qui venait d'être dit. Peut-être aurait-il été plus prudent s'il avait eu en face de lui Emmanuel Kant proposant son *Sapere aude* : ose te servir de ton propre entendement.

La conclusion du colloque fut néanmoins sans appel : dans les jours qui suivirent, le recteur de l'académie de Caen signifia à Lydie que notre équipe allait être dissoute sans délai et que ses membres retourneraient à plein temps en classe dès la rentrée de janvier. Une première ! Ce genre d'équipe est habituellement constituée pour une année scolaire entière. Un tel renvoi ne pouvait en temps ordinaire être motivé que par une faute grave. Or, nous n'avions fait qu'organiser un colloque officiel. Moi-même, d'ailleurs, vu les difficultés au sein de l'équipe, n'avais pris aucune part à l'organisation de cette manifestation et je n'y ai rien dit.

À force de diplomatie, et mettant en avant le caractère tout à fait exceptionnel et disproportionné d'une telle mesure de dissolution immédiate, sans compter les difficultés liées au retour sur le terrain de quatre collègues en plein milieu d'année, Lydie finit par arracher le report de ce qu'il fallait bien appeler une sanction au mois de juin suivant, 2005.

Radicalisation

Dans le même temps, d'autres signes d'assombrissement sur le front de la position ministérielle sur nos pratiques s'amoncelèrent. Le colloque annuel « Nouvelle pratiques philosophiques en classe et dans la cité » était organisé cette année-là à Poitiers, principalement par Jean-François Chazerans. J'étais à cette époque membre du comité de pilotage de ce colloque, et j'avais contribué à la préparation de son édition 2004, qui avait eu lieu à Caen. Après avoir reçu un soutien assez net de l'institution, Jean-François vit, comme par hasard, ces appuis s'évanouir au cours des premiers mois de 2005. Le recteur de Poitiers fit part de son retrait, motivé apparemment par des directives ministérielles données en conseil de recteurs, selon lesquelles il leur aurait été conseillé de se tenir « le plus éloignés possible de ces pratiques ».

Des menaces pesèrent aussi sur la reconduction des stages de formation continue organisés dans les IUFM et, de fait, plusieurs furent supprimés.

Quant à moi, je me vis refuser plusieurs autorisations d'absence pour participer à des colloques, dont celui de Poitiers et un autre organisé sous l'égide de l'Unesco au Maroc, dans le cadre de la Journée de la philosophie mise en place depuis 2002 par cet organisme international de promotion et de développement des sciences et de la culture. Peut-être le fait que j'avais organisé et animé, à l'Unesco même, lors de la Journée de la philosophie de novembre 2004, une table ronde intitulée « La philosophie et les jeunes esprits », est-il pour quelque chose dans ces empêchements divers.

Le comble de cette étroitesse d'esprit fut atteint en juin 2005. Une réunion était prévue, à Caen, pour clore les travaux de l'équipe rectorale. Y assistaient, outre des membres de l'Inspection Générale de philosophie, Lydie ainsi que diverses personnalités, et, cela me semblait aller de soi, les membres de l'équipe sur le point d'être dissoute. Peu de temps avant cette réunion, alors même que je n'avais pas demandé d'autorisation d'absence pour m'y rendre – ce qui est la démarche habituelle dès lors qu'un enseignant doit quitter son poste pour un motif autre que la maladie – l'inspecteur d'académie fit savoir à Lydie qu'il n'était même pas utile que j'en présente une, qu'elle me serait de toutes façons refusée. Il croyait probablement me punir (mais de quoi ?) : c'était plutôt un honneur, et un soulagement. Les trois autres membres de l'équipe assistèrent à cette réunion, à cette mise en bière pourrait-on dire, dûment autorisés, eux.

Qu'est-ce qui peut motiver une telle hargne, un tel acharnement ? Pourquoi nos pratiques font-elles peur à ce point ? Où est le danger ? Pourquoi une société qui permet à des millions d'enfants de subir le discours dogmatique de catéchistes, qui se bat si mollement contre les sectes, qui finance partiellement l'enseignement privé sous contrat, voit-elle d'un si mauvais œil qu'on se propose de faire philosopher des enfants, en leur proposant un accès à une critique radicale du monde ? Les activités de discussion philosophique à l'école ou au collège ne pourraient-elles pas être plutôt ressenties comme une aide, un développement du goût pour les questions à portée universelle, particulièrement profitable au moment où les jeunes aborderont leur études de philosophie « classiques », ce qui était ni plus ni moins le propos initial de Matthew Lipman ?

On n'ose croire que la défiance vis-à-vis de nos pratiques est motivée par ce que dénonçait en son temps Michel Bakounine : « Le peuple, malheureusement, est encore très ignorant, et maintenu dans cette ignorance par les efforts systématiques de tous les gouvernements, qui la considèrent, non sans beaucoup de raison, comme l'une des conditions les plus essentielles de leur propre puissance.[160] » Passage qui fait écho à Kant, dans « Qu'est-ce que les lumières ? », déjà plusieurs fois cité. Non, on n'ose croire que les volontés d'émancipation dans un cadre laïc, de formation de citoyens responsables et critiques, que de telles visées, tant de fois claironnées, puissent cacher de si vils objectifs.

Si donc nous ne retenons pas cette hypothèse, la seule qui me vient, proche dans son essence mais concernant un pré carré moins vaste, c'est que les tenants de la philosophie officielle craignent que le développement de nos démarches ne leur retire tout ou partie de leur pouvoir. Pouvoir qui se limite actuellement à neuf mois d'études en terminale, et au petit nombre d'étudiants en faculté de philosophie. À l'inverse, les démarches que nous entendons développer à la maternelle, à l'école, au collège, dans les premières années des lycées, concernent potentiellement TOUS les enfants de France et d'ailleurs, et pas seulement ceux qui parviennent en terminale, pendant la totalité de leur scolarité obligatoire, et même avant et après, pendant dix ans, douze, quatorze.... Le mouvement se structure, prend des dimensions internationales, avec notamment l'appui de l'Unesco. À terme, le développement de nos démarches ferait donc passer l'enseignement de la philosophie en terminale, s'il était maintenu sous sa forme actuelle, comme une pratique tout à fait minoritaire, marginale, assurée par un petit nombre de gardiens d'un temple qui finirait par être noyé sous la multitude.

Il faut comprendre la Sacrée Sorbonne : si elle soutient et défend nos pratiques, elle signe son arrêt de mort. Reste à savoir qui pourrait la regretter...

Notes

1 Onfray (M.), *Antimanuel de philosophie*, Paris, Bréal, 2001

2 Voir GREPH, *Qui a peur de la philosophie ?* Paris, Flammarion, 1977.

3 Platon, *La République*, VII, *540a*

4 Onfray (M.), *Pourquoi je quitte l'Education nationale*, in « Le Nouvel Observateur », n° 1975 du 12 septembre 2002.

5 Onfray (M.), *Pourquoi je quitte l'Éducation nationale*, op.cit.

6 Notons que la position officielle de l'Education nationale sur nos pratiques s'est assez nettement refroidie depuis 2002. Voir l'annexe intitulée "La sacrée Sorbonne" p.375.

7 Passet (R.), « Retraites : sauvetage ou racket ? » in *Libération* du 21 mai 2003.

8 « *Sapere aude !* (Ose penser) Aie le courage de te servir de ton propre entendement » (Kant (E.), *Qu'est-ce que des lumières*, Paris, Hatier, 1999)

9 Tozzi (M.), *Penser par soi-même*, (4e édition), Lyon, Chronique sociale, 1999

10 Fichte (J.G.), *De la revendication de la liberté de penser*, LGF, 2001

11 Conseil national de l'innovation pour la réussite scolaire, créé en octobre 2000, par Jack Lang, alors ministre de l'Éducation nationale, et dissous par son successeur.

12 Entretien figurant dans l'ouvrage de Bouchard (P.) et al., « Innovation école ! » Paris, Autrement, 2001.

13 Zone d'éducation prioritaire.

14 V. Lipman (M.), « À l'école de la pensée », traduit de l'anglais par Nicole Decostre. *Pédagogies en développement*, Bruxelles, De Boeck, 1996.

15 Galichet (F.), « Qu'est-ce que le philosopher ? », in *Les activités à visée philosophique en classe*, (dir. M. Tozzi), Scéren-CRDP, Rennes, 2003.

16 CP, cours préparatoire, première année de scolarité obligatoire en France, et début de l'apprentissage de la lecture ; enfants de six à sept ans.

17 Nietzsche (F.), *Ainsi parlait Zarathoustra.*

18 Nietzsche (F.), *Le gai savoir.*

19 Cf. Bergson (H.), « Il n'y a pas, il ne peut y avoir une philosophie comme il y a une science ; il y aura toujours, au contraire, autant de philosophies qu'il se rencontrera de penseurs originaux » (*La pensée et le mouvant*, PUF, p. 147).

20 Descartes (R.), *Discours de la méthode.*

21 Article publié dans Bouchard (P.) et al., *Innovations école !*, *op. cit.*, p. 150.

22 Le deuxième temps, la discussion proprement dite, est décrit dans le chapitre suivant.

23 Platon, *République*, VII, 514a-517a.

24 TVR, à Caen, Transport sur Voie Réservée. C'est l'ancien nom de ce qu'on doit appeler le tramway, à ce que j'ai compris, mais certains continuent à l'appeler ainsi.

25 CM2, cours moyen 2e année, enfants de dix à onze ans.

26 Voir Onfray (M.), *Féeries anatomiques*, Grasset 2003, et en particulier le chapitre 13 « Le clonage », page 180.

27 Lipman (M.), « À l'école de la pensée », *op. cit.*

28 Platon, *Soph.*, 263e4 cité par Hadot (P.), *Qu'est-ce que la philosophie antique ?*, Paris, Folio essais, 1995, p. 104.

29 « Philosophes en herbe », http://perso.wanadoo.fr/philoherb/

30 Cf. séance du 18 novembre.

31 Platon, *Le Banquet*.

32 J'emprunte cette typologie et ces exemples à Tozzi (M.), dans l'article « Pistes pour philosopher à l'école », in *Résonances, mensuel de l'école valaisanne*, numéro 8, avril 2000.

33 Entretien publié dans le « Journal des Instituteurs et des professeurs des écoles », numéro 1535, mars 2000.

34 CP : enfants de six à sept ans ; CE1 : cours élémentaire 1re année ; enfants de sept à huit ans.

35 Tozzi (M.), « Pistes pour philosopher à l'école », *op. cit.*

36 Onfray (M.), *Antimanuel de philosophie*, Paris, Bréal, 2001, p.19.

37 Galichet (F.), « Qu'est-ce que le philosopher ? », in *Les activités philosophiques en classe*, (dir. M. Tozzi), *op.cit.*

38 Galichet (F.), *ibid.*

39 Institut universitaire de formation des maîtres.

40 Hadot (P.), *Qu'est-ce que la philosophie antique ?*, Folio, p. 53.

41 L'étymologie nous apprend que le mot ironie dérive du grec *eirogneia*, ignorance feinte.

42 Hadot (P.), *op. cit.* p. 54.

43 Lévy (B.H.), *Le visage de Saddam,* in « Le Point », numéro 1631-1632, décembre 2003. Il fait ici allusion au seul texte laissé de façon certaine par l'ami de Montaigne, *Le discours de la servitude volontaire,* composé vers 1548. « Soyez résolus à ne plus servir, et vous voilà libres » peut-on y lire... (Etienne de La Boétie, Discours de la servitude volontaire, traduction en français moderne par Séverine Auffret, Mille et une nuit, 1995, page 15).

44 Auffret (S.), *Des blessures et des jeux*, Actes-Sud, 2003, p. 110.

45 Auffret (S.), *ibid.*, p. 111.

46 Auffret (S.), *ibid.* p. 112.

47 « La vérité n'est pas dans les livres, m'a dit un jour Michel, elle est dans la vie. »

48 Chez Actes-Sud, notamment.

49 V. son ouvrage « Psychanalyse des contes de fées » (Poche) qui fait référence.

50 Université du Québec à Montréal.

51 Les choses ont de ce point de vue quelque peu évolué depuis la rédaction de ce chapitre et, à plus forte raison, depuis la réunion en question. J'y reviens en annexe.

52 Voir par exemple le travail de Sylvain Connac, disponible sur le site Internet « Pratiques philosophiques ». (http://pratiquesphilo.free.fr/contribu/contrib49.htm)

53 Platon, *Le Politique,* 285 c-d, cité par Hadot (P.), *Qu'est-ce que la philosophie antique ?*, Paris, Folio essais, 1995, p. 104.

54 Epicure, *Lettre à Ménecée sur la morale*, PUF.

55 ONFRAY (M.), *L'invention du plaisir,* Livre de poche, p. 32.

56 HADOT (P.), *op. cit.* p. 54

57 Voir AUFFRET (S.), *Des blessures et des jeux, op. cit.*, et plus spécialement le chapitre V.3, « Le jeu de la logique du pire », p. 169 et suivantes ; et ONFRAY (M.), *Féeries anatomiques,* Grasset, 2003, en particulier la partie V, « Affronter la mort : mourir », pages 307 et suivantes.

58 MONTAIGNE, *Essais,* livre I, chapitre XIX.

59 *Ibid.*

60 *Ibid.*

61 L'autre composante est la pensée critique.

62 CORCUFF (P.), Utopies lyonnaises pour 2004, in *Lyon-Capitale,* numéro 458, du 7 janvier 2004.

63 BOULAY (J.), « De la démocratie athénienne à la démocratie participative Des bases pour refonder la démocratie locale » sur le site Internet « France Qualité Publique » (www.qualite-publique.com).

64 CE1 : enfants de sept à huit ans.

65 PLATON : *République 7,* 540a.

66 Droit (R.P.), in « Platon-Aristote. Vers le ciel ou vers la terre », *Le point,* numéro 1611 du 1er août 2003.

67 Droit, R.P. *ibid.*

68 LAMARRE (J.M.), « Débat et argumentation : de quoi parle-t-on ? », in *Échanger,* numéro 52, juin 2001.

69 PLATON, *Protagoras.*

70 AUFFRET (S.), « Athènes, ou la philosophie en procès », in *La page d'à côté,* revue de l'association « Les amis de la salle d'à côté », Les Mureaux, 1991.

71 Hadot (P.), *op.cit*, p. 33.

72 Hadot (P.), *ibid.*

73 Voir Hourcade (A.), *Antiphon d'Athènes. Une pensée de l'individu*, «Figures illustres», éd. Ousia, 2001.

74 Voir par exemple Lelord (F.), André (C.), *L'estime de soi : s'aimer pour mieux vivre avec les autres*, Paris, O. Jacob, 1999.

75 Étude publiée dans la revue « Interfaces » (numéro de mars-avril 1989).

76 Raoul Vaneigem, *Avertissement aux écoliers et lycéens*, Mille et une nuits, 1998.

77 Daniel Goleman, *L'intelligence émotionnelle*, Paris, Laffont, 1997.

78 Howard Gardner, *Les intelligences multiples - Pour changer l'école : la prise en compte des différentes formes d'intelligence*, Paris, Retz, 1996.

79 Sonia Fournier, *Les intelligences multiples... une idée brillante !*, Anjou (Québec), Les Éditions CEC, 2002.

80 SEGPA : Section d'enseignement général et professionnel adapté, filière parallèle au collège pour les enfants jugés incapables de suivre l'enseignement général.

81 Raoul Vaneigem, *Avertissement aux écoliers et lycéens*, *op.cit.*

82 Encore un mot éloquent...

83 Onfray (M.), *La sculpture de soi*, Grasset, 1991.

84 Ainsi parlait Zarathoustra.

85 Conche (M.) in *Journal des instituteurs* (numéro de mars 2000), dossier « La philosophie ».

86 Onfray (M.), *Féeries anatomiques*, *op. cit.*

87 Il me semble important d'utiliser les vrais mots. Quand on a affaire a un présupposé, à un exemple ou à un contre-exemple, à un syllogisme… disons-le aux enfants !

88 cf. Hadot (P.), *op.cit.*

89 Busnel (F.), « Les sagesses antiques », in *L'Express* numéro 2371 de juillet 2003.

90 Voir par exemple les synopsis de son cycle de conférences sur la « Philosophie hédoniste », données au cours de l'année scolaire 2002-2003 dans le cadre de l'Université populaire de Caen. Ces synopsis sont disponibles sur le site Internet de l'Université populaire.

91 Compte-Sponville (A.), *Dictionnaire philosophique*, PUF, 2001.

92 Tozzi (M.), « Pistes pour philosopher à l'école », in *Résonances*, revue de l'école valaisanne, *op. cit.*

93 Sénèque, *Lettres à Lucilius*, 6, 6.

94 Montaigne, *Essais,* I, chap. 26, « De l'institution des enfants. »

95 Galichet (F.), « Interroger philosophiquement cette pratique », in *La discussion philosophique à l'école primaire*, Montpellier, CRDP, 2002, p. 4.

96 Galichet (F.), *ibid.*

97 Voir Tozzi (M.), « Qui interroge qui ? Nouvelles pratiques philosophiques et philosophie », in Coll. *Nouvelles pratiques philosophiques en classe,* Rennes, CRDP, 2002, page 19.

98 Galichet (F.), *ibid.*

99 Auffret (S.), Conférence « Spéculum philosophique », à l'Université populaire de Caen, le 5 février 2003.

100 Auffret (S.), *Des blessures et des jeux, Manuel d'imagination libre, op.cit.*

101 Parlebas (P.), « Jeux et pratiques ludiques éducatives » dans *Valeurs Mutualistes* n° 215, décembre 2001.

102 Voir au 18 novembre.

103 Plus de détails sur le site du ROLL : http://www.uvp5.univ-paris5.fr/ROLL/

104 Bachelard (G.), *La formation de l'esprit scientifique*, (1938) Paris, Vrin, 1993.

105 Tozzi (M.) Qui interroge qui ? Nouvelles pratiques philosophiques et philosophie, in Coll. *Nouvelles pratiques philosophiques en classe, op.cit.*

106 Plutarque, Si la politique est l'affaire des vieillards, *Œuvres morales*, tome XI, 26, 796d.

107 Gordon (T.), *Parents efficaces,* Paris, Marabout, 2000, p. 81 et suivantes.

108 On dénombre, en France, cinq ou six sensibilités différentes, la démarche Lipman n'étant que l'une d'entre elles.

109 Ces catégories sont valables également pour les relations entre adultes. Cf. Cardon (A.), Lenhardt (V.), Nicolas (P.), *L'analyse transactionnelle, outil de communication et d'évolution*, Paris, Les éditions d'organisation, 1983.

110 La plupart des enseignants concernés, tous peut-être, sont d'ailleurs à mon sens des « praticiens-chercheurs ».

111 http://pratiquesphilo.free.fr/

112 Le mot dit ce qu'il veut dire : *colloqui*, converser.

113 IUFM : Institut Universitaire de formation des maîtres.

114 Hadot (P.), *op. cit.*, p. 214.

115 Hadot (P.), *op. cit.*, p. 139.

116 Même si un comptage précis est impossible, il semble que c'est être plutôt optimiste que d'avancer le nombre de 1 000 praticiens de nos démarches en France, tous niveaux confondus, sur un total de 316 000 enseignants dans le premier degré et plus de 400 000 dans le second degré. (source : ministère de l'Éducation nationale, personnels enseignant en établissements publics au cours de l'année scolaire 2000-2001). Quant aux ateliers réguliers proposés hors institution, en France ils se comptent sur les doigts d'une main.

117 Je ne parle pas, bien sûr, des ateliers philo que j'y mène, qui n'ont rien d'un cours, au sens habituel de ce terme.

118 Trouvé (A.), « Philosopher avec les enfants », in *Les activités à visée philosophique en classe, l'émergence d'un genre ?*, CRDP de Bretagne, 2003, p.23.

119 C'est à Roland Hollinger que je dois l'idée de l'application de ces principes nietzschéens à la musique traditionnelle. Il la développe dans l'introduction de son ouvrage *Les musiques à bourdon, vielles à roues et cornemuses* (Paris, La flûte de Pan, 1982).

120 École nationale d'administration.

121 *Genèse 1, 28.*

122 *Genèse 3, 16.*

123 Laborit (H.), *Éloge de la fuite*, Paris, Robert Laffont, 1999.

124 Onfray (M.), A*ntimanuel de philosophie*, *op. cit.*, p. 17.

125 Descartes (R.), *Discours de la méthode, deuxième partie,* Pléiade, p. 138.

126 Constantin François de Chassebœuf, comte de Volney, *Leçons d'histoire*, cité par Onfray (M.), *Antimanuel de philosophie*, *op.cit.*, p. 214.

127 Meirieu (P.), *Apprendre... oui, mais comment*, (3e édition), Paris, ESF, 1988.

128 Eco (U.), *Le Nom de la Rose*, Paris, Poche, 1996 (rééd.).

129 « On estime en effet que la pratique sportive est responsable d'environ un millier de décès par an et que 10 % des arrêts-maladies sont la conséquence d'une activité sportive. » (source : le site Internet France-Pratique, http://www.pratique.fr/)

130 Chacun sait, par exemple, que l'OCDE, l'Organisation de coopération et de développement économiques, dont les rapports et conclusions sont régulièrement cités quand on parle de tel ou tel dispositif éducatif, est nettement marquée à droite.

131 Brevet d'aptitude aux fonctions d'animateur.

132 Zone d'Éducation Prioritaire : le poste ZEP est spécifique à ce type d'établissement, mis à disposition de l'équipe enseignante pour assurer des tâches définies autour de projets particuliers.

133 Cf. Lévine (J.), Delannoy (C.), *Je est un autre*, Paris, ESF, 2001.

134 Lévine (J.), *Essai sur le monde philosophique de l'enfant*, Communication présentée au Parlement de la communauté française à Bruxelles le 14 février 2004.

135 Gordon (T.), *Parents efficaces,* (Réédition), *op.cit.*

136 Meirieu (P.), *Apprendre... oui, mais comment*, (3e édition), *op. cit.*

137 Direction Départementale des Affaires Sanitaires et Sociales.

138 Onfray (M.), *Politique du rebelle*, Grasset, p.112.

139 Il s'agit de la principale liste de diffusion sur ces questions en France, voire en langue française. On peut la rejoindre en visitant le site « Pratiques philosophiques », animé par Jean-François Chazerans : http://pratiquesphilo.free.fr/

140 Kant (E.), *Qu'est-ce que les lumières ? op.cit.*

141 Kant (E.), *Ibid.*

142 Nietzsche (F.), *Ainsi parlait Zarathoustra.*

143 Rousseau (J.J.), *Les Rêveries du promeneur solitaire*, Paris, Flammarion, 1997.

144 Hergé, *Le Lotus bleu*, Paris, Casterman, 1946.

145 Conche (M.), *Le Fondement de la morale,* Éd. Mégare, pp. 38-39.

146 Piaget (J.), *Six études de psychologie,* Paris ; Folio, 1987 ; « Pensée et discours, c'est la même chose, sauf que c'est le dialogue intérieur et silencieux de l'âme avec elle-même que nous avons appelé pensée. » (Platon, Soph., 263^{e}4)

147 Nothomb (A.), *Stupeurs et tremblements*, Paris, Albin Michel, 1999.

148 Eco (U.), *Le Nom de la Rose, op. cit.*

149 Voir Kant (E.), (*Sur un prétendu droit de mentir par humanité*) (1797), Vrin, 1977.

150 Le droit de mentir, in Compte-Sponville (A.) et Ferry (L.), *La sagesse des modernes*, Robert-Laffont, 1998, p. 209 et sq.

151 L'ensemble des textes relatifs à cette querelle a été regroupé dans un petit ouvrage : CONSTANT (B.)-KANT (E.), *Le droit de mentir*, Mille et une nuits, 2003.

152 COMPTE-SPONVILLE (A.), *Dictionnaire philosophique*, PUF, 2001

153 SÉNÈQUE, *Lettres à Lucilius*, PUF.

154 Si nous suivions le cher Emmanuel sur ce terrain, les cours de terminale devraient s'appeler cours de philosopher…

155 KANT (E.), *Logique*, PUF.

156 Ose penser.

157 Cf. BOUCHARD (P.) et al., *Innovation école !*, *op. cit.*

158 Car article est consultable sur le site de *L'Incendiaire* (http://webincendiaire.free.fr/article.php3?id_article=24).

159 TOZZI (M.), *Penser par soi-même, initiation à la philosophie*, Lyon et Bruxelles, Chronique Sociale et Euroformation, 1994.

160 BAKOUNINE (M.), *Dieu et l'État*, Loverval, Labor, 2006, page 17.

Bibliographie

Je ne reprends pas ici les références de tous les ouvrages cités en notes.

Il faut bien comprendre aussi que, notre démarche étant neuve, elle n'a encore suscité qu'une modeste littérature, qui se concentre plutôt dans des collections ou chez des éditeurs pédagogiques, comme le réseau des CRDP (Centres régionaux de documentation pédagogique) par exemple. De nombreuses contributions qui me semblent majeures ne sont disponibles que sur le Net, ou dans des périodiques à petite diffusion, comme la revue Diotime – L'Agora, elle-même réduite depuis 2003 à une publication exclusive sur Internet.

Il me faudra donc également citer quelques adresses du Web, quelque ésotérique que puissent paraître ces suites de lettres et de chiffres aux non initiés, dont le nombre décroît d'ailleurs graduellement.

1. Discussions philosophiques pour enfants :

Je me reconnais dans ce domaine trois influences majeures, Matthew Lipman, comme « grand ancêtre », Michel Tozzi et Jean-François Chazerans. À tout seigneur… :

LIPMAN (M.), *À l'école de la pensée*, Bruxelles, De Boeck, 1996.

TOZZI (M.) (coord.), *L'éveil de la pensée réflexive à l'école primaire*, CRDP Languedoc-Roussillon/Hachette, 2001.

Tozzi (M.) (coord.), *La discussion philosophique à l'école primaire*, CRDP Montpellier, 2002.
Tozzi (M.) (coord.), *Nouvelles pratiques philosophiques en classe*, CRDP Bretagne, 2002.
Tozzi (M.) (coord.), *Les activités à visée philosophique en classe*, CRDP Bretagne, 2003.
Chazerans (J.-F.), *La méthode de l'intervenant* in Diotime-Agora, numéro 17, avril-mai-juin 2003. (disponible sur le site Web de Diotime : http://www.crdp-montpellier.fr/ressources/agora/D017046A.htm) ; du même auteur, on consultera aussi sous le titre *La méthode de l'intervenant en philosophie par les enfants* une présentation plus synthétique de son travail dans *Philo à tous les étages* (coll.), Rennes, CRDP, 2004.
Dans les différents ouvrages collectifs cités ci-dessus, on lira avec intérêt les articles de Michel Tozzi, mais aussi ceux d'acteurs importants de notre mouvement.
Cette bibliographie est volontairement limitée et ne référence pas les nombreux articles parus dans des revues de toutes sortes.
J'ajoute cet ouvrage plus pédagogique, pour les collègues qui désireraient se lancer en classe (ou ailleurs) en étant un peu guidés :
Galichet (F.), *Pratiquer la philosophie à l'école,* Paris, Nathan, 2004

2. Philosophie

Je me contenterai ici de quelques références centrales.

AUFFRET (S.), *Des blessures et des jeux*, Arles, Actes-Sud, 2003
AUFFRET (S.), *Aspects du Paradis*, Paris, Arléa, 2001
ONFRAY (M.), *Antimanuel de philosophie*, Paris, Bréal, 2001
ONFRAY (M.), *La sculpture de soi*, Paris, Grasset, 1991
ONFRAY (M.), *Politique du rebelle*, Paris, Grasset, 1997
ONFRAY (M.), *La Communauté philosophique, Manifeste pour l'Université populaire*, Paris, Galilée, 2004
HADOT (P.), *Qu'est-ce que la philosophie antique*, Paris, Gallimard, 1995
TOZZI (M.), *Penser par soi-même, initiation à la philosophie*, Lyon, Chronique sociale, 2002 (5e édition)

3. Sites Internet

Quelques sites incontournables donnent accès à tous les autres et devraient, à mon sens, être consultés en priorité :

Site de l'Université populaire : principes, intervenants, programmes et renseignements pratiques. (http://perso.wanadoo.fr/michel.onfray/accueilup.htm)
Site de Michel Onfray, permettant d'en savoir plus sur l'initiateur de l'Université populaire (http://perso.wanadoo.fr/michel.onfray/accueilonfray.htm)

L'apprentissage du philosopher : le site de Michel Tozzi : des articles, des liens, des références en pagaille : une mine ! (http://www.philotozzi.com)
Le site de « Diotime-L'Agora », la revue internationale de didactique de la philosophie (http://www.crdp-montpellier.fr/ressources/agora/index.html)
Pratiques philosophiques, animé par Jean-François Chazerans, se présente comme un véritable portail. On y trouve de nombreuses ressources (bibliographiques, en particulier) et la possibilité de s'inscrire à un groupe de discussion sur les nouvelles pratiques philosophiques, à l'école et dans la cité. (http://pratiquesphilo.free.fr/)
On pourra consulter aussi mon premier site « La discussion philosophique pour enfants en ZEP » (http://gillg14.free.fr) ainsi que celui que j'ai conçu avec Laure Bühlmann-Galvani « Philosophes en herbe », consacré à deux expériences d'ateliers de discussion philosophique pour enfants organisés en dehors de l'institution scolaire (http://perso.wanadoo.fr/philoherb).

Remerciements

Je tiens à remercier celles et ceux qui, par leur présence, m'ont soutenu et inspiré pour la rédaction de ce livre.

En premier lieu, ma gratitude va à l'équipe de l'Université populaire de Caen, qui m'a accueilli à bras ouverts lors de sa constitution et qui est devenue ma véritable famille philosophique : Michel Onfray, bien sûr, sans lequel ce livre n'aurait pas été écrit, Séverine Auffret, grande amie et inspiratrice, Gérard Poulouin, ainsi que Dorothée Schwartz, qui fait fonctionner le tout. Merci aussi à tous ceux qui apportent une contribution à cette œuvre collective qu'est l'Université populaire de Caen : le public, les supports financiers et logistiques, les proches, en Normandie et ailleurs ; je pense ainsi aux collègues et amis qui ont lancé des Universités populaires dans d'autres villes de France autour de Paule Orsoni, à Arras, de Françoise Bressat, à Lyon, de Michel Tozzi et Alain Delsol, à Narbonne.

Mes pensées vont aussi aux enfants et adolescents de l'atelier, qui ont fourni la matière aux compte-rendus de séances qui constituent une bonne partie de ce livre et dont l'attitude, les paroles, les idées, l'implication dans notre aventure collective ont été pour moi une source inépuisable de réflexion. Parmi eux, je rends particulièrement hommage aux assidus, aux réguliers, dont Anne-Lise Logé, Julien Delamarre, Maïssane Lepenant, Virginie Perrin, Hélène Moutier, Eugénie Lesénéchal, Justine Forey-Verdière, Hugues Ivian et, bien sûr, Léa et Olivier. Merci à eux tous de m'avoir confirmé, car je n'en doutais pas, qu'on peut être philosophe sans être professeur de philo, et bien avant d'en avoir même rencontré un.

Je voudrais également remercier tous les enseignants qui m'ont accueilli dans leur classe, ainsi que leurs élèves et, tout spécialement, les collègues qui ont organisé et coordonné certaines de ces interventions se déroulant loin de mon port d'attache : Annick Josset, en Bretagne, Rodolphe Guyonneau, en Poitou et Brigitte Vigouroux, dans le Cotentin. J'adresse aussi un grand merci à mes collègues, présents et passés, de l'école Vieira da Silva, à Caen, et tout spécialement à ceux avec lesquels je travaille depuis le début, depuis mon retour de stage en 1998 : Chantal Durand et Christian Paris. Merci aux enfants de cette école, sans lesquels rien n'aurait été possible.

Je remercie, également, cette diaspora d'universitaires et de praticiens-chercheurs, que je persiste à voir comme une communauté de recherche, au sein de laquelle les échanges, par Internet ou dans des colloques, ont été pour moi très enrichissants : je me réjouis d'avoir à citer à nouveau ici Michel Tozzi et Jean-François Chazerans, ainsi que Christine Vallin (« Pourquoi fais-tu tout ça ? »), Laure Bühlmann-Galvani, avec qui j'ai conçu et mis en ligne le site « Philosophes en herbe », Sonia Fournier, Sylvie Brel, Sylvain Connac, Alain Delsol, Thierry Bour, Jean-Charles Pettier, Jean-Pierre Gabrielli, François Galichet, Gilbert Talbot, Jean-Pierre Bianchi, Gérard Auguet, Hervé Parpaillon, Alain Trouvé et bien d'autres.

Merci aussi à tous ceux qui se sont intéressés à mon travail et en ont discuté avec moi, me permettant bien souvent d'affiner ma réflexion sur tel ou tel point de ma pratique.

Beaucoup de ces échanges ont eu lieu grâce à cet outil magique qu'est Internet. Mais un grand nombre d'entre eux ont eu lieu en direct : j'ai ainsi rencontré des enseignants en formation initiale ou continue, d'autres qui poursuivent leurs études en préparant un mémoire ou une thèse (Yvette Pilon, Sylvie Espécier…), des journalistes comme Francesca Piolot (France-Culture) ou Xavier Alexandre (Ouest-France et La Croix), des parents, des étudiants en philosophie (Philippe Baudouin, par exemple, qui est aussi animateur d'une chronique philo sur Radio Campus Avignon). À tous, ma gratitude.

Un remerciement tout spécial à Pascale Renaud-Amsellem, diplômée de psychopathologie et assidue de l'Université populaire. Elle a bien voulu s'entretenir longuement avec moi sur les éventuels risques psychologiques encourus par les enfants dans mon atelier – auquel elle a assisté à plusieurs reprises – et m'a assuré avec enthousiasme de son innocuité absolue, et, bien plutôt, de l'intérêt pour tous les enfants d'y participer.

Merci à mes détractrices et détracteurs de m'avoir permis d'avancer, même si eux, pour la plupart, n'y sont jamais venus voir.

Je ne voudrais pas terminer sans remercier quelques personnages-clé du tissu local caennais, à savoir Marc Bailleul, professeur à l'IUFM, et pionnier de la formation à nos démarches, et Lydie Audouard, du Pôle Académique de Soutien aux Innovations, au rectorat.

Merci à Florence, pour tout.

Et, en écho à la dédicace de ce livre, merci à mes parents, qui m'ont fait tel que je suis.

Table des matières

Achevé d'imprimer en septembre 2006
pour le compte des **Éditions Labor**
par l'imprimerie Tournai Graphic à Tournai (Belgique).